O SILÊNCIO VALE OURO

JUSTIN ZORN & LEIGH MARZ

O SILÊNCIO VALE OURO

SEXTANTE

Título original: *Golden*

Copyright © 2022 por Justin Zorn e Leigh Marz
Copyright da tradução © 2023 por GMT Editores Ltda.

Todos os direitos reservados. Nenhuma parte deste livro pode ser utilizada ou reproduzida sob quaisquer meios existentes sem autorização por escrito dos editores.

tradução: Claudio Carina
preparo de originais: Raïtsa Leal
revisão: Hermínia Totti e Luis Américo Costa
diagramação: Valéria Teixeira
capa: Rafael Brum
imagem de capa: Mila_1989 | iStock
impressão e acabamento: Bartira Gráfica

CIP-BRASIL. CATALOGAÇÃO NA PUBLICAÇÃO
SINDICATO NACIONAL DOS EDITORES DE LIVROS, RJ

Z81s

Zorn, Justin
    O silêncio vale ouro / Justin Zorn, Leigh Marz ; tradução Claudio Carina. - 1. ed. - Rio de Janeiro : Sextante, 2023.
    320 p. ; 23 cm.

Tradução de: Golden
ISBN 978-65-5564-649-8

1. Silêncio. 2. Quietude. 3. Paz de espírito. I. Marz, Leigh. II. Carina, Claudio. III. Título.

23-83508   CDD: 158.1
                                CDU: 159.923.2

Gabriela Faray Ferreira Lopes - Bibliotecária - CRB-7/6643

Todos os direitos reservados, no Brasil, por
GMT Editores Ltda.
Rua Voluntários da Pátria, 45 – Gr. 1.404 – Botafogo
22270-000 – Rio de Janeiro – RJ
Tel.: (21) 2538-4100 – Fax: (21) 2286-9244
E-mail: atendimento@sextante.com.br
www.sextante.com.br

Para Meredith e Michael
e em memória de Rob Eriov e Ralph Metzner

SUMÁRIO

PARTE 1	UM ANSEIO EM COMUM	
Capítulo 1	Um convite	10
Capítulo 2	O altar do ruído	19
Capítulo 3	Silêncio é presença	37
Capítulo 4	As dimensões morais do silêncio	52

PARTE 2	A CIÊNCIA DO SILÊNCIO	
Capítulo 5	Florence Nightingale ficaria irritada	72
Capítulo 6	O botão "Mute" da mente	89

PARTE 3	O ESPÍRITO DO SILÊNCIO	
Capítulo 7	Por que o silêncio assusta?	110
Capítulo 8	Lótus e lírios	125

PARTE 4	O SILÊNCIO INTERIOR	
Capítulo 9	Guia de campo para encontrar o silêncio	140
Capítulo 10	O substituto saudável da pausa para um cigarro	154
Capítulo 11	O silêncio arrebatador	182

PARTE 5   JUNTOS EM SILÊNCIO

Capítulo 12   Trabalhando o silêncio   206

Capítulo 13   Vivendo em silêncio   231

PARTE 6   UMA SOCIEDADE QUE RESPEITA O SILÊNCIO

Capítulo 14   *Ma* vai a Washington   252

Capítulo 15   Uma cultura do silêncio de ouro   275

Trinta e três maneiras de buscar o silêncio   288

Nossos agradecimentos   300

Notas   306

PARTE 1
UM ANSEIO EM COMUM

CAPÍTULO 1
UM CONVITE

Qual foi o silêncio mais profundo que você já vivenciou?

Pode confiar na primeira lembrança que vier à sua mente.

Não precisa pensar demais.

Ao se lembrar da experiência, tente se inserir nela. Lembre-se de onde você está, do que está acontecendo ao seu redor e de quem, se houver alguém, está presente. Veja se consegue evocar a atmosfera – o tipo de iluminação, o clima, a sensação no seu corpo.
É agradável aos ouvidos?
Ou é o tipo de silêncio que apenas surge quando ninguém ou nada está chamando a sua atenção?
É um silêncio que acalma?
Ou é o tipo de silêncio ainda mais profundo – como quando as águas turbulentas do diálogo interior de repente se abrem, revelando um caminho claro à frente?
Reserve um momento para considerar o que pode parecer uma pergunta estranha: *O silêncio é simplesmente a ausência de ruído? Ou é também uma presença em si mesmo?*

○

Nos últimos anos temos explorado essas questões com uma combinação incomum de pessoas: neurocientistas, ativistas, poetas, executivos de empresas, políticos, médicos, professores, defensores do meio ambiente, um dervixe, um funcionário da Casa Branca, professores budistas, pregadores cristãos, um cantor de ópera vencedor do Grammy, um presidiário no corredor da morte, um engenheiro de som de Hollywood, um vocalista de uma banda de heavy metal, um lenhador e um tenente-coronel da Força Aérea. Também analisamos essas perguntas em nós mesmos. As análises, tanto as pessoais quanto as compartilhadas, nos levaram a muitos lugares, que incluem:

O ar ameno ao nascer do sol sobre um vasto oceano.

A quietude em meio à neve sem rastros de uma montanha alta.

As perguntas também nos levaram a lugares que não são auditivamente silenciosos. Nascimentos. Mortes. Momentos de arrebatamento. Momentos de mudanças dramáticas e inesperadas que nos fazem buscar alguma explicação plausível até, por fim, nos rendermos ao fato de não haver mais nada a dizer.

Para nós e para outras pessoas, momentos de profundo silêncio às vezes surgem em situações surpreendentemente altas em decibéis:

Percorrendo uma linha perfeita em uma rumorosa corredeira.

O anoitecer em um bosque fechado, em meio a uma eletrizante orquestra de cigarras.

Cedendo a todos os pensamentos autorreferenciais ao ritmo frenético de uma pista de dança lotada.

Se houver um denominador comum a todas essas improváveis e diversificadas variedades de silêncio profundo, acreditamos que esteja contido na resposta à última das perguntas que fizemos. O silêncio mais profundo não é apenas uma ausência; é uma *presença* que pode nos centrar, nos curar e nos ensinar.

No romance de 1836 *Sartor Resartus*,[1] o filósofo e matemático escocês Thomas Carlyle comenta sobre uma inscrição suíça: "*Sprechen ist silbern, Schweigen ist golden* (A palavra é de prata, o silêncio é de ouro)."

"Ou, como eu preferiria expressar", continua Carlyle: "'A Palavra é do Tempo, o Silêncio é da Eternidade.'"

Esse é o primeiro exemplo conhecido em inglês do aforismo que inspirou o título deste livro. Mas existem variantes que remontam há milênios[2] em latim, árabe, hebraico e aramaico. Um antigo *isnad* islâmico – uma linhagem de perpetuação de ensinamentos sagrados através das gerações – afirma que a origem do provérbio "Se a palavra é de prata, então o silêncio vale ouro" vem de Salomão, o grande rei da sabedoria. Até hoje as palavras são uma síntese da habilidade de saber quando falar e quando aceitar.

Em nossa exploração do significado do provérbio "O silêncio vale ouro", voltaremos repetidas vezes à noção de que o verdadeiro silêncio, o silêncio profundo, é mais do que a ausência de ruído. É também essa presença.

ALÉM DE UMA CULTURA DE PONTO E CONTRAPONTO

No início de 2017, estávamos bastante desanimados com a situação do mundo. Foi bem antes da covid-19 e dos relatórios mais recentes e funestos sobre as mudanças climáticas. Antes das últimas convulsões econômicas e dos assassinatos de Breonna Taylor e George Floyd, nos Estados Unidos. Mesmo assim, não conseguíamos vislumbrar um caminho para sair do impasse. Não conseguíamos imaginar um modo plausível de corrigir a política, construir uma economia humana ou restaurar nossa relação com a natureza. Parecia haver algo bloqueando a capacidade de travar uma discussão profunda sobre tópicos difíceis e, em última análise, bloqueando nossa capacidade de encontrar soluções criativas. Pessoalmente, como ativistas, defensores de uma causa e pais de filhos pequenos, estávamos sem saber o que fazer.

Naquela época nós dois começamos a sentir uma estranha intuição. Tivemos o mesmo insight sobre onde procurar uma resposta: *no silêncio*.

Naquele momento específico, você poderia nos ter chamado de "meditadores não praticantes". Mas o que sentimos, individualmente, não foi um chamado para voltar a meditar ou escapulir para um longo retiro. Não foi uma vontade de fugir. Na verdade, foi uma simples sensação de que os problemas mais intratáveis não serão resolvidos com mais ponderações ou discussões. Com o devido respeito à voz, ao intelecto e às engrenagens ruidosas do progresso material, começamos a sentir que as soluções para os mais sérios desafios pessoais, comunitários e até globais poderiam ser encontradas em outro lugar: *no espaço aberto entre as coisas mentais*.

Prestando mais atenção em nossa intuição, percebemos que estávamos sentindo algo sobre a *qualidade* da mudança necessária no mundo. Na dança dialética da vida humana – afirmar/negar, progredir/resistir, prosperar/falir –, será que estamos todos condenados a suportar, como Winston Churchill teria enunciado, "uma dificuldade atrás de outra"? Ou existe a possibilidade de algo mais amplo – uma abertura, talvez até a graça da reconciliação? Não sabíamos ao certo. Mas tivemos um palpite sobre qual poderia ser o primeiro passo para explorar a possibilidade luminosa de transcender velhos opostos desgastados: ir além do ruído.

Desconfiamos que essa intuição pudesse parecer um pouco new age. Assim, decidimos tentar escrever um artigo sobre isso para a publicação menos new age que conhecemos – a *Harvard Business Review*. Ficamos surpresos quando aceitaram a proposta, e mais surpresos ainda quando o artigo acabou sendo um dos mais compartilhados e acessados no site da publicação nos últimos anos. O texto "Quanto mais ocupado você for, mais precisa de um tempo em silêncio"[3] era sobre o silêncio como um caminho para ter mais criatividade, clareza e conexão.

Tivemos o cuidado de não escrever apenas mais um artigo anunciando "como se tornar mais produtivo praticando a atenção plena". Em vez disso, discorremos sobre o silêncio como a experiência de "descansar os reflexos mentais que habitualmente protegem uma reputação ou promovem um ponto de vista". Convidamos os leitores a fazer "uma pausa temporária em uma das responsabilidades mais básicas da vida: ter que pensar no que dizer". Fizemos o melhor possível para apresentar uma proposta simples, que não se vê com frequência em publicações sobre finanças ou política: esse silêncio não é só a ausência de algo. É uma presença. Pode levar a um entendimento genuíno, a uma cura e até a uma transformação social.

Poucos dias depois da publicação do artigo, Justin foi a uma conferência sobre política econômica em Pittsburgh e dividiu o táxi de volta ao aeroporto com um recém-conhecido chamado Jeff – executivo, católico praticante e amigo próximo de políticos conservadores. Com seu terno escuro, postura de gestor e um estilo de vida decididamente carnívoro, Jeff seria a última pessoa que você imaginaria entrando em um estúdio de ioga ou refletindo sobre um texto de filosofia budista. Enquanto enfrentavam o trânsito da hora do rush, Justin mencionou o artigo, e Jeff começou a lê-lo. Pouco depois, Jeff virou-se para Justin e disse que o texto o fazia lembrar por que gostava de sair para caçar na neblina das primeiras horas da manhã e por que adorava participar de retiros de jesuítas para jovens quando era garoto. Era um lembrete de que precisava buscar silêncio em sua vida.

A conversa entre Justin e Jeff foi simples e casual, mas vimos algo importante naquilo. Jeff estava do outro lado do balcão e tínhamos divergências desalentadoras. Ele e Justin foram à conferência para apresentar pontos de vista conflitantes. E lá estava Jeff, expressando o mesmo anseio profundo. Ainda que não tivéssemos ilusões de que o silêncio pudesse ser uma panaceia automática para superar as divergências muito reais do mundo, o encontro com Jeff reforçou a intuição que sentimos inicialmente. No espaço do silêncio podemos encontrar um pré-requisito para uma compreensão mais profunda e talvez até para superar o tedioso empurra-empurra de uma cultura de ponto e contraponto.

É difícil encontrar espaço aberto em um mundo ruidoso. Atualmente existem forças poderosas dedicadas a desviar nossa atenção e manter o barulho. As instituições mais influentes nos negócios, no governo e na educação dizem que nossa responsabilidade é ser cada vez mais prolíficos e eficientes na produção de material mental. O clamor da publicidade e as expectativas do mundo empresarial são instrumentos sutis de controle social.

Mas o silêncio tem uma propriedade específica: *está sempre disponível*.

Está na respiração. Está nos intervalos entre a inspiração e a expiração, entre pensamentos, entre palavras trocadas com amigos em conversas. Está naquele momento aconchegante embaixo das cobertas pouco antes de o despertador tocar. Está em uma pausa de três minutos fora da estação de trabalho apertada, sentado no banco do lado de fora tomando sol. Está nos momentos simples em que paramos e nos lembramos de *ouvir* – os passarinhos, a chuva ou nada em particular, em sintonia com a simples essência do ser. Podemos começar a encontrar esse espaço aberto identificando onde está o barulho e diminuindo o volume, dia após dia.

Quando buscamos o silêncio mais profundo, descobrimos que na verdade ele não depende das condições auditivas ou informacionais da vida. É uma presença inalterável, que está sempre aqui e agora, lá no fundo. É a pulsação da vida.

Este livro é sobre como e por que entrar em sintonia com isso.

O RUÍDO DE NAVEGAÇÃO

Nos últimos cinquenta anos, a meditação de atenção plena fez uma jornada notável desde os remotos mosteiros da Birmânia e da Tailândia até os pináculos do poder[4] – lugares como a Apple, a Google, a GE e o Pentágono. Embora parte dessa disseminação possa ser atribuída a uma abertura crescente a novas posturas mentais e visões de mundo iniciada com as revoluções dos anos 1960, acreditamos que a principal razão dessa popularidade recém-descoberta é evidente: existe um anseio profundo pelo silêncio em um mundo cada vez mais ruidoso. Quer percebamos conscientemente ou não, sentimos que a atenção cristalina é algo cada vez mais escasso. Precisamos aprender a lidar com isso.

A popularidade atual da atenção plena é uma boa notícia. Embora nem sempre a tenhamos praticado de forma rigorosa, ela nos ajudou a gerenciar o ruído em momentos importantes de nossa vida, e sabemos que a meditação e a atenção plena ajudaram milhões de outras pessoas no mundo. Na verdade, tivemos um pequeno papel em sua divulgação. Leigh integrou a meditação no trabalho sobre liderança e desenvolvimento administrativo em organizações sem fins lucrativos, em grandes universidades e em agências federais dos Estados Unidos. E nos anos em que atuou como conselheiro de políticas e estrategista no Congresso americano, Justin ajudou a implantar um programa de atenção plena e dirigiu sessões de meditação para formuladores de políticas dos dois lados do espectro ideológico.

No entanto, "tornar-se popular" implica uma adaptação bem-sucedida, mas não necessariamente resultados mensuráveis. Em 1992, o psicólogo junguiano James Hillman e o crítico cultural Michael Ventura publicaram um livro chamado *Cem anos de psicoterapia... e o mundo está cada vez pior*. Você poderia dizer algo semelhante hoje. *Quarenta anos de atenção plena e o mundo está mais distraído que nunca*. Mesmo sendo defensores e praticantes da meditação tradicional, não estamos convencidos de que seja uma panaceia. É extremamente valiosa. Mas não para todos.

Joshua Smyth, professor da Universidade Estadual da Pensilvânia e destacado pesquisador na área da saúde e medicina biocomportamental, explica: "Muitas das afirmações sobre os benefícios da atenção plena referem-se a pessoas que são praticantes disciplinados." Smyth vê grande valor nesses estudos, mas adverte sobre a extrapolação dos resultados de forma muito ampla. "Quando você designa pessoas aleatórias [para estudos de atenção plena], 70% não se dedicam nos níveis recomendados", diz. Em outras palavras, elas não seguem o protocolo. E acrescenta: "De um terço a metade deixa de exercitar a prática, mesmo no decorrer do estudo – e pouquíssimas continuam praticando depois de não serem mais remuneradas para participar de uma pesquisa." São percentuais tão ruins ou até piores do que os dos estudos de perda de peso.[5] Smyth resume o desafio: "Se você não tomar o remédio, o tratamento não vai funcionar."

Não se trata de um julgamento sobre atenção plena ou sobre pessoas que não mantêm a prática. É apenas uma evidência de quanto é improvável que uma abordagem única seja uma solução duradoura para o complexo desafio de se manter centrado em meio aos ventos desestabilizadores da hiperestimulação mental da modernidade.

Como indivíduos, todos temos estilos diferentes, preferências diferentes, formas diferentes de aprender e elaborar significados à medida que avançamos. Temos graus diversificados de comando e autonomia sobre como organizamos os dias, as semanas, os meses e os anos, e essas realidades mudam com o tempo. Além disso, pode haver barreiras culturais, religiosas, psicológicas ou físicas para o que é normalmente chamado de meditação da atenção plena – a prática derivada do budismo de se sentar ou caminhar em estado de atenção, observando a respiração e os pensamentos por um período prolongado.

Levando tudo isso em conta, como podemos reagir ao assédio do ruído? Se meditação não é para todos, como prover remédios na escala necessária no mundo de hoje?

Neste livro propomos uma resposta:

Esteja ciente do ruído. Sintonize-se com o silêncio.

Existem três etapas básicas para o processo:

1. Preste atenção nas diversas formas de interferência auditiva, informacional e interior que surgem na sua vida. Estude como navegar por elas.

2. Identifique os pequenos bolsões de paz que existem em meio a todos os sons e estímulos. Busque esses espaços. Saboreie-os. Mergulhe o mais profundamente que puder no silêncio, mesmo que por apenas alguns segundos.

3. Cultive espaços de silêncio profundo – até de um silêncio arrebatador – de tempos em tempos.

Quando se trata de encontrar equilíbrio e clareza em meio ao ruído, podemos olhar para além das regras e ferramentas formais do que normalmente é chamado de meditação e esquecer perguntas como: "Será que estou fazendo certo?" Cada um de nós – à nossa maneira – sabe como é o silêncio. É inerente ao ser humano. É um dom de renovação que está disponível para nós, sempre, mesmo que às vezes esteja oculto.

Nos próximos capítulos exploraremos como entender e administrar o ruído para podermos nos *sintonizar* mais conscientemente com a natureza, uns com os outros e com a essência sonora da própria vida.

Na Parte 1 – Um anseio em comum – vamos entender o *significado do ruído* – como uma distração indesejada nos níveis auditivo, informacional e interior da percepção. Em seguida, refletiremos sobre o *significado do silêncio*, tanto como ausência de ruído quanto como presença em si mesmo. Depois vamos considerar por que o silêncio é importante não só para a calma e a clareza pessoais como também para o trabalho em comum de curar o mundo: construir um futuro social, econômico, político e ecológico melhor. Na Parte 2 – A ciência do silêncio – abordaremos a importância de transcender o ruído auditivo, informacional e interior para a saúde física, a cognição e o bem-estar emocional. Vamos analisar o significado do "silêncio na mente", explorando as fronteiras da neurociência contemporânea. Na Parte 3 – O espírito do silêncio – analisaremos a promessa do silêncio como um caminho para a conscientização, a empatia, a criatividade e a ética. Veremos então por que praticamente todas as grandes tradições religiosas e filosóficas do mundo enfatizam o silêncio como um caminho para a verdade. Na Parte 4 – O silêncio interior – vamos embarcar no trabalho prático de encontrar silêncio em um mundo de ruídos, explorando estratégias e ideias para encontrar silêncio em momentos comuns da vida cotidiana, e também com experiências transformacionais mais rarefeitas. Na Parte 5 – Juntos em silêncio – vamos nos voltar para o silêncio social, explorando práticas para superar o ruído e conseguir se renovar em ambientes compartilhados, inclusive no local de trabalho, em casa com a família e entre os amigos. Por fim, na Parte 6 – Uma sociedade que respeita o silêncio – nos concentraremos em questões de políticas públicas e mudanças culturais, imaginando o que significaria para as cidades, os países e até para o mundo cultivar a reverência pela sabedoria do silêncio.

Vamos explorar ideias e práticas que podem ajudar você a se tornar mais paciente, mais consciente e até mais eficaz no trabalho, na vida doméstica, na gestão de grandes e pequenos desafios. No entanto, é preciso deixar claro que o silêncio não é um "recurso" que se pode controlar com uma fórmula exata. Não podemos avaliar seu valor com base em "o que o silêncio pode fazer por nós". Como sugere o aforismo "o silêncio vale ouro", o silêncio tem um valor intrínseco. E, como indicam as palavras de Thomas Carlyle, "o Silêncio é da Eternidade", não pode ser medido e utilizado para os nossos próprios propósitos. Nas últimas duas décadas temos visto a atenção plena ser muitas vezes vendida como uma ferramenta de produtividade, que permite aprimorar o desempenho de qualquer atividade – até para atiradores de elite aperfeiçoarem a pontaria e presidentes corporativos conquistarem o mundo. O silêncio, como constatamos, é mais do que autoaperfeiçoamento. Não pode ser usado como um truque para promover nossas ambições pessoais. O silêncio, por definição, não segue uma agenda.

Durante a produção deste livro, nossa intuição original aos poucos converteu-se em convicção. Continuamos acreditando firmemente na importância de expressar, defender e exigir o que é certo. Continuamos reconhecendo que a internet, as onipresentes ferramentas de comunicação e as fantásticas tecnologias industriais também podem nos trazer benefícios. No entanto, em face dessa sensação de desalento quanto ao estado do mundo, continuamos nos voltando para a mesma resposta: *Vá além do ruído. Sintonize-se com o silêncio.*

CAPÍTULO 2
O ALTAR DO RUÍDO

Cyrus Habib nunca imaginou que teria opções desse tipo.

Filho de imigrantes iranianos nos Estados Unidos, sobreviveu a uma doença que quase o matou e o deixou totalmente cego aos 8 anos. Aprendeu braille, passou pelo ensino médio, depois estudou na Universidade Columbia, na Universidade de Oxford como bolsista da Fundação Rhodes e cursou Direito em Yale. "Passei grande parte da vida convencendo a mim mesmo e projetando uma imagem de força, capacidade, poder e controle", conta ele. "Foi assim que consegui ter sucesso na vida. Era muito importante para mim." Aos 31 anos, foi eleito deputado estadual por Washington e, quatro anos depois, tornou-se vice-governador – o segundo cargo mais importante em uma jurisdição de 7,6 milhões de pessoas.

No início de 2020, as opções de Cyrus eram claras: concorrer a governador ou ao Senado dos Estados Unidos, ou talvez uma nomeação para outro alto cargo público rumo a uma carreira de destaque na política nacional. Entretanto, quando falamos com ele mais tarde naquele ano, Cyrus tinha acabado de abrir mão de todas essas opções para seguir uma carreira diferente.

Cyrus estava fazendo um voto de pobreza, castidade e obediência como padre jesuíta noviço.

Frank Bruni, do *The New York Times*, definiu a decisão de Cyrus da seguinte maneira: "Um político dando uma marretada no próprio ego."[1]

Essa inesperada inflexão na trajetória de Cyrus não se deveu a uma única razão. Foi resultado de uma confluência de fatores que a um só tempo partiu e abriu o seu coração: a perda repentina do pai, um susto na saúde pessoal, um encontro com o Dalai Lama. Cyrus decidiu deixar a política e se integrar aos jesuítas para reduzir a "complexidade" de sua vida. "Não estou me referindo à palavra 'complexidade' como algo ruim", explica. "Complexidade no sentido de que, por exemplo, o dinheiro tem seu lugar e é bom e necessário, mas também pode ser causa de estresse e ansiedade. Não ter esse tipo de apego [...] permite que você dedique sua vida a servir de um jeito mais radical."

Quando quase todos o viam prestes a escalar as alturas da vida pública, Cyrus estava na verdade diante de um abismo espiritual. Em meio ao som e aos arrebatadores estímulos da política, continuava recordando uma experiência em Oxford que despertou nele um anseio até então desconhecido. Durante seu tempo lá, aceitou o convite de um amigo para ir a uma missa em uma das capelas centenárias da universidade. "A experiência da missa [...] a música, a liturgia, a transcendência na atmosfera criaram em mim uma abertura por onde eu poderia mergulhar mais fundo. Isso me desacelerou e mostrou um silêncio dentro de mim", lembra. Cyrus começou a imaginar como seria viver a partir de um lugar tão centrado. Quanto contrastaria com o estilo de vida padrão de um político moderno, muitas vezes visto como alguém que está sempre em busca de fundos, afagando egos inflados e com a obrigação de se autopromover no Twitter.

Apesar de tudo isso, Cyrus deixa bem claro que não está buscando uma fuga.

"As pessoas pensam: 'Ele vai viver com os jesuítas. Mas era um político. Deve estar querendo mais silêncio na vida.' E estou, estou mesmo [...] Mas não é para me refugiar, usar o silêncio como um paliativo", enfatiza. "Quero aprofundar minha compreensão de como devo viver e depois seguir minha vocação." Cyrus pretende manter seu envolvimento nas lutas que o levaram à política – ajudar pessoas que vivem na pobreza ou em prisões, por exemplo. Mas, ao fazer ele próprio um voto de pobreza, sente que pode cumprir sua missão de maneira mais direta e autêntica. Ele nos diz que "preparar o coração" para receber inspiração superior requer "ir além do entulho que lota nossos dias e nossa consciência". Exige uma certa "desintoxicação", afastar-se da distração constante para buscar a verdade.

Cyrus sabia que tudo isso exigiria uma adaptação. Logo que foi morar com os noviços jesuítas, ofereceu-se para comprar um aspirador de pó robô, liberando os irmãos para usar o tempo da limpeza fazendo outras coisas. Eles acharam graça. "Cara, não é por aí", disseram. "Isso vai ser uma transição interessante pra você."

A aventura de Cyrus na eliminação do ego – passando de fazer grandes discursos e propostas legislativas a varrer o chão e se sentar em silêncio – esclarece alguns aspectos sobre a natureza do ruído e o significado de encontrar a clareza. Conversamos com ele sobre como a política moderna se tornou uma competição exaustiva, arrastada e infrutífera por migalhas de atenção. Discutimos as manifestações extremadas de toda uma sociedade viciada em drama e distração. Mas Cyrus tem a clareza de que tudo isso é apenas um nível do ruído. Enquanto tenta superar os estímulos estridentes das notícias ressoando em gabinetes, disputas partidárias implacáveis e incontáveis telefonemas frívolos, sua intenção nessa mudança radical é superar uma forma mais profunda de ruído – um ruído interior que o impede de ouvir a própria intuição e se sintonizar com a verdade superior.

Sim, o ruído é a perturbação indesejada na paisagem sonora literal. Sim, é a velocidade e a escala da sobrecarga de informação. No entanto, em última análise, é mais do que tudo isso. Abarca todos os sons e estímulos indesejados, tanto interiores como exteriores. É também o que distrai nossa atenção do que no fundo realmente queremos.

UMA TAXONOMIA DO RUÍDO

Ponderar sobre a algazarra da vida é um clichê. Imaginamos que as pessoas sempre expressaram essa mesma exasperação.

No livro *The Soundscape of Modernity* (A paisagem sonora da modernidade), Emily Thompson estudou os primeiros textos budistas descrevendo como a vida podia ser ruidosa em uma grande cidade no sul da Ásia por volta de 500 a.C. Ela fala de "elefantes, cavalos, carruagens, tambores, lutas, alaúdes, música, címbalos, gongos e pessoas gritando 'Comam e bebam!'".[2] Em *A epopeia de Gilgamesh*, as divindades ficaram tão cansadas do barulho da humanidade que mandaram um grande dilúvio para acabar com todos nós. Há pouco mais de um século, J. H. Girdner fez um levantamento em "The Plague of City Noises" (A praga dos barulhos da cidade), incluindo veículos puxados por cavalos, mascates, músicos, animais e sinos. O barulho é uma espécie de resmungo perene.

No entanto, nosso tempo atual é *diferente* de qualquer outro período da história conhecida. Os dias de hoje não são só estridentes.[3] Há uma proliferação em massa e sem precedentes de estimulação mental.

Em um nível, é literalmente o ruído *auditivo*. Embora a quarentena pela covid-19 tenha provocado uma trégua temporária da cacofonia, a trajetória da vida moderna parece inexorável: mais carros nas ruas, mais aviões nos céus, mais aparelhos roncando, mais engenhocas zumbindo e bipando. Os sons de TVs e alto-falantes são mais altos e onipresentes em espaços públicos e escritórios sem divisórias. Em toda a Europa, cerca de 450 milhões de pessoas, aproximadamente 65% da população, vivem com níveis de ruído que a Organização Mundial da Saúde (OMS) considera prejudiciais.

É um fato mensurável: o mundo está ficando mais barulhento. Como os veículos de emergência precisam emitir sons estridentes para superar o barulho ao redor, o volume das sirenes é um bom indicador da sonoridade geral do ambiente. O compositor e ambientalista R. Murray Schafer descobriu que em 1912 uma sirene de bombeiros chegava a 96 decibéis a uma distância de 3 metros, enquanto em 1974 o som das sirenes alcançava 114 decibéis a essa mesma distância. Em 2019, a jornalista Bianca Bosker[4] informou que as sirenes modernas dos bombeiros soam ainda mais alto – 123 decibéis a 3 metros. Pode não parecer um aumento tão grande, mas considere o seguinte: os decibéis seguem uma escala logarítmica, então na verdade 90 decibéis equivalem a dez vezes a pressão sonora de 80 decibéis, soando mais ou menos *duas vezes mais alto* nos nossos ouvidos. Não é à toa que em grandes cidades como Nova York e Rio de Janeiro o barulho sempre encabeça as listas de reclamações dos moradores.

E não podemos pensar no problema só em termos do nível de volume. Muitas vezes, danos são causados por zumbidos de alta e baixa frequências de centros de armazenamento de dados e aeroportos. Já foi constatado que essas formas de ruído auditivo têm um impacto desproporcional em comunidades de média e baixa renda.

Numa época em que pelo menos um terço dos ecossistemas naturais da Terra se aquietou a ponto de uma "extinção aural", todos os demais sons – mecânicos, digitais, humanos – foram amplificados.

Existe ainda um segundo tipo de ruído em ascensão: o ruído *informacional*. Em 2010, Eric Schmidt, então CEO da Google, fez uma estimativa impressionante: "Atualmente, a cada dois dias produzimos tanta informação quanto a produzida desde o início da civilização até 2003." Embora estivesse refletindo basicamente sobre o crescimento exponencial do conteúdo on-line, o magnata da tecnologia deparou com um fato fundamental sobre a trajetória da história humana: existem cada vez mais coisas mentais disputando a sua atenção. O Radicati Group, uma empresa de pesquisa tecnológica, estima que em 2019 foram enviados 128 bilhões de e-mails comerciais por dia, com a média dos usuários corporativos lidando com 126 mensagens diárias.[5] Segundo dados mais recentes, nos Estados Unidos as pessoas recebem cinco vezes mais informações do que recebiam em 1986.[6]

Será que podemos lidar com tanta informação? Os mais destacados especialistas em ciência da atenção humana dizem que não.

Mihaly Csikszentmihalyi, o primeiro psicólogo a escrever sobre o conceito de fluxo, resume as deficiências da nossa capacidade de atenção no dia a dia.[7] Ele calcula que, quando alguém fala, precisamos processar cerca de 60 bits de informação por segundo para entender o que a pessoa está dizendo. Isso inclui interpretar os sons e acionar as memórias relacionadas às palavras que se está ouvindo. É claro que muitas vezes acrescentamos mais elementos às nossas cargas informacionais – como verificar a hora do nosso próximo compromisso ou pensar na lista de compras para o jantar –, mas os cientistas cognitivos estimam que quase sempre estamos no limite superior de cerca de 126 bits por segundo (com um bit a mais ou a menos aqui e ali). Estamos rodeados por bilhões de seres humanos na Terra, mas, como observa Csikszentmihalyi, "não podemos entender mais de um deles ao mesmo tempo".

Não há dúvida de que o aumento da quantidade de informações no mundo traz muitos benefícios. Somos gratos pelo contato digital com entes queridos distantes, pela educação a distância e pelas oportunidades de trabalho, pelo streaming de filmes e por todas as outras vantagens concedidas à humanidade pelas conexões com a internet. Mas precisamos atentar para o seguinte: os dados estão aumentando, mas não a nossa *capacidade* de processá-los. Há cinquenta anos, o acadêmico Herbert Simon definiu claramente: "O que a informação consome é bem óbvio: consome a atenção dos seus destinatários.[8] Portanto, uma riqueza de informações cria uma pobreza de atenção."

Isso nos remete a uma terceira categoria de ruído: ruído *interior*. Com tantos estímulos consumindo a nossa atenção, é mais difícil encontrar silêncio dentro da nossa consciência. Todo o barulho do lado de fora pode amplificar a intensidade do que acontece dentro de nós. O aumento da frequência de e-mails, mensagens de texto, comunicações instantâneas e notificações de mídia social é acompanhado por uma maior expectativa de estar *sempre ligado* – pronto para ler, reagir e responder. Esse ruído cobra um preço da nossa consciência. Invade a atenção pura. Torna mais difícil nos concentrarmos no que está à nossa frente, administrar os impulsos da mente, perceber, valorizar e preservar o espaço aberto – o espaço do silêncio.

Mesmo na era das sofisticadas tecnologias de neuroimagem, é difícil avaliar quantitativamente os níveis de ruído interior de toda a humanidade. Mas é possível ver evidências de um problema por seus indicadores: distração, aumento dos níveis de estresse, preocupação e dificuldade de concentração. Em nossas entrevistas com psicólogos, psiquiatras e neurocientistas, muitas vezes os ouvimos mencionar a *ansiedade* como um indicador resultante dos níveis de ruído interior. Embora existam diversas definições de ansiedade, a maioria inclui elementos não só de medo e incerteza, mas também do burburinho interior. Em um estudo de 2018 com mil adultos nos Estados Unidos, a Associação Psicológica Americana constatou que 39% dos americanos afirmaram estar mais ansiosos do que no ano anterior e outros 39% estimaram sentir o mesmo nível de ansiedade do ano anterior. Isso corresponde a mais de três quartos da população americana reconhecendo pelo menos algum nível de ansiedade.[9] E foi *antes* da covid-19. Estudos da era pandêmica realizados na China e no Reino Unido mostram uma rápida deterioração na saúde mental dos cidadãos. Uma pesquisa feita nos Estados Unidos durante os lockdowns de abril de 2020 constatou que 13,6% dos entrevistados adultos relataram uma "grave aflição psicológica" – um aumento de 250% em relação a 2018.

Ethan Kross, professor de psicologia da Universidade de Michigan e renomado especialista na ciência do diálogo interior, define "burburinho" como "os pensamentos e as emoções negativas cíclicas que transformam nossa capacidade singular de introspecção em uma maldição em vez de uma dádiva". Uma conversação interior negativa, como ruminações sobre o passado e preocupações com o futuro, pode ser impiedosa, até debilitante.

E esse é apenas um dos aspectos da paisagem sonora interior. Seja sua mensagem negativa, positiva ou neutra, o diálogo interior moderno se dá em alta velocidade e alto volume. Nas palavras de Kross: "A voz na sua cabeça fala muito depressa." Com base nas descobertas de que a "fala interior" é condensada a uma taxa de cerca de 4 mil palavras por minuto – dez vezes a velocidade da fala expressa –, Kross estima que a maioria dos que vivem nestes tempos modernos precisa ouvir algo como 320 discursos do Estado da União em termos de monólogo interior todos os dias.[10]

Então, como podemos encontrar paz nesse furacão de ruídos exteriores e interiores? Como manter o discernimento e a serenidade? Como sintonizar com significado e propósito?

Um primeiro passo é entender a natureza do ruído: O que é? Como funciona? Por que se alastra no mundo? A "pobreza de atenção" dos dias atuais não é apenas um subproduto da internet, de uma obsessão pelo trabalho, de uma cultura falante ou de eventos globais ameaçadores. É o resultado de uma complexa interação entre interferências *auditivas, informacionais* e *interiores*.

Ruído gera ruído.

○

Não estamos usando a palavra "ruído" de modo irrefletido.

Existe um elemento comum aos três tipos de "ruído" que definimos – *na nossa paisagem sonora auditiva, nos aspectos informacionais* e *na nossa cabeça* – que os diferencia do que poderíamos chamar de som, de dados ou de pensamento em geral. O ruído, em duas palavras, é uma "distração indesejada". O neurocientista Adam Gazzaley e o psicólogo Larry Rosen têm uma boa definição do que acontece quando estamos expostos ao ruído. Eles chamam isso de "interferência na meta".[11] É quando você acha impossível se concentrar, mesmo em tarefas simples, por causa dos gracejos ininterruptos no escritório sem divisórias. É quando o tilintar de uma notificação do Twitter chama sua atenção com um amigo dando notícias sobre estar passando por um momento difícil. É quando "repassamos" um conflito não resolvido durante um momento inestimável, como ao assistir à filha na primeira peça teatral na escola. São experiências individuais e momentâneas de ruídos auditivos, informacionais ou interiores. Quando se juntam, porém, representam mais do que um incômodo. O impacto cumulativo pode determinar a qualidade da nossa consciência, como pensamos e sentimos. Qualquer ruído pode interferir no que talvez seja a maior meta de todas: escolher conscientemente como vivemos o nosso tempo neste planeta.

Estamos cientes de que a palavra "meta" pode implicar um foco na produtividade, mas o que queremos dizer aqui é "meta" em um sentido mais abrangente. Não se trata de completar listas de tarefas ou preencher formulários, e sim chegar a um destino remoto orientado pela posição da Estrela Polar. O que você *realmente* quer? O que significa viver a vida de acordo com o que você valoriza e acredita ser verdade? O que está interferindo na sua capacidade de se concentrar em fazer isso?

Entender e realizar nossas metas, nesse sentido, requer a redução do ruído. Começa com o trabalho cotidiano de *administrar o ruído*. Podemos pensar nisso como "abaixar o volume" dos sons interiores e exteriores e dos estímulos na nossa vida. Mas, como veremos ao longo do livro, esse tipo de clareza também demanda tempo e espaço para cultivar o silêncio imersivo.

Não só é possível ou preferível ir além da interferência; fazer isso é um dos compromissos mais importantes que assumimos conosco e com os que estão à nossa volta. Transcender o ruído que distorce nossas verdadeiras percepções e intenções é uma busca essencialmente pessoal, mas também tem implicações sociais, econômicas, éticas e políticas.

Quando saiu do palco público para seguir um caminho de autonegação contemplativa, Cyrus Habib não estava apenas reduzindo a complexidade – o estímulo auditivo e informacional – na sua vida. Estava revendo suas metas e seu paradigma de sucesso como um todo. E, assim, desmantelando algumas fontes de ruído interior na própria vida. Cyrus sabe que não é viável pedir a todas as pessoas bem-intencionadas na política ou em outras áreas ruidosas da vida moderna que se mudem para um noviciado ou um convento. Ainda assim, se quisermos que nossa vida e nossa sociedade incorporem mais empatia, autenticidade e atenção, precisamos examinar atentamente as fontes de ruído. Isso pode significar literalmente reduzir os decibéis, mas também repensar questões básicas sobre o que queremos e como medimos o sucesso.

O VÍCIO MAIS CELEBRADO

Reserve um momento para retornar ao silêncio mais profundo de que se lembra.

Volte àquela *sensação*: a experiência sensorial no seu corpo, a qualidade da sua atenção, a profundidade da sua audição.

Nas palavras de abertura deste livro, descrevemos como o silêncio profundo não é apenas uma ausência; é uma presença. Mas também vale a pena explorar a questão: quando estamos em estado de silêncio profundo, *o que está ausente*? Ao imergirmos no silêncio, o que estamos transcendendo?

Depois de dezenas de conversas com outras pessoas sobre o assunto, percebemos que a experiência do silêncio está cada vez mais ameaçada. A experiência vívida do ruído – não só o que é empiricamente mensurável com medidores de decibéis e estatísticas de tratamento psicológico, mas a experiência subjetiva de distração exterior e interior – está em ascensão. E, à medida que exploramos as dimensões qualitativas mais profundas do ruído, notamos algo que hoje parece permear países e culturas inteiros.

A sociedade moderna não apenas tolera a produção máxima de material mental; nós a celebramos. Não é exagero dizer que somos viciados em fazer barulho.

Mas por quê?

Uma resposta simples é que não pensamos muito no custo disso.

Considere um exemplo aparentemente mundano da esfera profissional: grupos de e-mail. O cientista da computação Cal Newport, autor dos livros *Trabalho focado* e *Minimalismo digital*, calcula que esses grupos podem custar anualmente a qualquer empresa de pequeno ou médio porte dezenas de milhares de valiosas horas de pensamento e atenção de seus funcionários. No entanto, a suposição subjacente é a de que esses e-mails valerão a pena se às vezes tornarem mais conveniente o acesso às informações. Newport considera a sociedade moderna "viciada em conveniência".[12] "Como não temos indicadores claros para avaliar o custo desses comportamentos, não podemos pesar seus prós e contras", explica. "Portanto, a evidência de qualquer benefício é suficiente para justificar o uso continuado."

Essa mesma noção se aplica à sociedade de modo geral.

Raramente paramos para perguntar: quanto de ruído é realmente necessário?

Falamos com Cyrus sobre como a política atual é tão cheia de som e fúria pelo fato de os políticos precisarem competir pela escassa atenção dos eleitores, prever ou reagir a ataques e conquistar o eleitorado fazendo com que suas ideias e seus pontos de vista sejam ouvidos. Por isso, estamos acostumados a pensar que a impiedosa captura da atenção humana – por chamadas robóticas, alertas de texto e publicidade – faz parte do jogo. Como muitas vezes não avaliamos o custo desse estímulo mental excessivo para nossa psique individual e coletiva, tendemos a produzi-lo e consumi--lo de modo imprudente. Raramente fazemos qualquer tipo de análise da relação custo-benefício envolvida.

Embora a "economia da atenção" produza benefícios para a sociedade global agora estimados em dezenas de trilhões de dólares, nós só estamos começando a calcular o custo envolvido. Estudos já revisados por pares mostram, por exemplo, que a mera existência de um smartphone em uma sala, desligado e virado para baixo, prejudica a rotina de trabalho e a capacidade de resolução de problemas. Outros estudos mostram que cerca de um terço dos jovens de 18 a 44 anos se sente ansioso se ficar duas horas sem acessar a rede social de sua preferência. Eles usaram dados de ressonância magnética para correlacionar a dependência psicológica de acessar redes sociais com uma redução na preciosa massa cinzenta do cérebro – uma redução comparável à causada pelo uso de cocaína. Como Jean Twenge, uma das mais renomadas especialistas em saúde mental juvenil, escreveu no *World Happiness Report* de 2018, "95% dos adolescentes dos Estados Unidos tinham acesso a um smartphone e 45% disseram que ficavam on-line 'quase constantemente'". Embora isso possa implicar benefícios em termos de conveniência ou entretenimento, Twenge constatou um aumento de 52% de episódios depressivos graves em adolescentes entre 2005 e 2017 – o período em que os smartphones se tornaram onipresentes. Os custos são reais.

Essa mesma dinâmica de "vício" também se aplica à paisagem sonora industrial. Em seu artigo "Why Everything Is Getting Louder" (Por que tudo está ficando mais ruidoso), publicado em 2019 na *The Atlantic*, Bianca Bosker escreve sobre a luta de Karthic Thallikar, morador de um alojamento comunitário no Arizona que durante anos sofreu com dores de cabeça e insônia por causa do constante zumbido elétrico de um enorme centro de armazenamento de dados próximo dali.[13] A polícia, a Câmara Municipal e os representantes da empresa recomendaram que ele comprasse tampões de ouvido e fosse menos sensível. Um funcionário do centro de dados disse a Thallikar – que foi criado em Bangalore – que imigrantes como ele "deveriam agradecer por morarem nos Estados Unidos" e não reclamar dessas perturbações. Com o tempo, Thallikar descobriu que o desconforto não era só dele. Dezenas de outros moradores da região também estavam sofrendo. Apesar de se mobilizarem com uma ação sustentável, funcionários do governo alegaram não haver nada que pudessem fazer. Afinal, era uma questão de desenvolvimento econômico. Sim, os funcionários concordaram que o barulho era perturbador, mas era o "preço do progresso".

O conceito de "vício em conveniência" de Cal Newport é instrutivo. Mas aqui a dinâmica subjacente vai mais longe do que a mera conveniência do acesso à informação. Abrange a noção de "progresso" – o conjunto de valores que constitui o propósito organizador da sociedade moderna. Quando o ex-CEO da Google apresentou sua estimativa de que a cada dois dias produzimos tanta informação quanto produzimos "desde o início da civilização até 2003", não estava só falando do aumento exponencial da conectividade e do poder computacional que nos permitiram fazer isso.

Estava falando sobre para onde estão indo nossa energia e nossa atenção.

Estava falando sobre como nossos sistemas sociais, políticos e econômicos estão conectados.

A ECONOMIA DA AGITAÇÃO

No terceiro trimestre de 2020, a economia dos Estados Unidos teve um crescimento recorde de 33,1% em uma base anual. Dadas as realidades de uma pandemia de covid-19 fora de controle, insegurança alimentar desenfreada, violentos incêndios florestais e protestos em massa contra a injustiça racial, esse número supostamente maravilhoso e histórico parece – para a maioria das pessoas – uma farsa total e absoluta.

Mas a desconexão entre esse marco econômico específico e a experiência real da maioria das pessoas não foi uma aberração. Foi um reflexo de como tendemos a medir o progresso.

É um exemplo de por que geramos tanto barulho.

Durante a Grande Depressão, poucos países, talvez nenhum, faziam qualquer tipo de contabilidade nacional ou medição da soma total de toda a atividade econômica dentro de suas fronteiras. Sem isso, os governos não podiam gerir de maneira efetiva suas economias com medidas de estímulos fiscais e monetários – ações que o presidente Franklin Roosevelt e outros líderes procuraram empreender para tirar a economia de seus países da estagnação. Para administrar algo, é preciso ser capaz de mensurá-lo. Por isso o governo americano contratou um jovem economista, futuro ganhador do Nobel, chamado Simon Kuznets para desenvolver o primeiro sistema de contabilidade da renda nacional. Foi o precursor do produto interno bruto, ou PIB.

O sistema pegou. Logo o PIB deixou de ser apenas uma ferramenta de planejadores governamentais. Tornou-se o barômetro para ciclos comerciais, desempenho governamental e até para o padrão de vida humano. Autoridades governamentais começaram a usar o PIB como uma das referências mais importantes na elaboração de políticas e regulamentações. Empresas começaram a usá-lo como indicador para gastos e investimentos. Jornalistas e eleitores começaram a ver o PIB como um sinal do sucesso ou do fracasso de um presidente ou primeiro-ministro. Desde que se tornou uma expressão abreviada da riqueza nacional, o PIB passou a ser visto pelas pessoas como o "principal índice" do progresso de uma sociedade.

O PIB não deveria ser usado para todos esses propósitos.[14] Como o próprio Kuznets destacou, "dificilmente o bem-estar de uma nação pode ser inferido a partir de uma medição da renda nacional".

O aviso foi presciente.

O aumento do PIB muitas vezes vai contra o que é bom para nós.

Por ocasião do catastrófico vazamento de petróleo da plataforma Deepwater Horizon no Golfo do México, os analistas do J. P. Morgan perceberam que a atividade econômica gerada por todos os esforços de limpeza provavelmente superaria as perdas econômicas para o turismo e a pesca. Assim, o maior vazamento acidental de petróleo da história foi registrado como um "ganho líquido" na produção econômica do país. Em outras palavras, um evento de destruição ecológica e humana em massa foi positivo, de acordo com a principal métrica de "progresso" social. A dinâmica é semelhante em outras esferas da vida. O crescimento do PIB tende a acelerar com o aumento das taxas de criminalidade, percursos mais longos para o local de trabalho e mais veículos que consomem muita gasolina. Também tende a diminuir à medida que reservamos um tempo para relaxar ou preparar o jantar em casa em vez de consumir fast-food.

O problema é que o PIB é meramente uma medida da produção industrial bruta. Como explica o teórico social Jeremy Lent, o PIB "mede a taxa a que uma sociedade está transformando a natureza e as atividades humanas em economia monetária, independentemente da qualidade de vida resultante disso". Assim, se derrubarmos uma floresta intocada para recolher madeira que será vendida na Home Depot, isso é registrado como positivo. O valor dessa floresta intocada, que existe fora da economia monetária, tem um preço implícito de zero. Esse sistema de medição atinge o cerne de muitos dos nossos desafios como sociedade – do desrespeito à natureza à falta de valorização da comunidade. É o problema de tentar transferir tudo para a economia monetária.

Falando poucos meses antes de seu assassinato em 1968, Robert F. Kennedy disse o seguinte sobre o principal indicador de progresso social:

> [O cálculo do PIB] inclui a poluição do ar e a publicidade ao tabaco, e ambulâncias para remover das estradas as tantas vidas humanas perdidas no trânsito. Inclui as fechaduras especiais para as portas de casa e os presídios para aqueles que as arrombam. Inclui a eliminação de florestas de sequoias e a perda das maravilhas naturais com a expansão humana descontrolada.[15] Inclui napalm e ogivas nucleares, e carros blindados para a polícia reprimir os distúrbios urbanos. Inclui o fuzil de Whitman e a faca de Speck,* e programas de televisão que glorificam a violência para vender brinquedos aos nossos filhos. Contudo, o produto nacional bruto não considera a saúde das crianças, a qualidade de sua educação ou a alegria de suas brincadeiras. Não inclui a beleza da poesia nem a força dos casamentos, a inteligência do debate público ou a integridade dos funcionários governamentais. Não mede nossa inteligência nem nossa coragem, nossa sabedoria nem nosso aprendizado, nossa compaixão nem nossa dedicação ao país. Em suma, mede tudo, exceto o que faz a vida valer a pena.

---

* Respectivamente, Charles Whitman, conhecido como o "Atirador da Torre do Texas", que matou onze pessoas a tiros e feriu outras 31 em 1º de agosto de 1966; e Richard Speck, que esfaqueou ou estrangulou oito estudantes de enfermagem em Chicago na noite de 13 de julho de 1966. (*N. do T.*)

À litania de Kennedy sobre todos os estimados valores humanos que os indicadores econômicos ignoram, acrescentaríamos mais um: *a paz e a clareza da atenção pura.*

Assim como o valor da floresta intocada de sequoias está implicitamente precificado em zero no sistema de medição do PIB, o mesmo ocorre com o valor do silêncio.

A forma como medimos o progresso e a produtividade na sociedade moderna explica por que nossos sistemas são otimizados para produzir o máximo de ruído. O PIB aumenta com os zumbidos e rugidos das máquinas industriais. Mas também aumenta quando o algoritmo integrado de um aplicativo deduz que você está em um momento de silêncio do seu dia e aparece com uma notificação para chamar sua atenção, aumentando as estatísticas de sua utilização e os ganhos da empresa. O PIB aumenta quando a gerência identifica uma nova oportunidade de fazer um funcionário responder e-mails às 23h, transformando a atividade "improdutiva" do descanso em uma contribuição verificável para a economia monetária. Provavelmente não é coincidência que o Facebook tenha criado o botão "Curtir" – um dos meios mais ardilosos da história de sequestrar os receptores de dopamina e com eles a consciência humana – quando a empresa procurava demonstrar sua lucratividade potencial aos investidores para abrir seu capital.

"A atenção elevada ao mais alto grau equivale a uma oração", diz a filósofa francesa Simone Weil, "pois pressupõe fé e amor. A atenção em seu estado mais puro é uma oração." Às vezes a pura plenitude da nossa atenção consciente é algo sagrado.

No entanto, é difícil atribuir um valor monetário a qualquer coisa sagrada – seja uma vibrante floresta tropical virgem ou uma experiência de gratidão em reflexão silenciosa. O silêncio é implicitamente precificado com valor zero. O espaço vazio que permeia a atividade mental é tacitamente rotulado como "inútil". É por isso que deixamos de proteger a psique adolescente do dínamo econômico do iPhone e o protesto de Karthic Thallikar contra o burburinho do centro de dados próximo a seu alojamento nunca foi levado em consideração.

É por isso que o mundo continua ficando cada vez mais barulhento.

SANTA INUTILIDADE

Em novembro de 2020, Cyrus Habib saiu direto do gabinete de vice-governador para um retiro tranquilo de trinta dias, durante o qual rezou e examinou seus pensamentos enquanto aprendia a praticar rigorosamente os exercícios espirituais de Santo Inácio de Loyola, criados há quinhentos anos. Foi no período das eleições presidenciais, mas Cyrus, o político eminente, nem conseguiu saber os resultados. Estava sem telefone e internet, e sem nenhum contato com familiares ou amigos.

No quesito de estimulação auditiva e informacional, ele estava em uma dieta de restrição total.

Mesmo assim, Cyrus notou que ainda tinha que lidar com grandes porções acumuladas de ruído interior.

"Eu tinha umas pontadas de dúvida quando começava a me perguntar: 'Meu Deus, o que estou fazendo? Será que cometi um grande erro?'"

Apesar de nos dizer que se tornou jesuíta para "sintonizar sua vida com a clave do divino", Cyrus continuou encontrando pensamentos discordantes em sua consciência – conversas interiores que o deixavam inquieto.

Depois de algumas semanas em silêncio, identificou a causa de tanto ruído interior: "Eu não estava me perguntando 'Estou feliz?', mas sim: 'Como os outros veem o que estou fazendo?'"

Cyrus percebeu que continuava apostando toda a sua realização na percepção dos outros sobre ele. Foi algo particularmente problemático, pois àquela altura ele já achava que todos o viam como alguém "bem pirado". Afinal, ele tinha acabado de abandonar um alto e promissor cargo no governo para se tornar noviço de uma austera ordem religiosa.

"Pensando bem, que coisa mais louca de se fazer!"

Enquanto Cyrus se mantinha em silêncio meditando sobre o que estava procurando para se sentir realizado, alguma coisa mudou. "Cheguei a um ponto em que percebi o que meu coração realmente desejava. Se eu perguntasse a mim mesmo 'O que você quer?', a resposta seria: 'Estar exatamente onde estou.'"

Chegar a esse ponto de alegria serena exigiu "a redução do ruído auditivo e das informações que estava recebendo", diz ele. Mas afirma que exigiu também outra coisa absolutamente essencial. Ele teve que assumir que "não estava mais *representando um papel*".

A obrigação constante de pensar na coisa certa a dizer para corresponder às expectativas dos outros pode criar, nas palavras de Cyrus, "uma estática que embaralha o sinal. E o sinal é o que realmente está no coração".

Na última década, diversos autores, entre eles Alex Soojung-Kim Pang, Chris Bailey e Arianna Huffington, descreveram como o *estar sempre ocupado* se tornou o principal símbolo de status em nossa sociedade. A exemplo de Cyrus, percebemos esse sentimento quando uma reflexão silenciosa dá lugar à dúvida e até à culpa. *Eu não deveria estar fazendo alguma coisa? Não deveria estar ganhando meu sustento? Não deveria estar expondo minhas ideias, fazendo contatos ou construindo minha marca?*

A escritora e pesquisadora Linda Stone sugere que pode haver ainda mais em jogo nessa situação do que a veneração à produtividade. Quase trinta anos atrás, Linda cunhou o termo "atenção parcial contínua", que seria diferente de multitarefa.[16] Enquanto a multitarefa é motivada pelo desejo de ser eficiente, a atenção parcial contínua está tentando garantir que nunca percamos uma oportunidade. É comum escrutinarmos a paisagem – hoje em dia, quase sempre digital – em busca de conexões, validações e oportunidades. É uma correria incessante. É o chamado Fomo, acrônimo em inglês para "medo de estar perdendo alguma coisa". Linda diz que a atenção parcial contínua atua como uma "crise quase constante" no sistema nervoso. Esses sentimentos subjacentes de perda ou de estar ficando para trás em relação às expectativas sociais explicam, pelo menos parcialmente, por que 69% dos millennials se sentem ansiosos quando estão longe de um smartphone, mesmo que por pouco tempo.[17]

Assim como a economia está estruturada na ideia de que sucesso significa crescimento do PIB – a máxima produção possível de som, estímulos e outras coisas –, nosso sucesso pessoal muitas vezes depende de um tipo semelhante de "crescimento": acumulação contínua de capital social, capital informacional e capital financeiro. Na escala macro da sociedade, a mensagem é "Produção é prosperidade". No nível micro da consciência humana individual, a mensagem é "Você vai poder descansar quando estiver morto".

Mas e se saborear o silêncio for exatamente o que deveríamos fazer para o nosso bem e para o bem do mundo?

E se houver um imperativo ético para ir além do ruído?

Cyrus responde a essas perguntas com uma metáfora: "Se você quer aprender a cozinhar, deveria aprender a culinária vegetariana. Porque, se aprender a cozinhar com carne, você vai usar a carne como muleta. Se aprender a cozinhar com legumes, vai aprender a usar temperos, condimentos e molhos. Vai sentir mais sabores e texturas."

"Da mesma forma", continua Cyrus, "quando saí para um retiro silencioso, quando superei o ruído, quando deixei de usar as distrações e o entretenimento como muleta, descobri que *as tonalidades da minha vida são mais brilhantes*. Eu desfruto mais da comida. Quando estou lavando pratos, sinto fisicamente o prato e a esponja nas mãos."

"Existe uma oportunidade – um convite – para que cada um de nós se torne um *especialista em criação*."

Quando imaginamos o que significa transcender um mundo de ruídos, ficamos impressionados com o termo de Cyrus "especialista em criação". Para nós, isso significa cultivar a capacidade de deleitar os sentidos. Mas tem a ver com resgatar a clareza e o arrebatamento.

Encontrar uma forma de se "desintoxicar" do ruído, observa Cyrus, nos possibilita "fazer escolhas mais amorosas e motivadas pelo coração". Assim desenvolvemos "uma valorização das maneiras como somos amados, uma valorização de toda a beleza que está ao redor – o que de outra forma talvez não consigamos perceber".

No século XVII, o filósofo e polímata Blaise Pascal disse: "Todos os problemas da humanidade derivam da incapacidade do homem de ficar em silêncio sozinho em uma sala." Precisamos transcender o ruído – encarar e até apreciar a realidade nua sem todos os comentários, entretenimento e outros penduricalhos – se quisermos perceber o que é importante. Temos que fazer isso se quisermos salvar a relação com a natureza e os relacionamentos uns com os outros.

Décadas antes de o termo "economia da atenção" entrar no léxico popular, um filósofo suíço contemplativo chamado Max Picard estava pensando sobre a seguinte questão: Por que não pesamos seriamente os custos e os benefícios de todo o barulho que geramos? "O silêncio é o único fenômeno hoje que é 'inútil'", escreveu Picard, "Não se encaixa no mundo do lucro e da utilidade; simplesmente é. Parece não ter outro propósito; não pode ser explorado." Picard ressaltou que na verdade há mais "ajuda e cura" no silêncio do que em todas as "coisas úteis" do mundo. "É o que torna as coisas inteiras de novo, levando-as do mundo da dissipação para o mundo da totalidade." E concluiu: "Confere às coisas algo da própria inutilidade sagrada, pois isto é que é o silêncio: a inutilidade sagrada."

Cerca de seis meses depois de ter deixado o cargo e começado seu treinamento com os jesuítas, Cyrus já estava imerso na prática de servir. Foi trabalhar em uma casa de acolhimento em Tacoma, Washington, onde pessoas com e sem deficiência intelectual vivem juntas e servem umas às outras de maneira fraternal. Falamos com ele por telefone durante um intervalo de meia hora em suas atividades por lá. Cyrus estava obviamente se fazendo "útil". E parecia incorporar esse espírito de "inutilidade sagrada" ao se voluntariar para limpar e lavar a louça, algo que não se encaixava em qualquer tipo de atividade geradora de receita mensurável em termos de PIB. Ele tinha saído da lógica da produtividade e da conectividade constantes, da lógica de corresponder às expectativas dos outros, da lógica de um mundo de ruídos. Ao passar seu tempo naquela residência, não se pode dizer que Cyrus estava em silêncio monástico.

Mas sua mente estava nitidamente tranquila.

CAPÍTULO 3
SILÊNCIO É PRESENÇA

"Todas as coisas no Universo estão em constante movimento, vibrando."[1]

Em um artigo de 2018 publicado na *Scientific American*, Tam Hunt, da Universidade da Califórnia em Santa Barbara, resumiu uma série de descobertas recentes de estudos acadêmicos revisados por pares em física, astronomia e biologia para apresentar essa conclusão. Ele escreve: "Mesmo objetos que parecem estacionários estão na verdade vibrando, oscilando, ressoando, em várias frequências." O autor conclui: "Em última análise, toda a matéria é formada por vibrações de vários campos subjacentes."

"*Tudo na vida é vibração.*" Assim enuncia a citação concisa e pungente, embora possivelmente apócrifa, de Albert Einstein. Quer o mestre tenha dito isso ou não, as fronteiras das ciências físicas modernas estão mostrando que a afirmação é verdadeira.

O que levanta uma questão: se essa é a natureza da realidade, será que alguma coisa pode estar perfeitamente imóvel?

Será que o silêncio existe mesmo?

John Cage, compositor modernista do século XX, dedicou grande parte do trabalho da sua vida a essa questão. Cage compôs uma música famosa, intitulada *4'33"*, que consiste em nada além de quatro minutos e 33 segundos de descanso. O plano não era dar uma pausa ao pianista. Foi composta para uma sala de concertos ao ar livre em Woodstock, Nova York, com o objetivo de chamar a atenção do público para os sons das cigarras e a brisa nos galhos. Mais tarde, quando a peça foi apresentada em locais fechados, o público captava outros sons ambientes: o arrastar de pés, um pigarro, o detestável desembrulhar de uma bala. Mas a ideia sempre foi usar a música como um veículo para expandir a atenção das pessoas para o que está acontecendo ao redor – fazer com que as pessoas se sintonizassem conscientemente com o ambiente.

Cage inspirou-se para criar essa peça anos antes, quando visitou a câmara anecoica no campus de Harvard. A sala foi projetada para ser silenciosa, feita com materiais que absorvem toda e qualquer vibração refletida. Foi construída com financiamento do Comitê de Pesquisa de Defesa Nacional durante a Segunda Guerra Mundial, como uma forma de estudar a fadiga extrema que os pilotos de bombardeiros sentiam com os barulhentos motores a pistão. Quando entrou na câmara, Cage deparou com algo estranho. Não estava silenciosa. Ele ouviu "dois sons, um agudo e um grave".[2] Descreveu os sons para o engenheiro responsável e perguntou por que a sala não estava totalmente silenciosa, conforme anunciado. O engenheiro explicou o significado dos dois sons dizendo: "O agudo era o seu sistema nervoso em operação. O grave era o seu sangue em circulação."

As experiências e as sacadas de John Cage apontam para o que afirmam hoje diversos estudos científicos: é provável que nunca percebamos o silêncio no sentido objetivo puro de uma "total ausência de som".

Nesta realidade pulsante, oscilante e vibrante em que vivemos, na qual até os pelinhos dentro dos ouvidos geram som, não há como escapar da vibração.

E está tudo bem.

Nossa concepção de silêncio não é a total ausência de som. Não é a total ausência de pensamento. É a ausência de *ruído*. É o espaço entre e fora dos estímulos auditivos, informacionais e interiores que interferem na clareza de percepção e intenção.

Recentemente perguntamos a Joshua Smyth – acadêmico e pesquisador da saúde biocomportamental que passou décadas estudando esses assuntos – qual era sua definição de "silêncio interior". Ele pensou bastante, vasculhando sua mente pelo que resmas de literatura científica relevante tinham a dizer. Quase exasperado, respondeu francamente: "Silêncio é o que alguém *pensa* que silêncio é."

Isso pode soar como uma resposta evasiva. No entanto, quanto mais explorávamos o significado do silêncio – com anos de entrevistas, conversas, estudos da literatura científica e tempo de introspecção pessoal –, mais a resposta de Smyth nos pareceu convincente. Não sabemos se físicos ou astrônomos algum dia descobrirão um bolsão de absoluta calmaria em algum lugar do Universo. Mas sabemos que é possível para os seres humanos vivenciar o silêncio – como um fenômeno pessoal – na Terra, aqui e agora.

O silêncio existe. Transbordante de vida e possibilidades. Habita naturalmente um Universo onde tudo está pulsando, oscilando e zumbindo.

EM LOUVOR DO INDESCRITÍVEL

Quando dizíamos a amigos que estávamos escrevendo um livro sobre o silêncio, muitas vezes ouvimos a mesma piada: "Ah, vai ser um monte de páginas em branco?"

Na verdade, não existem especialistas em algo que não pode ser falado.

Como indica a resposta do professor Smyth à pergunta sobre a definição de "silêncio interior", trata-se de uma tolice tentar encaixar essa presença indescritível em qualquer tipo de caixa rígida. Cabe a cada um de nós entrar e explorar o que realmente é o silêncio.

Durante quase quarenta anos, o ecologista acústico Gordon Hempton viajou pelo mundo em busca dos lugares mais silenciosos para gravá-los antes que desapareçam. Ele é um devoto do silêncio, se é que isso existe. Alguns anos atrás, conversamos com Hempton sobre a intenção de escrever este livro e ele nos disse que o maior desafio seria persuadir nossos leitores a substituir o *conceito* de silêncio que têm na mente pela *experiência direta* de como o silêncio realmente os faz se *sentir*. "As palavras não substituem a experiência", diz Hempton.

Ainda assim, ao conversar com Hempton percebemos como é valioso explorar os relatos de outras pessoas. Embora as palavras só possam apontar o dedo para a realidade da experiência, uma orientação pode ser esclarecedora e instrutiva.

Por exemplo, Hempton define a própria experiência com o silêncio como "tempo, imperturbável".

Ele chama isso de "usina de ideias da alma". Diz que "o silêncio nutre nossa natureza, nossa natureza humana, e nos permite saber quem somos".

Ao entrevistar dezenas de pessoas para este livro, ficamos impressionados com muitas visões pessoais sobre o significado do silêncio. Aqui, em vez de tentar oferecer uma definição única, vamos apresentar uma gama de reflexões.

Convidamos você a fazer uma pausa após cada uma.

○

Roshi Joan Halifax – antropóloga, monja zen e inovadora em cuidados paliativos – afirma: "Na presença do silêncio, o eu condicionado se agita e coça. Começa a desmoronar como folhas secas ou rocha erodida." O silêncio é uma forma real e prática de destronar o ego de seu suposto poleiro no centro de tudo. Pode parecer algo particularmente desafiador para os ocidentais. Ela escreve: "Nós preenchemos nosso mundo com uma multiplicidade de ruídos, uma sinfonia de esquecimentos que mantém nossos pensamentos e nossas realizações, nossos sentimentos e nossas intuições fora do alcance auditivo." Roshi lamenta tudo que estamos perdendo quando abafamos o silêncio e acrescenta: "O silêncio é onde aprendemos a ouvir, onde aprendemos a ver."

○

A reverenda Dra. Barbara Holmes, professora de contemplação e estudiosa da espiritualidade e do misticismo afro-americanos, remonta sua relação com o silêncio à linhagem ancestral de seu lado paterno – descendente do povo Gullah da Carolina do Sul. "A primeira filha nascida na família seria aquela que veria outros mundos." Em vez de usar a palavra "silêncio", a Dra. Holmes costuma usar os termos "serenidade", "centralização" e "inefabilidade incorporada". Ela usa esses termos porque o espaço do mistério tem, para ela, uma dimensão inegavelmente física. Ironizando, diz que hoje é muito mais difícil encontrar silêncio do que era para os místicos de séculos atrás. "Eu não dou muito crédito a eles – era silêncio ou burros zurrando!"[3] Mas alerta que hoje "você pode viver toda a sua vida sem nunca ter vivido – fugindo de uma coisa para outra, sem saber o que é importante". E acrescenta: "A maioria das coisas que eu achava importantes não era [...] mas um momento de serenidade teria me dito: 'Espere... tem mais...'"

○

O poeta e teólogo irlandês Pádraig Ó Tuama nos diz que o silêncio é "ter espaço suficiente em si mesmo para se fazer *perguntas estranhas*". Pádraig lembra-se de ter trabalhado em estreita colaboração com uma comissão paroquial – metade leigos e metade padres. "Foi em uma grande igreja em Belfast Ocidental, que fazia um trabalho magnífico, importante e perigoso nos tempos da rebelião, em termos de reconciliação e união de pessoas", explica, referindo-se à violência que por décadas assolou seu país. Havia um padre em particular que Pádraig admirava. Esse padre, conta ele, não tinha medo de fazer perguntas estranhas a si mesmo ou aos outros. E essa era uma parte indispensável do eficiente trabalho de construção de uma paz duradoura. "Acho que todos nós precisamos de uma pitada de anarquismo para perguntar: 'Será que estou *realmente* fazendo o bem?'" Irônico, diz que talvez precisemos perguntar: "E se *nós* formos os vilões?" Pádraig diz que, quando você tem coragem de enfrentar seus temores e "fazer essas perguntas estranhas", elas podem "fazer tremer o chão sob seus pés".

○

O professor sufi Pir Shabda Kahn nos diz: "O silêncio não é nada silencioso – é fervilhante de vida, alegria e êxtase –, mas é a serenidade dos pensamentos sobre o eu, é a quietude das tolices." E acrescenta, com um sorriso: "O que você chama de silêncio, eu posso chamar de *liberdade*." No início de sua jornada espiritual, em 1969 – por insistência de seu professor –, Pir Shabda fez um voto de silêncio. Durante quatro meses levou consigo um pequeno quadro-negro para comunicações ocasionais e sucintas. Em tom de brincadeira, diz que, apesar de ter se sentido bem durante a experiência, "não é um grande fã" e explica que nunca passou a prática para nenhum de seus alunos. "Sou uma espécie de estraga-prazeres para pessoas que querem fazer um retiro silencioso." Dá uma risada. "O silêncio que me interessa é para aquietar a mente – não a boca."

○

Judson Brewer, neurocientista e psiquiatra da Universidade Brown, é um dos maiores especialistas do mundo em questões relacionadas a dependência, ansiedade e mudança de hábitos. Perguntamos sobre o significado do silêncio e ele nos falou sobre o último dos Sete Fatores do Despertar no budismo theravada, o fator ao qual todos os outros levam em uma cadeia causal: equanimidade. É "a ausência do empurra-empurra", diz. Brewer explica que provavelmente não existe "um silêncio frio e duro", um estado de absoluta ausência de percepção ou cognição, pelo menos em uma mente que esteja viva. Mas afirma que existe um "silêncio caloroso e suave", a que se pode chegar em um estado vivo. É quando "não estamos mais presos" na própria experiência, quando não há mais "desejo ou aversão", quando ultrapassamos a fixação no sentido de um eu separado. "Pode haver toneladas de atividades. Mas, se não nos envolvermos no empurra-empurra da atividade, haverá um silêncio interior", diz. Depois de anos de estudos e pesquisas, Brewer chegou a uma noção de como é, em termos neurobiológicos, encontrar um profundo silêncio interior. Ele explica que há uma palavra específica para o sentimento que corresponde ao ruído na mente: "contração". E que há uma palavra para o sentimento que corresponde ao silêncio interior: "expansão".

○

Rupa Marya, musicista conhecida internacionalmente, compositora, ativista, médica e professora de medicina na Universidade da Califórnia em São Francisco, nos diz que o silêncio é "o lugar de onde a música vem". Por décadas, ritualizou práticas de silêncio para despertar e aprimorar sua criatividade. Mais recentemente, Rupa começou a usar o silêncio na prática médica. Em seu trabalho com os povos lakota, dakota e nakota de Standing Rock, percebeu que a maior parte do que aprendeu como médica – sobretudo em relação a falar com um paciente, analisar um problema de saúde, fazer um diagnóstico ou prescrever uma receita – vai contra a cura. O antídoto, segundo Rupa, é ouvir com atenção. Ela precisa abrir espaço para estar totalmente presente e atenta aos outros. O antídoto é o silêncio.

○

Tyson Yunkaporta é um pesquisador acadêmico, escultor de ferramentas tradicionais, membro do clã Apalech, no extremo norte de Queensland, Austrália. "Não consigo pensar em uma palavra que sequer se aproxime do conceito de silêncio na minha língua nativa, porque não existe", diz Tyson. "O que pode ser considerado silêncio é a *capacidade de perceber um sinal*." O que significa ter a capacidade de perceber um sinal? Tyson a define como a capacidade de ouvir o que é verdade. "Se você estiver sintonizando *o sinal*, está sintonizando a lei da Terra – a lei que está *na Terra*." Ele observa que "as baleias têm um sinal genético que informa quais são suas rotas de migração, os pássaros também têm esses sinais e os biólogos dizem que os humanos não têm essa memória, mas nós temos um sinal que nos diz como nos organizar em grupos. Está dentro de nós, e está *na Terra*." Em nossa conversa com Tyson, ele conta como tem dificuldade em dormir e pensar com clareza em Melbourne, onde vive agora. "É o zumbido da infraestrutura que permite que 7 milhões de pessoas se amontoem ao meu redor. Mas eu penso como durmo bem quando volto para a minha comunidade. À noite, há a cacofonia da música por toda parte. São lobos uivando. São brigas acontecendo e gente jogando e gritando." E acrescenta: "Apesar de ser disfuncional, ainda assim é o sinal. É a verdadeira resposta do meu povo às incursões da colônia naquele espaço; é a resistência a isso. Eu estou inserido e sou parte disso, e é real. E posso dormir. E é *bom*."

○

Jarvis Jay Masters fala do silêncio como uma questão de sobrevivência. Ele passou mais de trinta anos no corredor da morte da prisão de San Quentin, por um crime que a maioria das evidências agora mostra não ter cometido. Jay está em um limbo jurídico há anos, com seu caso passando por um labirinto de processos de apelação. Tornou-se um renomado professor de meditação, fez votos com lamas tibetanos e publicou dois livros. Ressalta que o ruído na prisão não são só os gritos ininterruptos ou os ritmos festivos tocando nos rádios. É a vibração do medo – a angústia da incerteza, da violência e da morte sancionada pelo Estado. Mesmo assim, foi em San Quentin que Jarvis se tornou um adepto do silêncio. Ele encontra o silêncio nos momentos em que faz exercícios em sua cela. Encontra o silêncio quando estuda astronomia e lê textos budistas. Mas, principalmente, encontra o silêncio navegando pelo ruído da própria consciência. "Minhas *respostas* ao ruído foram provavelmente as mais altas", reflete. "Comecei a silenciar o ruído *silenciando as minhas respostas ao ruído*." Para Jarvis, o silêncio mais profundo tem uma dimensão moral. Ele consegue acessá-lo quando se exime de suas preocupações pessoais e volta sua atenção para a compaixão pelos outros.

SINÔNIMOS SUPERIORES

Nas palavras de abertura deste livro, pedimos que você evocasse a memória do silêncio mais profundo do qual conseguisse se lembrar. Pedimos para não só pensar sobre isso, mas também *sentir*. E perguntamos se poderia sentir isso não só como uma ausência, mas também como uma presença.

Todas essas diferentes pessoas – com suas diversas formações, situações na vida e estilos de expressão – indicam uma experiência *ativa* de silêncio. Essa experiência de silêncio esclarece o pensamento e fortalece a saúde. Ela nos ensina, nos deixa centrados, nos desperta.

Quando pensamos no silêncio como uma presença, notamos algo aparentemente paradoxal: esse silêncio é silencioso para os ouvidos e tranquilo para a mente, mas a experiência na consciência pode ser trovejante.

Esse tipo de silêncio, concorda Gordon Hempton, não é só uma questão de transcender o que não queremos. Não é apenas a ausência de ruído. Ele chama isso de "a presença de tudo".

A palavra de Gordon – "tudo" – é um bom encapsulamento do que queremos dizer com estar presente.

Mas, para nós, ainda há outras palavras.

"Humildade" é uma delas. "Renovação" é outra. E "clareza". E "expansão". Você também pode chamar essa presença de essência da *própria vida*.

Silêncio é humildade. É uma postura de não saber, um lugar de desapego. O silêncio é aceitar que não há problema em não preencher o espaço. É bom apenas ser. No mínimo, é uma chance de se afastar das pressões de precisar tentar moldar ou direcionar a realidade. Não precisamos controlar tudo, mantendo o discurso ou ponto de vista, nem mantendo o espetáculo. Não se trata apenas de um estado pessoal de relaxamento. A humildade, segundo a psicóloga da Universidade de Toronto Jennifer Stellar, "é uma virtude vital na base da moralidade e uma chave para viver em grupos sociais".[4] Muitas sabedorias tradicionais ensinam, de uma forma ou de outra, que a humildade está entre as mais elevadas virtudes espirituais. Existe uma bondade inerente em se libertar das pressões para competir e ter bom desempenho.

Silêncio é renovação. Na época em que escrevíamos o artigo para a *Harvard Business Review*, uma amiga de Justin, Renata, disse: "O silêncio pode reconfigurar o sistema nervoso." Nessa ocasião ela não sabia que estávamos escrevendo sobre esse assunto. Não sabia sobre a nossa intuição. As palavras de Renata nos lembram dos primeiros pais e mães cristãos do deserto que fugiram de Roma para o Egito para levar uma vida austera de meditação e oração. Eles se concentraram na prática de encontrar um estado de "repouso" que chamavam de *quies*. O termo está ligado etimologicamente à palavra "quiescência". Mas tinha pouco a ver com as concessões às vezes atribuídas hoje à palavra "quiescência". Segundo o teólogo e ativista social Thomas Merton, estava mais para algo "sublime". O repouso deles era "a sanidade e o equilíbrio de um ser que não precisa mais olhar para si mesmo, pois se deixou levar pela perfeição da liberdade que há nele", escreve. Para aqueles contemplativos, repouso era "uma espécie de lugar fora do espaço e da mente sem qualquer preocupação com um 'eu' falso ou limitado". Nós podemos renovar a nossa percepção do mundo.

Silêncio é clareza. Cyrus Habib nos fala da capacidade de discernir "o que está realmente no coração". Fala do silêncio como a capacidade de "não dizer a primeira coisa que vem à cabeça – nem mesmo por trinta segundos". É como o ensinamento muitas vezes atribuído ao psicólogo e sobrevivente do Holocausto Viktor Frankl: "Entre estímulo e resposta, há um espaço. Nesse espaço está o poder de escolher a resposta. Na resposta estão o nosso crescimento e a nossa liberdade." Apesar de vivermos em uma cultura que tende a enfatizar a "clareza de pensamento" e a "clareza de lógica", a verdadeira clareza transcende planos, argumentos e estratégias. Ela vive no "espaço" – nas luminosas entrelinhas. Essa clareza, que transcende o plano mental, nos habilita a conhecer a nós mesmos. Não é a base para uma retirada solitária do mundo, mas um ponto de apoio constante para transformar as coisas no que é certo. Nas palavras do místico Kabir:

> Seja silente em sua mente, silente em seus sentidos e também silente em seu corpo. Quando tudo isso estiver silente, não faça nada. Nesse estado a verdade se revelará a você. Surgirá na sua frente e perguntará: "O que você quer?"[5]

Imagine, por um momento, que uma massa crítica da humanidade pudesse se sintonizar com esse tipo de intenção autêntica. Imagine se – além das distrações, do entretenimento e dos jogos de lucro e poder – nós conseguíssemos sintonizar aquilo que nos traz o mais alto grau de florescimento. Imagine que todos conseguíssemos ter essa clareza.

Silêncio é expansão. É o desdobramento do espaço atencional. À medida que nos aprofundamos, encontramos cada vez mais espaço para sentir de verdade. Quando chegamos ao silêncio profundo, os limites da linguagem se desfazem. Não importa se não sabemos o que é o quê ou quem é quem, basta saber *o que é*. No silêncio mais profundo de todos, encontramos a liberdade interior para transcender as restrições do eu separado.

Silêncio é a essência da própria vida. Quando não há nada fustigando a nossa consciência, podemos encontrar a tela da criação. Na mais pura atenção, podemos nos sintonizar com a vibração fundamental; podemos encontrar a essência de todas as coisas. Se o som e o estímulo do discurso e do pensamento sinalizam o que precisa ser feito, a consciência pura sinaliza o oposto. É onde nada precisa ser feito. Ao transcendermos o burburinho – interior e exterior – acessamos a presença desse despertar. Isso é a plenitude.

A PERFEIÇÃO NO LODO

Na tradição budista, é comum vermos um símbolo em forma da flor de lótus – uma flor que varia em tons de branco, rosa e azul. Suas sofisticadas pétalas se abrem uma a uma na superfície vítrea das lagoas. Mas a flor de lótus também cresce em águas mais lamacentas e pantanosas. Suas raízes estão plantadas no lodo. A flor se nutre do lodo. Quando definimos a presença do silêncio como "plenitude", não estamos falando de uma separação sanitária do mundo do ruído. Assim como a flor de lótus, esse florescente silêncio pode emergir do lodo.

Quando começamos a perguntar às pessoas sobre o silêncio mais profundo que já tinham vivenciado, achamos que teríamos respostas como as que Jeff, o executivo conservador, deu a Justin na conversa que narramos nas primeiras páginas deste livro – como neblinas matinais e retiros para jovens. Apesar de valorizarmos esses tipos de espaço de tranquilidade auditiva e informacional, notamos que a maioria das pessoas ilustra seu silêncio mais profundo com situações que não chegam a ser tão silenciosas. Ouvimos sobre o silêncio surgido do fim súbito de um conflito feroz ou da perda de um ente querido, da harmonia sensorial de enterrar uma bola de basquete ou da sensação em um fim de festa dançante às quatro da manhã. Os silêncios mais profundos lembrados pelas pessoas geralmente estão relacionados à profundidade do sentimento – uma espécie de migração da copa da árvore da mente pensante para o tronco e as raízes do coração e do corpo do sentimento. Muitas vezes o silêncio mais profundo surge espontaneamente, em momentos de dúvida ou distração.

Foi o que aconteceu na nossa experiência.

Leigh deparou com um de seus mais profundos silêncios no consultório do Dr. Tenenbaum. Foi a sonoridade de sua mente que a levou lá. Pode-se dizer que a especialidade psiquiátrica do Dr. T. era interiores barulhentos.

Leigh não dormia havia 25 dias. Na sequência do difícil nascimento da filha, a cabeça de Leigh ficou cheia de vozes, todas disputando o microfone e os holofotes. Segue-se uma breve introdução ao teor de algumas dessas vozes.

Havia a voz "empenho", que a convencia de que com a estratégia certa ela poderia resolver todas aquelas dificuldades da maternidade. Poderia voltar ao trabalho sem problemas, dominar a arte de criar uma recém-nascida, fazer anotações, manter os rejuntes da cozinha impecáveis, receber o desfile de pessoas ansiosas para conhecer o bebê, emagrecer, continuar seduzindo o marido e – como um ser espiritualmente evoluído – fazer tudo isso saboreando o néctar de cada momento. Era o que ela faria, poderia, *deveria* fazer. Mas a voz "empenho" não era a única; vinha acompanhada de um verdadeiro coro grego de vozes ilusórias.

Havia a voz "gênio beligerante", pronta para descartar qualquer um que não conseguisse acompanhar seu intelecto e sua sagacidade. Foi a que repreendeu um paramédico na ambulância pelo erro grosseiro de diagnosticar seu estado como depressão pós-parto: "Eu não estou deprimida, seu idiota. *Eu estou exultante!*" Ela era um ser de luz – em um liquidificador. Depois havia a voz "poeta trágico", capaz de prever todas as catástrofes terríveis que poderiam acontecer a uma recém-nascida. No fundo, ela entendia que esta vida só pode terminar em tragédia, então, naturalmente, mantinha uma vigília obsessiva à filha adormecida. Havia a voz "caçador de paradoxos", com o dom de identificar os nós górdios das conversas cotidianas; a voz "cientista maluco", que comparava a insanidade a um labirinto do qual era preciso *pensar* para sair, e seu leal assistente, que gravava meticulosamente cada observação e todas as conclusões – e havia milhares delas – em uma fita cassete.

Apesar de não ser uma lista exaustiva, vamos parar por aqui com uma última voz – a mais perturbadora de todas –, a voz "paranoia desenfreada". Felizmente, essa voz só assumia o microfone em poucas ocasiões, pois em uma fração de segundo conseguia corroer toda a autoconfiança e a razão de Leigh. Na presença de tal voz, Leigh questionava amizades de décadas e o próprio chão em que pisava. Era de uma crueldade imensurável.

Depois de ouvir tudo sobre o coro, o Dr. T. fez a seguinte pergunta: "Já aconteceu de você conseguir silenciar uma dessas vozes?"

E foi quando ele fez essa pergunta que – pela primeira vez em semanas – *o tempo parou e tudo ficou em silêncio*. Foi como o que as mães e os pais do deserto chamavam de *quies* – um repentino lugar de repouso e luz: "A sanidade e o equilíbrio [...] um lugar fora do espaço e da mente." Leigh se lembra das vozes se dissipando como nuvens para revelar uma grande extensão de consciência cristalina.

Em seguida surgiu uma resposta clara: "Sim, mas só uma vez."

Naquela breve conversa com o Dr. T., Leigh encontrou um silêncio ao mesmo tempo surpreendente e familiar. Era aquela presença que a estava segurando o tempo todo. Para Leigh, a revelação demonstrou que ela ficaria bem. Na verdade, tudo ficaria bem: não seria internada, sua sanidade voltaria, ela seria uma boa mãe para a filha, seu casamento duraria e seu ser, de alguma forma, ficaria melhor por causa disso. Oito meses depois, quando os últimos miligramas de antipsicóticos e tranquilizantes saíram de sua corrente sanguínea, foi como se Leigh emergisse da água em que estava imersa. O silêncio foi seu companheiro nas jornadas mais sombrias.[6]

Um dos silêncios mais profundos de Justin aconteceu em um momento no qual ele e seus entes mais queridos estavam sendo bombardeados pelo ruído.

Justin e sua esposa, Meredy, tinham acabado de ter filhos gêmeos, no fim de fevereiro de 2020. Eles nasceram prematuros. Felizmente, nasceram saudáveis. Mesmo assim, os protocolos médicos exigiram que passassem algumas semanas no hospital, na unidade de terapia intensiva neonatal e depois em um berçário dedicado a casos de média complexidade. Tudo aconteceu pouco antes do registro dos primeiros casos de covid-19 no Novo México, onde moram, e os dois estavam ansiosos para sair do hospital com os recém-nascidos e voltar para casa. Por estarem longe da filha de 3 anos, entregue aos cuidados dos avós, Justin e Meredy também estavam aflitos, sentindo-se pais negligentes. Foi um período de muitos ruídos interiores.

Mas em sua maioria eram ruídos exteriores – no sentido auditivo. Para Justin, que já estava mergulhado em livros sobre os impactos da poluição sonora em seres humanos e principalmente em bebês, a implacável paisagem sonora da UTI era uma fonte de estresse quase surreal.

Havia a pulsação monótona dos monitores de oxigênio.

Os alarmes das frequências cardíaca e respiratória.

Os bipes digitais, que lembravam os jogos de fliperama dos anos 1980, silenciados pelo aquecimento de garrafas térmicas e da alimentação automatizada.

Todos os bebês usavam pequenas tornozeleiras para avisar a equipe se fossem retirados da unidade sem autorização. Uma das tornozeleiras se perdeu na lavanderia. Então, mais ou menos a cada meia hora (principalmente à noite), o sistema de segurança disparava – com um alarme tão estrondoso que lembrava uma combinação de uma sirene antiaérea na Inglaterra na Segunda Guerra Mundial com o rangido de um balão de festa gigante, sobrepujando os sons de todos os muitos outros instrumentos bipando. As enfermeiras não conseguiam descobrir como desligá-lo.

Mesmo tentando não passar a impressão de estar querendo ensinar a qualquer um como fazer seu trabalho, vez ou outra Justin delicadamente propunha a uma enfermeira ou um médico uma ideia para diminuir todo aquele ruído desnecessário. Todas as vezes o membro da equipe apontava um dispositivo de monitoramento de aparência bizarra na parede com o formato de uma orelha humana. Quando o lóbulo externo estava verde, o nível de ruído seria supostamente seguro. Linhas amarelas no meio eram um alerta. E luzes vermelhas no centro da orelha sinalizavam níveis perigosos de decibéis. Era uma indicação positiva de que o sistema clínico reconhecia a importância de controlar o ruído. Mas Justin e Meredy notaram que a maioria dos monitores nunca mudava de cor, nem mesmo em meio ao mais estrondoso ruído. Pareciam estar quebrados ou adulterados.

O ruído daquelas três semanas foi exasperante. Mas também houve um profundo e inesperado silêncio.

Uma tarde, Meredy se afastou um pouco depois de amamentar. Justin estava com a filha no colo quando o filho começou a se mexer. Pela primeira vez, a enfermeira deu a Justin a oportunidade de segurar os dois bebês ao mesmo tempo. Empurrou uma cadeira entre os berços e o ajudou a ficar na posição correta. Justin desabotoou e tirou a camisa e segurou os dois bebês no peito, pele com pele.

Depois de alguns momentos de aconchego, Justin começou a sentir sua respiração sincronizando com a deles. Logo depois, era como se as três frequências cardíacas estivessem também sincronizadas de alguma forma.

Os bipes e zumbidos continuavam soando por toda parte, a preocupação com a covid-19 e com a distância da irmã mais velha dos bebês ainda estava lá – bem como todas as outras inúmeras contingências. Mas na pulsação sincronizada dos batimentos cardíacos, no sobe e desce suave harmonizado dos três peitos encostados, nenhum bipe, zumbido ou preocupação tinha qualquer importância. Era como se nada daquilo pudesse penetrar. A mente de Justin ficou quieta. De repente, tudo parecia estar no devido lugar.

Nenhum de nós poderia ter planejado essas experiências de silêncio. Nenhuma dessas situações pode ser quantitativamente mensurada como tranquila sob qualquer análise objetiva. No entanto, em meio a todos os sons e estímulos, fez-se silêncio. O florescimento perfeito brotou do lodo.

NADA

Se "tudo na vida é vibração", pode alguma coisa ser silenciosa?

Existe mesmo tal coisa como o silêncio?

Nossa resposta é que *sim, existe*.

Mas não necessariamente no sentido em que somos ensinados a pensar nele.

Em algumas línguas latinas, incluindo o espanhol e o português, a palavra *nada* significa "coisa nenhuma". Estranhamente, em sânscrito, no outro extremo da família das línguas indo-europeias, a palavra *nada* significa "som". Nada ioga (Nāda Yoga) é a disciplina espiritual de meditar no som interior, o "som intocado", às vezes chamado de "som do silêncio".

Quando entramos no silêncio mais profundo, não extinguimos a vibração que é a essência da vida. Estamos descartando a distração, o ego e a inquietação para nos sintonizarmos melhor com essa vibração. O "nada" de que estamos falando é: *Sem ruído. Sem interferência. Um encontro direto com a essência do que é.*

Esse significado do silêncio não é estático. O professor budista Thích Nhất Hạnh o chama de "o som que transcende todos os sons do mundo". O psicólogo Robert Sardello define o silêncio como "a mãe da possibilidade", uma totalidade viva que contém *correntes* que "pulsam" e "farfalham" em ritmo. "O silêncio", diz Rumi, "é a linguagem de Deus."

Este não é um livro sobre o silêncio para quem vive em mosteiros.

Não estamos tão interessados em evitar ou extinguir as vibrações da realidade.

O que nos interessa é como encontrar o silêncio em um mundo que – felizmente – pulsa e vibra, e canta e dança.

CAPÍTULO 4

AS DIMENSÕES MORAIS DO SILÊNCIO

Diante de uma multidão de dezenas de milhares de pessoas no National Mall em Washington – com mais dezenas de milhões assistindo ao vivo pela TV –, a poeta Amanda Gorman, então com 22 anos, fez um enunciado simples e intrigante na conclusão da posse presidencial dos Estados Unidos em 2021:

"Nós aprendemos", disse, "que o silêncio nem sempre é paz."

Ela está certa.
Quando tinha 20 e poucos anos, Leigh trabalhou em um abrigo para mulheres que haviam sido vítimas de abuso, atendendo uma linha direta que servia ao nordeste da Geórgia. Um dia, ouviu uma mulher dizer que tinha sido "encomendada pelo correio" para vir da China, como explicou com seu inglês recém-aprendido. O homem responsável pela "encomenda" a mantinha presa na casa da família havia *oito anos*. Em isolamento quase total. As poucas pessoas com quem eles tinham contato não se preocupavam em fazer perguntas. Com uma perseverança inimaginável, a mulher aprendeu inglês sozinha com as legendas *closed caption* da televisão. Ficou esperando o dia em que seu captor se esquecesse de desconectar o telefone fixo e levá-lo para o trabalho. Quando esse dia finalmente chegou, Leigh atendeu do outro lado da linha. Ela se lembra da firmeza da voz da mulher ao descrever uma situação incrivelmente complexa. "Sem polícia", falou. "Melhor amigo dele, chefe de polícia." Elas teriam que encontrar outro jeito. Graças à coragem e à sensatez da mulher, elas conseguiram. Não há dúvida de que uma espécie de silêncio possibilitou seu inadmissível aprisionamento. Seu silêncio era a

antítese da paz. Até hoje, "Romper o silêncio" é uma palavra de ordem do movimento de mulheres vítimas de maus-tratos.

Por pelo menos meio século, a noção de silêncio como complacência, cumplicidade ou até violência tem sido uma proeminente corrente cultural.

Em 1977, a lendária Audre Lorde – que se autodefinia como negra, lésbica, mãe, guerreira e poeta – perguntou: "Quais são as tiranias que vocês engolem dia após dia como se estivessem de acordo com elas, até adoecerem e morrerem por isso, ainda em silêncio?" Nesse mesmo ensaio, descreveu a agonizante espera de três semanas entre o diagnóstico e uma cirurgia de câncer de mama. Nesse período de tanta incerteza, ela refletiu sobre sua vida e disse: "O que mais lamentei foram os meus silêncios." E advertiu: "Meus silêncios não me protegeram. Os seus silêncios não vão proteger vocês."

Se você andasse por Nova York uma década depois de Audre ter escrito essas palavras, no fim dos anos 1980, veria seu sentimento operacionalizado em uma das campanhas mais importantes e eficazes da história moderna. Você veria o icônico pôster "Silence = Death" [Silêncio = Morte] espalhado por toda parte, com letras brancas estampadas em um fundo preto sob um triângulo rosa. Era a eletrizante imagem do movimento que buscava atrair a atenção pública para a aids. Os ativistas trabalharam incansavelmente para despertar o mundo para o escopo e a escala da epidemia que mataria 33 milhões de pessoas no mundo todo. O silêncio, nesse contexto, era um sinônimo da incapacidade, ou da *recusa* a despertar para a ação.

Também podemos identificar esse sentimento nos primórdios do movimento ambientalista. O revolucionário livro de Rachel Carson *Primavera silenciosa* é uma referência à desesperançosa paisagem de um poema de John Keats, uma espécie de silêncio apocalíptico, no qual "o junco à beira do lago secou,/ E nenhum pássaro canta".* Rachel sabia muito bem que os magnatas da indústria química tentariam desacreditá-la e calar sua voz. Ela escreveu a um ente querido sobre o imperativo moral de sua vida: "Sabendo o que faço, não haveria paz no meu futuro se eu me calasse."

Hoje, a noção de silêncio como opressão segue tão relevante quanto sempre foi. Em 2017, um artigo do *The New York Times* escrito pela atriz

---

* No original: "The sedge is wither'd from the lake,/ And no birds sing." (*N. do T.*)

Lupita Nyong'o detalhou como Harvey Weinstein, ex-produtor cinematográfico, tentou agredi-la, assediá-la e manipulá-la. Escreveu sobre a "conspiração do silêncio" que permitiu ao "predador agir por tantos anos".

Esse tipo de "silêncio" – *a recusa de falar e agir diante da injustiça* – é real. E nós somos contra isso desde o âmago do nosso ser.

No entanto, no nosso entendimento, o "silêncio" da complacência de lábios fechados não é o silêncio em seu sentido mais verdadeiro. Por quê? Porque a recusa em identificar e lidar com abusos está no polo oposto da clareza na percepção e nas intenções. Quando nossos olhos e nosso coração estão abertos – quando temos espaço em nossa consciência para prestar atenção –, não podemos nos satisfazer ignorando os fatos e olhando para outro lado. O silêncio da apatia é uma função do medo. É uma distorção da percepção e da intenção que nasce do ávido apego ao mais estrito interesse próprio. Esse tipo de silêncio é, acreditamos, ao mesmo tempo uma causa e uma consequência do ruído na consciência.

Considere como um mundo ruidoso dá margem à injustiça. Se nos apegarmos a curtidas no Instagram, a estrelas de reality shows e à busca de lucros socialmente improdutivos, como podemos realmente entender as desigualdades e nos concentrar em resolvê-las? Se nos mantivermos fixados no nosso burburinho interior, como podemos preservar o espaço interno necessário para a empatia – para sentir a dor, a alegria e as inspirações de quem não está na nossa pele?

Começamos a escrever este livro porque nos sentíamos desalentados com a situação do mundo. Nossa intuição dizia que os problemas mais intratáveis da era atual têm sua raiz, ao menos em parte, no ruído. Para identificar e adotar soluções mais eficazes e duradouras, precisamos ter a humildade de ouvir, a capacidade de renovar continuamente nossas energias e a clareza para discernir, pessoal e coletivamente, o sinal do que é a verdade e do que de fato queremos.

Embora a complacência ante a injustiça seja um mal genuíno do nosso mundo, é mais correto chamá-la de ruído do que de silêncio. O verdadeiro silêncio – do tipo que permite a presença, o discernimento e a compreensão solidária da natureza e da humanidade – é um antídoto para a distorção ruidosa que fomenta o egocentrismo e a apatia. É um recurso para identificar nossos preconceitos ocultos, entender outras perspectivas e abordar com mais habilidade o que está errado.

O silêncio, por si só, pode ser uma força para a justiça.

Em abril de 1968, Martin Luther King Jr. tinha em sua agenda um retiro com Thích Nhất Hạnh e Thomas Merton para alguns dias de oração inter-religiosa, contemplação silenciosa e conversas relacionadas ao fim da Guerra do Vietnã e à construção de uma sociedade justa. O Dr. King resolveu adiar sua participação na última hora para ir a Memphis se solidarizar com os trabalhadores de saneamento em greve na cidade. Ir a esse local foi uma decisão fatídica. Ele foi assassinado durante essa viagem.

Quando Merton chegou ao mosteiro para o retiro, o *The New York Times* contatou-o para escrever um comentário sobre o assassinato. Ele declinou. Entrou em um período de profundo silêncio. Em sua carta de condolências à recém-viúva Coretta Scott King, escreveu: "Alguns eventos são grandes e terríveis demais para se comentar a respeito." A reverenda Dra. Barbara Holmes contrasta o então destacado silêncio de Merton com a dinâmica vazia e exasperante de figuras públicas oferecendo "pensamentos e orações" após os tiroteios nas escolas de hoje. "A única escolha responsável é ficar em silêncio", diz Barbara, refletindo sobre Merton.[1] "Não posso dizer nada a esse mal."

Embora fosse um intelectual público prolífico e uma voz proeminente contra o racismo, o militarismo e a ganância, Merton via o silêncio imersivo da vida contemplativa como parte de uma luta por justiça. Como escreveu no auge do movimento pelos direitos civis e contra a Guerra do Vietnã: "Eu faço do silêncio monástico um protesto contra as mentiras dos políticos, de propagandistas e agitadores, e quando falo é para negar que minha fé e minha igreja possam estar alinhadas com essas forças de injustiça e destruição."

Gandhi tinha uma visão semelhante das dimensões morais do silêncio. Em artigo recente no *The Hindu*, um dos maiores jornais da Índia, Rajeev Kadambi, cientista político da Universidade Global O. P. Jindal, explora a questão de por que Gandhi não condenou imediatamente os Estados Unidos pelo uso da bomba atômica contra os japoneses nas cidades de Hiroshima e Nagasaki em 1945. Terá sido, pergunta Kadambi, "um silêncio tático à espera de que os acontecimentos se desenrolassem"? Por mais insondável que pareça, diz Kadambi, a recusa de Gandhi em apresentar uma resposta verbal, na época, alimentou rumores de que o "apóstolo global da não violência e crítico do imperialismo ocidental" de alguma forma endossou o uso da bomba atômica. Gandhi rompeu o silêncio para dizer apenas isto: "Quanto mais penso a respeito, mais sinto que não devo falar sobre a bomba atômica. *Devo agir, se puder*."

Gandhi era um mestre do que Kadambi chama de "a qualidade mágica da ação não discursiva". Kadambi sugere que o silêncio de Gandhi – arraigado no princípio iogue de *ahimsa*, não violência na intenção, no pensamento e na ação – foi um ato para "romper com a circulação da violência e da contraviolência".

Todas as segundas-feiras, Gandhi observava um "dia de silêncio". Além de meditação e contemplação, continuava sua correspondência por cartas, recebia visitantes, ouvia atentamente as reuniões e participava de cúpulas importantes, sem falar nada. Mantinha o seu "dia de silêncio" semanal mesmo em momentos de intensidade e convulsão em seu trabalho de décadas para desmantelar a ocupação da Índia pelo Império Britânico. Quando alguém, incluindo amigos íntimos, implorava para que abrisse uma exceção e falasse, ele se recusava. Seu "dia de silêncio" semanal era uma peça central de todo o seu trabalho. "Muitas vezes me ocorreu", escreveu, "que quem realmente busca a verdade precisa ficar em silêncio."

Nas terças-feiras, quando voltava a falar, Gandhi costumava fazer discursos especialmente objetivos e eloquentes, sem anotações, em uma espécie de fluxo arrebatador. Levava sua consciência tranquila a arenas políticas conflagradas. Em sua autobiografia, escreveu: "Um homem de poucas palavras raramente será irrefletido em seu discurso; ele medirá cada palavra." Gandhi lamentava o caráter da maioria das reuniões de que participava, com "pessoas impacientes para falar" e o organizador "incomodado por bilhetes pedindo permissão para falar". Observou que "sempre que recebe a permissão, o orador em geral ultrapassa o limite de tempo, pede mais tempo e continua falando sem permissão. Dificilmente se pode dizer que toda essa falação traz algum benefício para o mundo. É muita perda de tempo".

Certa vez, após um período de quinze dias de silêncio, poucos meses antes de ser assassinado, ele fez uma reflexão:

Não se pode deixar de sentir que quase metade da miséria do mundo desapareceria se nós, mortais impacientes, conhecêssemos a virtude do silêncio. Antes que a civilização moderna chegasse a nós, pelo menos de seis a oito horas de silêncio em 24 horas nos eram concedidas. A civilização moderna nos ensinou a converter a noite em dia e o silêncio dourado em alarido e ruídos insolentes. Que grande coisa seria para nós, em nossa vida ocupada, se pudéssemos nos retirar todos os dias por pelo menos algumas horas e preparar nossa mente para ouvir a Voz do Grande Silêncio. A Rádio Divina está sempre cantando, se nos dispusermos a ouvi-la, mas é impossível ouvir sem o silêncio.[2]

No som e na fúria da política de hoje, temos pensado no exemplo de Gandhi como uma força silenciosa de transformação social. Ele também viveu em uma cultura de ponto e contraponto, e usou o silêncio como forma de romper binários aparentemente impossíveis e ajudar a resolver ciclos de conflitos e violência. Gandhi sintonizou-se com o "silêncio de ouro" não como um meio de se retirar da luta, mas como um meio de transformá-la. Via sua vida política como uma extensão de seu trabalho espiritual como "alguém que busca a verdade" e, portanto, para ele o silêncio era uma fonte de lucidez prática e espiritual.

Você pode encontrar o poder do silêncio socialmente engajado de Merton e Gandhi no mundo de hoje. Na verdade, muitas vezes pode encontrá-lo em lugares inesperados.

No verão de 2020, Sheena Malhotra – autora e professora de estudos de gênero e mulheres na Universidade Estadual da Califórnia – estava em uma manifestação do Black Lives Matter no norte de Los Angeles, logo após o assassinato de George Floyd. A manifestação aconteceu pouco depois dos primeiros meses de lockdown na pandemia de covid-19 e em semanas se tornaria um dos maiores movimentos de protesto da história dos Estados Unidos. "Quando os eventos provocam tanta raiva, quando as coisas estão em ebulição, é difícil ir daí para o silêncio", diz Sheena, descrevendo o modo como a manifestação ocorreu. "Mas nós conseguimos – deixamos de gritar slogans para nos ajoelharmos, em silêncio." As centenas de pessoas reunidas pararam e se ajoelharam durante nove minutos, reproduzindo os nove minutos em que Derek Chauvin apoiou o joelho no pescoço de George Floyd antes de sua morte.

Sheena conta como o silêncio se desenrolou: "A gente sentiu o desespero. Sentiu a fisicalidade daquilo. Sentiu quanto tempo esses nove minutos ficaram no corpo. Em algum momento, ainda ajoelhados, ficamos impressionados com quão interminável era, como vidas passando.

Mas então você começa a olhar em volta e ver aquela multidão ao redor", ela lembra. "Pessoas de todas as cores. Jovens negros lá com suas mães. O que eles devem sentir? Quão existencial essa ameaça é ao seu ser? É muito profundo."

Na prova de silêncio – compartilhada por centenas de pessoas –, Sheena veio à tona passando por camadas e mais camadas de pensamentos e sentimentos latentes. "Eu vivenciei toda essa gama de emoções. Tristeza. Raiva." E depois "a raiva se transformou em compaixão pelas pessoas ao meu redor. Transformou-se em um espaço de euforia, do tipo 'Estamos todos aqui. Estamos todos aqui juntos. E é importante estarmos aqui juntos'. Então, naquele espaço, lembro-me de olhar para os policiais parados ao redor e pensar: o que eles estão sentindo?".

"O silêncio é como um oceano", diz Sheena. "Pode mudar de forma. O silêncio dá espaço para uma mudança da forma das emoções. Dá espaço para absorver a energia das pessoas ao redor." Refletindo sobre aquele dia de verão em Los Angeles, ela se lembra de uma espécie de transformação positiva do coletivo: "Você podia sentir essa mudança na energia de toda a multidão. É o silêncio que propicia o espaço para que isso aconteça."

Sheena, com a colaboração de sua colega professora Aimee Carrillo Rowe, editou uma antologia chamada *Silence, Feminism, Power: Reflections at the Edges of Sound* (Silêncio, feminismo, poder: reflexões nas bordas do som), que dedicaram à falecida Audre Lorde.[3] Além de honrarem os defensores e acadêmicos que durante décadas denunciaram a censura e a opressão, também refletem sobre a importância de se libertar de uma "postura puramente oposicionista", de ver "o silêncio como uma força de opressão não analisada que deve ser descartada". Ressaltam que "o silêncio nos dá espaço para respirar, nos concede a liberdade de não precisar se posicionar o tempo todo em reação ao que é dito".

O livro contém um ensaio em que Sheena reflete sobre sua luta contra um câncer de ovário. Descreve como seu tratamento abriu uma série de percepções sobre o lugar do silêncio no trabalho da justiça. "Assim como o fogo significa a transformação da forma material em ar, o silêncio também abre espaço para imaginar o inimaginável, nos proporciona um lugar para reflexão, rearticulação e desarticulação a fim de podermos entrar em outra forma de comunicação, que está além da linguagem."

SANTUÁRIOS

O Capitólio é uma verdadeira escola na arte de distinguir sinais do ruído.

Durante os anos em que atuou como assessor legislativo de três membros do Congresso, Justin esforçou-se para aprender a lidar com o ruído sempre presente de telefones tocando, fofocas de fundo, campainhas de alarme sinalizando votos no plenário, alertas para abrir as caixas de entrada de e-mails absurdamente lotadas e lobistas entusiasmados distribuindo convites para recepções barulhentas e agitadas em casas noturnas. Com o tempo, porém, Justin descobriu que algumas das vozes mais altas e estridentes que ouvia não podiam ser classificadas como ruído. Eram sinais. Ele conversava muito com militantes que demonstravam grande indignação com os rios poluídos e as dificuldades dos refugiados que saíam de Aleppo. Essas vozes não eram distrações indesejadas; elas sinalizavam uma necessidade. Precisavam ser ouvidas.

Para Justin, desconsiderar aqueles sinais seria uma abdicação de sua responsabilidade. O que ele descreve não é apenas um fato sobre o serviço federal. É a realidade de terapeutas, bombeiros, professores, profissionais da saúde e muitos outros dedicados a serviços sociais. É a realidade para todos nós que temos filhos ou cuidamos de pais idosos e entes queridos. Não podemos ignorar sinais quando o tempo urge. Mas como manter a clareza e a energia em meio a tanta agitação e urgência?

O filósofo radical Slavoj Žižek certa vez criticou a atenção plena ao afirmar que ela permite às pessoas se afastarem do estresse sem lidar com as causas subjacentes dele. Permite que você esteja *no mundo, mas sem ser parte dele*, explicou. Reconhecemos esse argumento. Não podemos deixar a motivação para a serenidade interior obstruir nossos deveres exteriores.

Então, qual é a alternativa?

Acreditamos ser possível mesclar o silêncio com uma vida totalmente engajada. Se queremos viver na realidade atual – e se queremos cultivar a força e o foco necessários para melhorar a realidade atual –, precisamos de espaços de descanso imersivo, espaços de som e estímulo mínimos, espaços nos quais simplesmente não tenhamos que dizer nada.

Passamos a acreditar que o silêncio é essencial para a renovação. É um requisito para fazer o que é certo de forma sustentável. Nos próximos capítulos apresentaremos várias recomendações sobre como encontrar silêncio auditivo, informacional e interior ao mesmo tempo que cumprimos as obrigações da vida. Mas eis aqui uma coisa que aprendemos e vamos compartilhar agora: *observe os profissionais*. Preste atenção nos que têm convivido bem com essas questões em circunstâncias difíceis por períodos consideráveis.

Cherri Allison é uma dessas pessoas. Há mais de cinco décadas está em busca do equilíbrio entre a fala e o silêncio, entre a responsabilidade e a renovação.

"Para mim, como uma mulher afro-americana criada aqui nos Estados Unidos, a pressão constante era ficar em silêncio", contou Cherri em uma entrevista recente. Ela fez o melhor possível para não sucumbir à pressão. "Eu posso ser demitida, deixar de receber o meu pagamento. Mas ninguém pode tirar minha verdade de mim", diz com seriedade. Ainda assim, Cherri percebeu cedo que o silêncio *tinha* algo a oferecer – o tipo de silêncio que vem da própria vontade. "Eu não sabia quanta *força* era necessária para estar naquele lugar silencioso", recorda. "Depois de encontrar esse silêncio, não precisei mais dar um pé na bunda de ninguém, nem xingar nem ser demitida do emprego – o que me impediria de continuar o meu trabalho." O trabalho que ela queria continuar – sua vocação – era ajudar a fazer justiça para vítimas de violência. É um trabalho pelo qual Cherri, agora na casa dos 70 anos, recebeu recentemente um prêmio pelo conjunto da obra.

Cherri é ex-diretora executiva de um dos maiores Centros de Justiça Familiar do país. Com sede em Oakland, Califórnia, o centro oferece um refúgio seguro contra violência doméstica, agressões sexuais, abuso infantil, abuso de idosos e tráfico humano. É um espaço vibrante, normalmente perfumado com lavanda e repleto de conversas animadas, risos e música, além de caixas de lenços para as lágrimas que fazem parte do pacote. Cherri sempre foi receptiva a todas as expressões com as quais convive ali – especialmente expressões que vêm do coração. "Você precisa ser muito corajoso para ir lá", diz ela. "Estou falando sobre se sentar, sentir e *ouvir* o seu coração. Se fizer isso, são os momentos em que você é levado às lágrimas de verdade."

Cherri quer ficar ligada a essas lágrimas reais, embora nem sempre tenha conseguido fazer isso *e* realizar seu trabalho. Costumava "vencer" o dia de trabalho da forma como aprendeu na faculdade de Direito, um *modus operandi* típico também do gerenciamento de crises. Mas descobriu que o esforço dessa abordagem – manter essa distância da "dor profunda" no próprio coração – era insustentável:

Você está olhando para o rosto de uma vítima e sente o espírito alquebrado, a desesperança dela, então ela vai embora e a próxima já está bem ali [...] Nenhuma pausa para deixar a história dela se aprofundar [...] É só pancadaria! O dia inteiro.

A equipe de Cherri pode ter recorrido à mesma estratégia de "vencer mais um dia", mas Cherri estava determinada a não deixar que eles cometessem os mesmos erros que um dia ela cometeu. Cherri diz que se sentar em silêncio e ouvir com o coração coloca sua equipe e ela em uma *relação direta* com as pessoas que estão lá para ajudar – para não esquecerem que estão lá para *ajudar*, não para *salvar*. Aconselha sua equipe a "ficar em silêncio, ouvir e *olhar no fundo do seu ser*". Recomenda à equipe explicar todas as opções disponíveis e "observá-los se reerguer pela própria capacidade". Lembra-se de como chegou a essa conclusão: "Quando finalmente parei e conversei com uma vítima *como uma pessoa* em vez de ficar tipo 'Oh, *eu sou a advogada*', meu Deus! Tanta coisa me foi revelada!" E continua: "Eles tinham tanto conhecimento, tantas informações e experiência para compartilhar. Isso me tornou uma prestadora de serviços *muito* melhor."

Quando assumiu as rédeas do centro, em 2011, Cherri embarcou em um experimento. Antes de começar a reunião diária com sua equipe, ela pedia que todos se sentassem juntos em uma reflexão silenciosa. Às vezes começavam a reunião com um poema ou uma citação inspiradora. Alguém poderia fazer uma pergunta instigante. Ou simplesmente se sentavam e respiravam juntos. Sugeriu que se revezassem na liderança. Eles abriram espaço para o silêncio. Abriram espaço para a humanidade de cada um. Eram práticas muito *fora* da cultura operacional da época. Mas Cherri resolveu arriscar – apesar de se sentir vulnerável como nova diretora. "Realmente comecei a adotar o papel de ser a mais velha", diz. "E o que descobri é que isso se consegue com muito silêncio."

Refletindo sobre a importância do silêncio, Cherri diz: "Não importa *em qual* área você está. O silêncio é uma ferramenta poderosa." A prática diária que instituiu aprofundou a coesão da equipe. Promoveu uma cultura de autocuidado. Ajudou-os a lembrar-se de ouvir com o coração. A equipe continuou essa prática durante todo o mandato de Cherri e permanece fazendo o mesmo até hoje, depois de sua aposentadoria.

○

Mesmo nas esferas mais barulhentas da vida, mesmo em meio à barragem mais constante de sons e estímulos, os caminhos para o silêncio são muitas vezes surpreendentemente simples.

Quando Tim Ryan concorreu pela primeira vez ao Senado dos Estados Unidos pelo estado de Ohio, o padre da igreja católica que ele frequentava lhe ofereceu um conjunto de chaves para o santuário. Embora tenha apreciado o gesto, somente quando a eleição ficou feia Tim realmente entendeu o valor e a antevisão desse presente. Os chefes locais do partido decidiram que ele era jovem demais para dar o salto para a Câmara Alta do Legislativo. Quando os ataques, fofocas e empecilhos da campanha começaram a aumentar, ele aproveitou o espaço tranquilo do santuário como um refúgio diário para reabastecer as energias e manter sua motivação. Ele precisava daquilo. A igreja sempre fora um lugar importante para Ryan; ele havia crescido ali, era o local onde seu avô fora um ostiário, onde desenvolveu sua "conexão original com o tempo do silêncio". Mas foi sua experiência na campanha que o fez reconhecer a necessidade fundamental do silêncio como uma conexão com as origens.

Quando conversamos com Tim Ryan, agora um alto membro do Partido Democrata do Congresso, ele nos contou sobre o poder do silêncio em sua vida atual. Ryan define o silêncio como uma fonte essencial de energia e paciência que alimenta sua capacidade de responder aos sinais importantes de maneira sustentável. "Quando você está em silêncio, obtém aquela convicção interior essencial para enfrentar grandes desafios [...] e para viver a vida que deseja viver. Tem que vir de dentro para fora", explica. "Se você não tem nada além de ruído na cabeça e ao redor, é difícil se manter sintonizado. É algo além da razão. Além do seu cérebro."

A TIRANIA DA MOAGEM

O ruído do mundo está aumentando.

Mas também os sinais. E assim, também os indicadores do que realmente requer nossa atenção.

Não há apenas uma quantidade cada vez maior de interferências indesejadas, mas também um aumento de pedidos de ajuda genuínos e importantes. Sejam notícias alarmantes sobre refugiados ou crises ambientais, ou pedidos de ajuda de entes queridos afundados em depressão e desespero, muitos dos sons e estímulos do mundo moderno *são* justificados. Não se trata de "distração". São sinais da necessidade de mudança.

Observando o mundo de hoje, há uma relação pouco entendida entre sinal e ruído. Quanto mais ruído geramos, mais numerosos e desesperados se tornam os sinais de socorro. O que está em risco quando nos sentimos inquietos com a paisagem sonora caótica? Qual é o custo quando nossa atenção está sobrecarregada? O que está em jogo quando estamos basicamente consumidos pelo burburinho em nossa cabeça? Com certeza há uma resposta comum: somos menos capazes de cuidar uns dos outros e de cuidar da natureza. O imperativo ético por um tempo de silêncio não é apenas pessoal. É planetário.

A artista performática, teóloga e ativista Tricia Hersey traça uma ligação clara entre a cultura do ruído e os problemas de apatia, esgotamento e até traumas. Ela organizou uma "Escola de Descanso" – no espírito das lendárias Escolas de Liberdade dos anos 1960 – para ensinar ativistas hoje na linha de frente de lutas por justiça a fazer uma pausa para centralização e renovação. Ela evangeliza o tempo de silêncio como um belo e ousado ato de resistência ao que chama de "cultura trituradora". "Vamos ver se podemos fazer um ser humano trabalhar como uma máquina por até vinte horas por dia, todos os dias, durante séculos", comenta, traçando uma linha desde a escravidão até um paradigma de dominação moderno que desvaloriza nossa necessidade de silêncio, de descanso, de dormir e sonhar. "Essa máquina de moer nos mantém em um ciclo de trauma. O descanso pode interromper esse ciclo", diz. Examinando a cultura em que vivemos – que celebra um vício no máximo de produção de material mental –, ela enaltece o poder do silêncio como um "destruidor desse véu" e recomenda o cultivo de um costume tradicional muitas vezes negligenciado: cochilar. "A culpa e a vergonha sentidas por tirar uma soneca não são pertinentes. Estão mal colocadas. O descanso é uma necessidade primordial e um direito divino."

No livro inovador *Resista: Não faça nada – A batalha pela economia da atenção*, Jenny Odell explica como uma cultura que glorifica o "estar sempre ocupado" e o ruído máximo nos mantém separados da natureza, culminando com crises ecológicas.[4] Como observa ela, um sistema econômico obcecado pelo crescimento e "o pensamento colonialista, a solidão e uma postura abusiva em relação ao meio ambiente coproduzem um ao outro". A obsessão moderna por coisas mentais – massivamente amplificada pelo advento da vida on-line – significa uma mudança da "presença" física na Terra para uma "presença" desencarnada na internet. Jenny prescreve o remédio da "localização plena", ou o que ela chama de "biorregionalismo". É a prática de prestar atenção no lugar onde você mora – a flora e a fauna, o clima, o terreno, as formas como as paisagens interagem com as culturas. Jenny encontra sua localização plena observando pássaros. Seja qual for a sua escolha, uma coisa é certa: requer uma atenção silenciosa. Em uma conversa com Liv O'Keeffe, da Sociedade de Plantas Nativas da Califórnia, Jenny explica: "O biorregionalismo nos dá uma sensação de lar, uma forma de nos envolvermos e nos sentirmos parte de algo em um momento no qual todos são postos uns contra os outros e atomizados." Falando de sua atitude pessoal, acrescenta: "É a única maneira confiável que conheço de sair desse eu míope e bitolado, superestimulado, temeroso e isolado que é cultivado on-line."

Então, qual é o lugar da ausência de discurso no trabalho da justiça? Como equilibrar a necessidade de determinação com a necessidade de uma visão calma e clara? Como responder aos clamores do mundo com uma seriedade sincronizada, evitando as distorções do ruído e da urgência? Como podemos nos evadir do artifício de conceitos intelectuais para sentir a dor dos outros – ou mesmo a nossa?

Tricia, Jenny e outras vozes contemporâneas ecoam o que Gandhi enfatizou 75 anos atrás: encontrar o silêncio é uma necessidade ética. Como São Bernardo, o santo padroeiro dos cistercienses, refletiu certa vez sobre a mensagem do profeta Isaías: "O silêncio é o trabalho da justiça."[5]

Mas esse trabalho requer cuidado e atenção contínuos.

A BELA ARTE DO DISCERNIMENTO

Perguntamos a Cyrus Habib, que você conheceu no Capítulo 2, sobre a relação entre silêncio e justiça. Ele nos indicou uma única palavra: "discernimento".

Cyrus faz a seguinte comparação: "Quando você está em uma discussão com uma pessoa que ama, é melhor não dizer a primeira coisa que lhe vem à cabeça. A quietude e o silêncio, mesmo que durem só trinta segundos, podem ser muito úteis para saber como proceder." Essa mesma lógica, explica ele, se aplica ao trabalho em nível macro de realizar mudanças sistêmicas. Como político de alto nível, Cyrus estava acostumado a um modo de ação social que consistia em agir rapidamente, reagir instantaneamente aos acontecimentos e otimizar o modo como apareciam em um comunicado à imprensa. Mas o discernimento, destaca Cyrus, implica um trabalho mais lento, muitas vezes invisível, de determinar o que é verdade. Trata-se de perceber o que significa consertar alguma coisa – *realmente* consertar – em vez de aplicar um remendo. Cyrus vem se concentrando em desenvolver sua capacidade de discernimento por meio de práticas silenciosas profundas como jesuíta, a fim de identificar o verdadeiro sinal em meio à estática. Ele define o discernimento como uma espécie de ponto de encontro entre contemplação e ação.

Cyrus dá o exemplo de como os jesuítas têm lidado com a questão das reparações da escravidão. Em 1838, um grupo de jesuítas de Maryland vendeu 272 negros como escravos para proprietários de plantações da Louisiana com o intuito de pagar dívidas da então incipiente Universidade de Georgetown. Na última década, finalmente houve um reconhecimento dessas atrocidades. Em 2019, a ordem religiosa e os descendentes dos escravos criaram em conjunto uma fundação cujo objetivo é facilitar a descoberta de fatos e o diálogo, lançando as bases para um programa de reparações. Em 2021, anunciaram um compromisso inicial de 100 milhões de dólares para investimentos destinados a melhorar a vida dos descendentes daqueles 272 homens, mulheres e crianças.[6]

Embora esses esforços estejam muito à frente das ações do governo dos Estados Unidos e da grande maioria das instituições educacionais e religiosas na abordagem dos legados da escravidão, Cyrus enfatiza que a iniciativa jesuíta foi criticada por uma simples razão: ser lenta. Mesmo depois de quatro anos de estudos e diálogos, eles ainda estão em fase de aprendizado. Ainda terão que passar muitos anos até o início de alguma ação real. Sendo advogado, Cyrus admite que às vezes ainda fica nervoso com esse ritmo, mas afirma: "Faz parte do processo."

O processo está acontecendo por meio de "muito silêncio", diz. Um dos pilares fundamentais do trabalho de reparação é ouvir em silêncio. É ouvir os descendentes dos que foram escravizados, entender como ser justo e eficaz e como construir uma verdadeira parceria de confiança. É ouvir interiormente também. Cyrus ressalta que o processo está acontecendo acompanhado por muita oração e contemplação – uma busca interior rigorosa por sinais sobre o caminho certo a seguir.

"Mas por que demora tanto?", pergunta Cyrus. "Pela necessidade de *discernimento*."

Na tradição quacre, esse processo de discernimento é chamado de debulha – a separação do joio do trigo. Os quacres são um grupo religioso cristão que se opõe tanto ao catolicismo quanto ao protestantismo, rejeitando qualquer tipo de organização clerical. São conhecidos por suas reuniões religiosas em silêncio, em que são aconselhados a *falar apenas quando movidos pelo espírito*, mas também enfatizam uma dimensão prática do silêncio. Os quacres participam de um tipo específico de reunião chamada de Reunião de Veneração pelo Propósito de Negócios, na qual buscam respostas para questões mundanas, como lidar com disputas entre membros ou tomar decisões financeiras enquanto organização. Quando as coisas esquentam, travam ou ficam confusas, quem estiver presidindo a reunião, o "secretário", estabelece um período de contemplação silenciosa em grupo. É a principal ferramenta para a debulha.

"Para alguns, há um potencial de desconforto nesse silêncio", explica Rob Lippincott. "Mas eu diria que o poder desse momento se manifesta exatamente quando se torna desconfortável." Rob é um quacre de nascença que foi professor de pedagogia em Harvard, bem como vice-presidente da PBS, rede de televisão americana de caráter educativo-cultural, entre diversas outras funções em serviços públicos e sem fins lucrativos. Ele observa que o modelo comum em tempos de conflito é cada vez mais discussões, oposição e posicionamento. O desacordo em geral aumenta o volume. Mas a tradição quacre apregoa uma reação inversa: o silêncio compartilhado. Eles utilizam o silêncio para transformar a dinâmica na busca da "unidade". Rob explica em detalhes: "Não é exatamente um consenso. É uma espécie de consentimento mútuo. Não é um acordo 100% profundo. É mais como 'Eu não vou me opor.'"

"Quando o secretário pede silêncio, eu procuro me centrar", diz Rob. "Respiro. Aí consigo me concentrar. Qual é o verdadeiro problema? Qual é o verdadeiro conflito? Estou irritado com alguma coisa? Existe um problema em algum ponto do raciocínio?" Quando o período de silêncio é bem-feito, diz ele, tudo para. Você não ouve nem o farfalhar dos papéis. "O silêncio me deixa recuar do meu instinto de 'reagir prontamente'", explica. "Isso me permite esperar, talvez até por alguém que tenha um pouco mais de clareza para falar, o que em geral é o mais chocante e mais interessante para mim." Rob nos diz que não é incomum que outra pessoa diga exatamente o que ele estava pensando, porém com mais clareza. "É como 'Puxa! Estamos progredindo'. É um exercício de comunhão."

VERDADE E PODER

No livro *Consolations: The Solace, Nourishment, and Underlying Meaning of Everyday Words* (Consolações: O alívio, o sustento e o significado subjacente das palavras do dia a dia), o poeta David Whyte diz o seguinte:

> Em silêncio, a essência nos fala da própria essência e pede uma espécie de desarmamento unilateral, com nossa natureza essencial emergindo lentamente à medida que a periferia defendida se atomiza e se desfaz. Conforme a borda agitada se dissolve, começamos a nos juntar à conversa através do portal de uma vulnerabilidade robusta e até então desconhecida, revelando-se na maneira como ouvimos, com um ouvido diferente, um olho mais perceptivo, uma imaginação que se recusa a chegar muito cedo a uma conclusão e se identificar com alguém diferente daquele que originalmente entrou no silêncio.[7]

No mundo da geopolítica, o termo "desarmamento unilateral" costuma significar uma abdicação da responsabilidade de se defender, depondo as armas necessárias para afirmar sua soberania. Muitas vezes, de fato, usamos palavras para manter nossa identidade, afirmar nossa individualidade, defender nosso ponto de vista. E às vezes é preciso fazer isso para sinalizar o que é necessário e manter nossa posição perante as inevitáveis escaramuças que acontecem em um mundo de ponto e contraponto.

Mas o que acontece quando simplesmente depomos essas armas? O que acontece quando não precisamos ter uma opinião ou defender um ponto de vista para provar o nosso valor? Uma "vulnerabilidade robusta e até então desconhecida". Um refinamento da percepção. Uma revelação da nossa natureza mais profunda.

Quando descreve a intervenção consciente do silêncio em uma reunião contenciosa, Rob Lippincott não está se referindo a nenhum tipo de censura. Está falando sobre a introdução de amplitude. O que precisa ser dito pode ser dito, mas sem a pressão superficial. No impasse claustrofóbico das opiniões, uma porta oculta se abre. Você sente uma brisa fresca.

É como a clareza e a presença descritas por Sheena Malhotra – aquelas que floresceram naqueles nove minutos de silêncio na manifestação do Black Lives Matter em Los Angeles. Ou, como sugeriu Cyrus, o lento e silencioso trabalho de discernimento sendo hoje assumido pelos jesuítas. A ausência de palavras tem um lugar no trabalho da justiça. É essencial para encarar desafios, tanto grandes quanto pequenos.

Apesar de a fé dos quacres ter tudo a ver com a prática do silêncio, eles também valorizam o princípio de "falar a verdade ao poder". O primeiro registro impresso conhecido dessa frase está em uma publicação de 1950 chamada *Speak Truth to Power: A Quaker Search for an Alternative to Violence* (Falar a verdade ao poder: Uma busca quacre por uma alternativa à violência), que tentava inspirar as pessoas a contestar o desenvolvimento de armas nucleares e o militarismo da Guerra Fria. Ao conversarmos com Rob, exploramos esta proposta simples: *A parte mais difícil de falar a verdade ao poder é discernir o que é a verdade.* "Perceber a verdade é realmente uma disciplina; é o fundamento da meditação", diz Rob. "Se ficar tão claro para mim que algo é verdade ao sondar as profundezas em silêncio, vale a pena compartilhar."

Assim como nos discursos estimulantes proferidos por Gandhi às terças-feiras ao sair de seus retiros semanais, há certa dimensão moral nas palavras que emergem do silêncio. Gandhi usava um termo específico em sânscrito, *satyagraha*, para definir o poder espiritual do movimento que ajudou a liderar. É uma palavra que transmite essa característica específica do discurso surgido da totalidade do inefável.

Como o valor atribuído pelos quacres a "falar a verdade ao poder", a palavra *satyagraha* se traduz como "a força que nasce da verdade". Clareza na percepção clara. Clareza na ação. É a ponte entre o silêncio e a justiça.

Nada disso implica que o tempo em silêncio resolverá automaticamente os problemas da época. Com certeza também é vital fazer o trabalho mundano da justiça: contestar sistemas opressivos, reduzir radicalmente as emissões de gases de efeito estufa, construir economias igualitárias. Todas essas mudanças são necessárias. No entanto, por si sós, não são suficientes. Se não lidarmos com a urgência e a agitação subjacentes na consciência humana, nem mesmo as políticas mais esclarecidas resolverão as crises sociais e ecológicas que enfrentamos hoje. Se não reavaliarmos nossas concepções de "sucesso" e "progresso", repensando o paradigma da obsessão pelo PIB e a máxima produção possível de estímulos sonoros e outras coisas, as tiranias do que Tricia Hersey chama de "cultura trituradora" persistirão.

PARTE 2
A CIÊNCIA DO SILÊNCIO

CAPÍTULO 5

FLORENCE NIGHTINGALE FICARIA IRRITADA

Quando Faith Fuller era uma garotinha, adorava se perder nas densas florestas das montanhas de Berkshire, no oeste de Connecticut. "Na verdade, nós não tínhamos vizinhos", conta ela, "e a vida em casa era... complicada." Sendo a caçula temporã de quatro irmãos, Faith cresceu como se fosse filha única. "A floresta era minha companheira. Eu sentia que a vegetação me via, me conhecia e me reconhecia." Passava o dia inteiro em excursões: cruzando riachos gelados, procurando tesouros, descansando de bruços para observar os insetos vermelhos brilhantes que salpicavam o solo da mata. "Dos 6 aos 10 anos, não havia uma diferença real entre mim e a floresta", lembra.

Ao entrar na idade adulta, Faith voltou-se para a meditação e encontrou outro caminho confiável para o silêncio imersivo. Por mais de seis décadas procurou e saboreou esse estado. O silêncio tem sido uma fonte de companheirismo e renovação.

No entanto, ela nunca imaginou que essa pudesse ser a receita médica que um dia salvaria sua vida.

Um dia em 2015, voltando do trabalho para casa, Faith colidiu de frente com um carro vindo no sentido contrário. Esse carro, contou ela, atravessou o canteiro central, jogando na calçada seu automóvel, que passou por algumas folhagens até bater em um muro de concreto. "Meu ombro ficou pulverizado, como pedacinhos de cascalho", lembra. Mas seu cérebro também foi gravemente ferido. "Voltar de uma lesão cerebral é como renascer em certo sentido; no começo você fica infantilizado, não tem muita linguagem, sente dificuldade em seguir instruções e, se elas forem complicadas",

– Faith dá de ombros – "você diz 'Dane-se, *eu não consigo*'." Faith definiu seu cérebro na época como tenro e cru.

No início, a lesão cerebral de Faith era tão grave que ela não conseguia falar diretamente com a equipe médica. Não só lhe faltavam palavras, mas também um senso de tempo e lugar, até de identidade. Ela reconhecia só o próprio nome e a presença da companheira, Marita, que estava administrando toda a situação. A equipe médica avaliava o progresso de Faith ao longo de cada dia. "Eu precisava abrir um caminho para responder ou reagir. Mas era *exaustivo*", lembra. "Então eu me abandonava e caía no nada. Mas não era um nada assustador. Era um nada de apoio e sustento. Era onde eu precisava estar."

Faith descreve o período que antecedeu o acidente como de muito "trabalho, trabalho, trabalho, trabalho – mas não de um trabalho trivial, de trabalho *importante*". Mesmo na época, Faith sabia que havia limites para o que conseguiria aguentar. "Você pode pensar em mim no mundo como uma espécie de riacho borbulhante", diz, lembrando os riachos de sua infância. "Mas o fluxo tem uma fonte. A fonte é o enorme, vasto silêncio, e a corrente borbulhante vem diretamente desse enorme, vasto silêncio. E se eu borbulhar no riacho por muito tempo e não voltar ao silêncio, o riacho seca."

Como cofundadora e presidente de uma empresa internacional de treinamento e coaching, Faith viajava continuamente pelo mundo, de São Francisco a Dubai, de Tóquio a Istambul, aconselhando líderes organizacionais e ensinando e gerenciando equipes de consultores. Fazia o possível para meditar e passar algum tempo na natureza, mas seu riacho estava secando. "Fui ver as cicatrizes e marcas de derrapagem onde fui jogada para fora da avenida", relembra. "É engraçado, por algum tempo eu realmente não *entendia*. Mas fui arremessada para fora da minha rota – literal *e* metaforicamente."

A equipe médica de Faith priorizou um protocolo para evitar a superestimulação de regiões-chave do cérebro em recuperação. Ela ficava em repouso em um espaço com pouca luz e pouco som, no qual os enfermeiros mantinham suas vozes em um sussurro. Durante semanas depois da lesão, os médicos recomendaram que Faith não trabalhasse, não socializasse nem usasse o smartphone ou recebesse muitas informações. Mas, para Faith, parecia haver algo mais na prescrição do que o simples raciocínio fisiológico fornecido pelos médicos. Os primeiros dias depois do acidente – antes de Faith ter qualquer noção de tempo ou espaço – foram, como ela disse, "bem agradáveis, porque não havia diálogo interior [...] nenhuma narrativa do eu". Ela ri e diz: "Claro que eu estava com uma lesão cerebral e muito drogada, mas o silêncio era *profundo*. Foi uma experiência oceânica."

Faith acredita que a trégua do som e dos estímulos comuns criou espaço na sua consciência. Era a abertura pela qual a cura chegava. Quando falamos recentemente com Faith, ela foi inequívoca: "O silêncio faz com que o cérebro se recupere."

A cura depois do acidente reviveu em Faith uma reverência e um compromisso com o silêncio. A "experiência oceânica" foi nova, mas não totalmente desconhecida. Com o tempo, tornou-se uma inspiração voltar mais assiduamente à "fonte" – a fim de ter tempo para reflexões silenciosas, meditação e passeios na floresta como os que fazia quando era menina. Ela, Marita e os dois cães que adoravam se mudaram da movimentada área da baía de São Francisco para uma região rural do Oregon, um lugar cheio de pássaros e com menos distrações.

A cura também despertou em Faith uma pergunta que nenhum médico ou especialista científico conseguiu responder satisfatoriamente:

Qual é a base biológica do poder do silêncio para curar o corpo e iluminar a mente?

É uma questão que os pesquisadores só agora começam a estudar.

EXPECTATIVAS NA MENTE

O silêncio – no nível auditivo – historicamente tem sido de pouco interesse para a ciência convencional. Costuma ser uma variável de controle em pesquisas de laboratório em vez de um assunto primário de investigação. Na verdade, a maioria dos cientistas que identificaram revelações importantes sobre o silêncio o fez de maneira acidental.

Considere o Dr. Luciano Bernardi. Professor de clínica médica na Universidade de Pavia, na Itália, e músico amador entusiasta, ele assumiu um projeto apaixonante nos primeiros anos do século XXI: investigar a noção dos filósofos gregos clássicos de que a música promove uma boa saúde. Ele estudou os efeitos de seis tipos de música – todos com andamentos, ritmos e estruturas melódicas variados – nos sistemas cardiovascular e respiratório dos participantes. Bernardi ordenava aleatoriamente as faixas dos seis tipos de música selecionados e inseria "pausas" de silêncio de dois minutos para os pesquisados voltarem à linha de base. Mas aconteceu algo estranho. Quando ouviam essas pausas, os pesquisados não retornavam à linha de base. Eles relaxavam. Na verdade, relaxavam tão mais profundamente nas pausas silenciosas do que ouvindo as músicas mais lentas e suaves que Bernardi precisou repensar toda a premissa do experimento. Ele acabou concluindo que o silêncio contribuía muito mais para uma boa saúde cardiovascular e respiratória do que a música.[1] Em 2006, o estudo de Bernardi foi o artigo mais baixado no *Heart*, um periódico de cardiologistas revisado por pares. Embora possa parecer intuitivo que o silêncio acalme o sistema circulatório, ninguém tinha demonstrado isso empiricamente. Bernardi, por acidente, ajudou a provocar uma mudança. Agora o silêncio já costuma ser encarado como mais do que apenas uma variável de controle.

Na verdade, hoje o silêncio é uma área de investigação científica que ocupa cada vez mais o horário nobre. Desde a publicação do estudo de Bernardi, neurocientistas de Stanford determinaram como esses intervalos silenciosos entre peças musicais ativam as partes do cérebro associadas ao tipo de atenção relaxada que aumenta a memória operante. Com base em um interesse crescente na ciência da atenção plena, pesquisadores de universidades do mundo todo usaram equipamentos de ressonância magnética – uma tecnologia de imagem que possibilita acompanhar o fluxo sanguíneo no cérebro – para demonstrar como práticas de meditação silenciosa ajudam a melhorar a atenção e atenuar fatores relacionados à depressão e à ansiedade. Uma série de estudos demonstrou como a meditação silenciosa ajuda a discernir melhor entre estímulos importantes e supérfluos – "o sinal e o ruído". Embora os médicos tenham discordado no passado sobre o valor do "descanso cognitivo" para a recuperação de concussões e outras lesões cerebrais traumáticas, novas descobertas reforçam a importância de protocolos como o aplicado a Faith. Há um reconhecimento cada vez maior de que evitar a "tensão cognitiva" – um excesso de estímulos mentais – facilita a regeneração de neurônios e a restauração de funções cerebrais.

Essas descobertas científicas de ponta reforçam o que a sabedoria popular dos nossos avós vem passando de geração a geração por milênios. Aliás, há mais de 150 anos um dos profissionais médicos mais proeminentes do mundo já defendia de forma veemente o silêncio como uma necessidade para uma boa saúde.

No outono de 1854, Florence Nightingale, a talentosa filha de uma rica família inglesa, apresentou-se como voluntária para uma missão em um dos cenários mais deprimentes e sórdidos imagináveis.[2] Ela liderou uma equipe de enfermeiras no Hospital de Scutari, na atual Istambul, atendendo soldados feridos e enfermos na Guerra da Crimeia. O hospital foi construído sobre um duto de esgoto que vivia rachando, o que obrigava os pacientes gravemente doentes a se deslocarem em meio a dejetos. Dez vezes mais soldados morriam de doenças contraídas no hospital – tifo, febre tifoide, cólera e disenteria – do que de ferimentos sofridos em batalha.[3] As feridas gangrenadas não eram tratadas e até os padrões de higiene mais básicos da época eram ignorados. A maioria dos burocratas do Exército britânico era indiferente à situação. Eles tinham uma guerra para vencer.

Naquela época, os hospitais militares eram deixados basicamente aos cuidados de instituições religiosas voluntárias e organizações de caridade. Nightingale – que foi a primeira mulher membro da Sociedade Estatística Real – contornou a burocracia do Exército apresentando dados visuais com maestria. Em um gráfico de pizza colorido de uma página, demonstrou uma queda nas doenças e infecções evitáveis sob seus protocolos de atendimento aos pacientes. Assim, conseguiu implementar rapidamente reformas abrangentes, como obrigatoriedade de limpeza e lavagem das mãos e fornecimento de uma nutrição básica para os pacientes. As condições melhoraram drasticamente. Em meio às mortes e ao fedor de Scutari, é quase inconcebível que alguém priorizasse o ruído auditivo como uma preocupação de primeira linha. Mas Nightingale fez isso.

Em 1859, refletindo sobre sua experiência na Guerra da Crimeia, ela escreveu: "O ruído desnecessário é a mais cruel ausência de cuidado que pode ser infligida a pessoas doentes ou saudáveis."[4] Ao tratar soldados com sintomas que ela descreveu como "palpitações, suores, fadiga profunda, respiração arfante, o coração persistente e rápido" – condições agora geralmente consideradas relacionadas ao transtorno do estresse pós-traumático (TEPT) –, Nightingale defendeu o silêncio como a cura mais importante. Depois de seu período na Crimeia, ela escreveu milhares de cartas e dezenas de livros, relatórios e planos focados na construção de sistemas de atendimento mais humanos e eficazes, sobretudo para os pobres das zonas urbanas.

Nesses textos, ela descrevia como o "ruído alarmante" nos hospitais produzia um conjunto específico de condições que prejudicavam a saúde e retardavam a cura: hipertensão arterial, insônia, aumento da ansiedade.

Enquanto se preocupava com os níveis gerais de volume, Nightingale tinha uma maneira sofisticada de distinguir entre diferentes tipos de ruído. Acima de tudo, criticava o tipo de "ruído que cria uma expectativa na mente", como os sons de conversas sussurradas e conversas de corredor fora do alcance da inteligibilidade. São ruídos que mantêm a mente acelerada, ou, em suas palavras, negam ao paciente a sensação de "clausura". Ela se refere ao tipo de ruído que reivindica a nossa consciência – que permanece tanto no corpo quanto na mente.

Então, por que Florence Nightingale – em um abismo pútrido de membros amputados e imundície alucinante – se concentrou tanto no problema aparentemente insignificante do ruído? Por ter identificado algo sobre a natureza do ruído: nos privar da presença do que é necessário para a cura. É a pressão sobre nossa capacidade adaptativa, um motivador da resposta de luta ou fuga, uma ameaça quase universal à sensação de bem-estar.

Ruído, em essência, é estresse.

As pesquisas modernas respaldam essa proposição.

Há vinte anos, Rosalind Rolland, cientista do Aquário da Nova Inglaterra, estava tentando entender como os fatores ambientais afetam as funções reprodutivas e endócrinas de mamíferos marinhos ameaçados de extinção. Ela e sua equipe treinaram cães para detectar o cheiro de fezes de baleia no mar enquanto andavam de barco. Então, na baía de Fundy, no Canadá, mergulhadores colheram amostras de cocô de baleia para analisar os níveis hormonais.[5] A equipe de Rosalind analisou como várias condições no ambiente aquático, inclusive o ruído, alteravam a composição química das amostras. Em 2001 perceberam uma queda súbita – quase da noite para o dia – de hormônios do estresse nas amostras analisadas. Na temporada seguinte, porém, descobriram que os níveis de hormônio do estresse tinham voltado aos padrões anteriores. Rosalind examinou todos os fatores possíveis, inclusive com a medição – com hidrofones – de níveis sonoros transmitidos pelas águas da baía. Ela e a equipe só conseguiram chegar a uma explicação plausível para a queda repentina no estresse: uma pausa temporária no tráfego marítimo, em decorrência da suspensão do comércio global que se seguiu aos ataques do 11 de Setembro. Algo semelhante aconteceu na primavera de 2020, quando o tráfego marítimo global diminuiu rapidamente em meio à pandemia de covid-19. Embora ninguém tenha tomado a iniciativa de realizar outra expedição com cães farejadores de fezes de baleia, cientistas marinhos do mundo todo sintonizaram seus hidrofones. Muitos ouviram um coro ressurgente de cantos de baleias – um importante indicador de saúde – que havia muito não se ouvia em águas de alto tráfego.

Somos muito parecidos com nossos amigos mamíferos do oceano. E para nós há uma clara explicação fisiológica para a relação entre ruído e estresse. Quando atingem nossos tímpanos, as ondas sonoras vibram os ossos do ouvido interno, causando ondulações e ondas nos fluidos de uma cavidade em forma de espiral do tamanho de uma ervilha chamada cóclea.[6] Pequenas estruturas semelhantes a cabelos dentro da cóclea convertem esses movimentos em sinais elétricos que o nervo auditivo transmite ao cérebro. Os neurocientistas descobriram que esses sinais vão para as amígdalas, os dois aglomerados de neurônios em forma de amêndoa que compõem a principal base biológica da nossa vida emocional, inclusive os impulsos de ação rápida, como a resposta de luta ou fuga. Quando os sinais atingem essas estruturas cerebrais, inicia-se o processo pelo qual secretamos os hormônios do estresse. O excesso de estímulos resulta no aumento do estresse, como evidenciado pela presença de substâncias químicas do estresse no sangue, como o cortisol. Mas o alto custo do estresse não para por aí. Sob o que chamamos de "condições seguras e sociais", os pequenos músculos do ouvido médio são ativados, permitindo-nos sintonizar frequências de médio alcance, como as da voz humana.[7] No entanto, quando estamos no modo de luta ou fuga, esses pequenos músculos se desativam e passamos a ouvir principalmente frequências mais baixas – como as dos predadores do passado – e frequências mais altas, como as de outra pessoa ou criatura gritando de dor. As frequências intermediárias tornam-se mais difíceis de ouvir. Em outras palavras, sob pressão nós paramos de nos ouvir.

"Os ruídos causam estresse, especialmente se tivermos pouco ou nenhum controle sobre eles", explica Mathias Basner, professor da Universidade da Pensilvânia especializado em processamento auditivo e descanso. "O corpo passa a excretar hormônios do estresse, como a adrenalina e o cortisol, que provocam alterações na composição do sangue e dos vasos sanguíneos, que se mostraram mais rígidos depois de uma única noite de exposição ao ruído", explica, descrevendo a via clássica do estresse induzido por ruído. Durante anos, a preocupação tem sido a de que o ruído excessivo pode causar perda auditiva – um problema sério, que também pode levar ao isolamento social e à solidão. Mas um grande conjunto de artigos revisados por pares nas últimas décadas revelou riscos que incluem doenças cardiovasculares, hipertensão arterial, acidente vascular cerebral, obesidade, diabetes, diminuição da função cognitiva e de aprendizagem, depressão e distúrbios do sono, bem como as diversas complicações decorrentes de qualquer um deles.[8]

Como as baleias estressadas na baía de Fundy, estamos sofrendo impactos fisiológicos reais do aumento dos níveis de ruído. Globalmente, a Organização Mundial da Saúde agora classifica a poluição sonora perdendo apenas para a poluição do ar em termos de custos para o bem-estar humano. Um estudo recente da OMS calcula uma perda de 1 milhão a 1,6 milhão de anos de vida por ano apenas na Europa Ocidental em decorrência de doenças, invalidez e morte precoce.[9]

Em 2019, a Bruitparif, uma organização francesa sem fins lucrativos que monitora níveis de ruído, publicou um relatório analisando "mapas de ruído" gerados por uma rede de sensores acústicos. O relatório concluiu que um morador de qualquer uma das zonas mais barulhentas de Paris e seus subúrbios perde "mais de três anos de vida saudável" por conta de uma combinação de condições causadas ou agravadas pelo ruído de carros, caminhões, aviões, trens e outras máquinas industriais. Paris ocupa o nono lugar em um índice recente das cinquenta cidades mais barulhentas do mundo.[10] Isso nos faz pensar: quantos anos de vida saudável são perdidos pela média dos moradores das três cidades mais barulhentas do mundo – Guangzhou, Nova Délhi e Cairo –, para as quais não existem tais estatísticas? E quanto às cidades cada vez mais barulhentas e de rápido crescimento no mundo em desenvolvimento, onde há poucas, se houver, iniciativas de monitoramento de decibéis?

Tal como acontece com outros tipos de poluição, os impactos do ruído recaem desproporcionalmente sobre pessoas sem poder econômico ou político. Como diz a jornalista Bianca Bosker: "O ruído nunca é apenas som; é inseparável das questões de poder e impotência."[11] Um recente estudo nacional nos Estados Unidos sugere que o ruído nos bairros urbanos mais pobres normalmente é dois decibéis mais alto do que nas áreas abastadas.

Esse registro é feito em escala logarítmica. Os resultados também indicam que as cidades com maior proporção de moradores negros, hispânicos e asiáticos convivem comprovadamente com níveis de ruído mais altos.

É lamentável, porém, que mais ruído também signifique menos sono, e a falta de sono está se tornando um problema muito maior do que qualquer um de nós talvez tenha imaginado. O neurocientista e pesquisador do sono Matthew Walker afirma sem rodeios: "Quanto menos você dorme, menor o seu tempo de vida." Com o advento de dispositivos pessoais de monitoramento do condicionamento físico, como o Fitbit, um estudo seminal de 2015 constatou que os participantes negros da pesquisa eram cinco vezes mais propensos a sofrer de distúrbios do sono. Essa "falta de sono" contribui para vários efeitos relacionados à saúde que, segundo Walker, incluem doenças cardíacas, obesidade, demência, diabetes e câncer. No best-seller *Por que dormimos: A nova ciência do sono e do sonho*, escreve: "A melhor ponte entre o desespero e a esperança é uma boa noite de sono."[12] No entanto, quando vivemos em ambientes incessantemente barulhentos, pode ser difícil – se não impossível – atravessar essa ponte.

Não é que os alertas de Florence Nightingale sejam ignorados no mundo moderno. Os médicos de Faith, por exemplo, reconheceram que o ruído auditivo acarreta estresse no corpo e na mente e existe a necessidade de preservar um paciente em processo de cura. Mas protocolos desse tipo são exceção. Embora pesquisas modernas mostrem os efeitos do estresse excessivo da estimulação auditiva na saúde humana, a maioria dos hospitais é extremamente barulhenta, como vimos pela experiência de Justin na unidade de terapia intensiva neonatal. A média de decibéis de uma unidade de terapia intensiva (UTI) costuma ser equivalente a "um restaurante movimentado", longe dos 35 decibéis recomendados pela Organização Mundial da Saúde. Um estudo constatou que "picos acima de 85 dBA ocorreram em todos os locais, até dezesseis vezes por hora durante a noite e com mais frequência durante o dia".[13] Segundo um estudo de 2005 da Escola de Medicina Johns Hopkins, os níveis de decibéis de seus hospitais subiram uma média de 4 decibéis por década desde 1960, o que eles supõem se aplicar a quase todos os hospitais modernos.[14]

Os picos nos níveis de decibéis costumam ser causados por alarmes sonoros. Claro que os alarmes são necessários em um ambiente hospitalar. Idealmente, seriam *sinais* para que os médicos pudessem avaliar o que deve ser feito. No entanto, há também um "vício de conveniência" problemático em jogo, no qual não consideramos os verdadeiros custos do excesso de alarmes. Recentemente soubemos de um monitor cardíaco com 86 diferentes notificações sonoras. *Oitenta e seis*. Seria preciso um especialista em acústica para distinguir um do outro e, mesmo se isso fosse possível, pesquisas relevantes mostram que de 72% a 99% dos alarmes clínicos são falsos.[15] Isso dá origem a uma condição de fadiga de alarme – quando um profissional médico perde ou atrasa a resposta a um alarme em virtude da sobrecarga sensorial.[16] Embora seja possível estudar os impactos do aumento do ruído na equipe médica, é mais difícil quantificar as consequências fisiológicas e psicológicas de longo prazo nos pacientes.

O que diria Florence Nightingale?

RUÍDO GERA RUÍDO

Faith sabia que estava em boas mãos. Sua equipe médica tinha consciência da importância de uma paisagem sonora auditiva serena. Faith definiu o que sentiu nessa época como ser "embalada no material mais suave possível – como um algodão". O silêncio era uma presença curativa. No entanto, enquanto se recuperava, ainda lutava muito com outros ruídos – informacionais e interiores.

Apesar de décadas de treinamento e prática budista na arte de administrar burburinhos mentais, Faith logo se viu tomada pelo impulso de pegar o telefone, abrir o laptop e, acima de tudo, ruminar sobre todas as responsabilidades que havia deixado sem supervisão. "Eu não tinha permissão para trabalhar", lembra. "Os médicos viviam chateados comigo porque eu não aguentava ficar sem fazer as coisas!" Ela reconhece que poderia ter facilitado as coisas para a equipe médica: "Eles só queriam dar um descanso ao cérebro." No entanto, com apenas algumas semanas de recuperação, ela já estava concentrada na preparação e na logística de uma viagem a trabalho planejada para a Europa. Disse a todos que iria nessa viagem. "Foi cômico", admite agora. "Eu tinha essa incapacidade de desengajar. Foi a parte mais difícil do tratamento."

Pode parecer que Faith era apenas uma workaholic incorrigível, mas estava agindo de acordo com uma tendência para a qual todos nós somos programados. Somos criaturas em busca de informações. No Capítulo 2 apresentamos o neurocientista Adam Gazzaley e o psicólogo Larry Rosen, a dupla que estudou extensivamente como nosso "cérebro ancestral" opera no mundo moderno.[17] Eles explicam como "somos motivados por recompensas na informação nos mesmos sistemas que motivavam outros animais a buscar recompensas no alimento e na energia, mesmo não sendo essencial para a sobrevivência". Em outras palavras, os mecanismos fisiológicos do cérebro humano nem sempre distinguem muito bem entre clicar em um suculento hiperlink embaixo de uma notícia e colher uma amora madura ao buscar alimento na mata. "A informação por si só desencadeia esses mesmos mecanismos ancestrais de recompensa", explicam Gazzaley e Rosen. Não é à toa que devoramos feeds de notícias, e-mails e fofocas. Para o nosso cérebro ancestral, isso tudo é irresistivelmente saboroso.

À medida que o estado de saúde de Faith melhorava, os médicos foram reduzindo os protocolos de descanso. E, com essa leniência, suas tendências de coleta de informações se ligaram a todo vapor. Faith voltou ao que chama de "realidade padrão" de saturação de informações. "Eu estava ligada e determinada a voltar ao normal, minimizar quaisquer sintomas, inclusive os meus nove meses de visão dupla." Ao retornar ao crescendo exterior de sons e estímulos, Faith notou um aumento no próprio pensamento reflexivo. "Meu silêncio interior *diminuía* à medida que eu me recuperava", recorda.

A experiência de Faith nos traz de volta à noção das relações sutis entre diferentes tipos de ruído. As distrações auditivas, informacionais e interiores reforçam umas às outras.

Para entender como esse reforço funciona, Gazzaley e Rosen ressaltam a importância de considerar o empurra-empurra de duas forças concorrentes: a atenção *de cima para baixo* e a atenção *de baixo para cima*. A primeira, atenção *de cima para baixo*, é o foco em objetivos individuais – como buscar água ou comida para a família, escrever um romance ou seguir as recomendações do médico para se recuperar de um ferimento na cabeça. A segunda é a atenção *de baixo para cima* – o estímulo ao qual reagimos, seja um galho de árvore caindo, uma buzina de automóvel ou alguém nos chamando pelo nome na multidão. Gazzaley e Rosen dizem que a conectividade constante nos tornou mais do que nunca sensíveis à interferência de baixo para cima. Isso deixou nosso mundo mais ruidoso – tanto por dentro quanto por fora. "As notificações de dispositivos tecnológicos e as expectativas da sociedade que nos condicionaram a responder de forma mais reflexiva a distrações exteriores de baixo para cima também levaram a mais distrações geradas interiormente", argumentam.

Em nossas conversas, Gazzaley e Rosen definiram esse estado como um "dilema de interferência".

Nós vemos isso como um *dilema de ruído*.

No mundo moderno, a "interferência de baixo para cima" em geral começa com algo bipando ou vibrando no seu bolso. Por mais inócuos que um zumbido suave ou um toque personalizado possam parecer, eles evocam projeções mentais que florescem como algas na mente. Percebamos ou não, essa interferência de baixo para cima se transforma em um círculo de retroalimentação de ruídos exteriores e interiores.

Vamos a um exemplo ilustrativo de Gazzaley e Rosen. Digamos que você esteja dirigindo no tráfego intenso de uma rodovia e receba uma mensagem de texto (uma interferência de baixo para cima). Você se mantém concentrado em dirigir com segurança até o destino (seu objetivo de cima para baixo). Entretanto, por mais que tente ignorar, a vibração começa a parecer, nas palavras de Gazzaley e Rosen, "como uma brasa no bolso, acompanhada por uma ansiedade crescente – 'quem está mandando mensagens de texto a esta hora e o que diz a mensagem?'" (Essa é uma distração de baixo para cima da sua própria mente.) Com sua atenção desviada, você perde a saída e precisa interromper a direção segura mais uma vez para pegar o telefone e redirecionar a rota. Tudo isso tem que acontecer para voltar aos trilhos em direção ao seu objetivo original de cima para baixo.

Esse simples zumbido – essa distração de baixo para cima – produz uma cascata de interferências interiores e exteriores. Ruído gera ruído.

Compreender essa dinâmica nos ajuda a entender melhor o papel do ruído na cognição. Nos anos 1970, a psicóloga ambiental pioneira Arline Bronzaft descobriu que os resultados dos testes de leitura de alunos do ensino médio de Manhattan em salas próximas aos trilhos do metrô, onde eram gerados altos decibéis, ficavam até um ano atrás de alunos em salas de aula mais silenciosas, no lado oposto do prédio.[18] Como a resposta ao estresse do ruído está bem estabelecida, ficou claro que picos intermitentes nos níveis de decibéis – quase no mesmo nível de um show de heavy metal – eram inerentemente problemáticos. Mas a questão ia além de amígdalas estimuladas. Olhando através das lentes de Gazzaley-Rosen, podemos ver que a interferência transitória de baixo para cima dos trens barulhentos provavelmente interrompia a concentração dos alunos, remetendo-os aos seus pensamentos discursivos, solapando o objetivo de cima para baixo de ouvir o professor. O ruído exterior provavelmente alimentava o ruído interior, prejudicando a atenção e, por sua vez, perturbando a cognição e a memória.

Enquanto o estudo do metrô é um exemplo de simples interferência auditiva, o exemplo de Gazzaley e Rosen dos bipes do smartphone do motorista vai mais fundo. Esse tipo de estimulação digital decididamente moderna nos lembra, estranhamente, de Florence Nightingale escrevendo à luz de velas em sua mansão na Londres vitoriana. Por quê? Porque o denominador comum das formas de zumbido, bipes e pingues do ruído de baixo para cima que vivenciamos na paisagem sonora moderna é a "expectativa na mente". Assim como as conversas sussurradas ou no corredor fora do alcance da inteligibilidade em uma enfermaria do século XIX, alertas de notícias e notificações de curtidas no Instagram sobrecarregam nossa mente ruminante, negando-nos o que Nightingale chamou de sensação de "clausura".

Um estudo recente com várias centenas de adolescentes na Holanda constatou que altos níveis de uso de mídia social estavam significativamente relacionados à redução da atenção e a um aumento de tendências de impulsividade e hiperatividade um ano depois.[19] Outro estudo recente, com 1.600 adultos americanos, constatou que um mês de folga do Facebook resultou em melhorias substanciais no bem-estar emocional, com uma redução da solidão e um aumento da sensação de felicidade, segundo relatos dos pesquisados.[20]

"O mais insidioso é o ruído interior, a interferência interior", nos disse Larry Rosen em uma conversa recente. Especialmente para os jovens, o uso de plataformas de tecnologia vem com uma série do que ele chama de "obrigações sociais" – a necessidade de verificar o smartphone regularmente, manter a própria persona e responder às mensagens de imediato para não deixar os que estão "na leitura" esperando por uma resposta. Essas obrigações podem parecer banais, mas o burburinho ocupa e distrai a consciência. Rosen vê isso como uma causa proeminente do aumento da ansiedade moderna – o que ele define como "estresse na mente".

Conversamos recentemente com Judson Brewer, neurocientista e psiquiatra, sobre a relação entre ansiedade e ruído interior. "É uma relação direta", afirma ele. "Ansiedade não é só ter um monte de pensamentos repetitivos; é ficar preso neles", explica. Brewer ressaltou que esses "pensamentos repetitivos" surgem quando não temos informações suficientes para prever o futuro com precisão. Assim, ficamos sujeitos a perseverar nesses pensamentos, a embarcar na preocupação.

"Medo + Incerteza = Ansiedade", resume.

Com o volume de informação exponencialmente crescente no mundo, parece, em teoria, que deveria haver *menos* incerteza e, portanto, menos ansiedade. Mas não funciona bem assim. "É como beber de uma mangueira de incêndio", compara Brewer ao se referir ao fluxo de informações moderno. Nós não temos memória funcional suficiente para usar tudo isso. Além disso, com o aumento desenfreado de informações falsas e desinformação, o acúmulo de conteúdo inexato resulta em mais incerteza, menos confiança e, consequentemente, mais ansiedade. Brewer destaca como a cultura do *clickbait*, a publicidade algorítmica e outros meios astutos de engajamento contínuo excitam nossos receptores de dopamina – os centros de recompensa que deveriam promover comportamentos essenciais à vida, como comer e procriar – de formas que ninguém jamais imaginou. "As vias da dopamina sempre estiveram lá", diz Brewer. "São o nosso mecanismo de sobrevivência mais antigo. Mas nunca tinham sido exploradas dessa maneira." Para destacar um importante fator de desinformação, ele acrescenta: "Muita gente escreve sobre a dopamina como sendo a tal molécula da felicidade. *Não é*. Pergunte a qualquer um dos meus pacientes viciados em cocaína. O efeito os deixa inquietos, paranoicos, tensos; não há felicidade nisso."

Nossos sistemas econômico e social parecem cada vez mais se embasar em círculos viciosos de ruídos interior e exterior.

Hoje há uma compreensão cada vez maior das implicações de todo esse ruído na clareza mental e no bem-estar. Como escreve Ethan Kross, psicólogo da Universidade de Michigan, no best-seller *A voz na sua cabeça*: "A ruminação verbal concentra nossa atenção estritamente na fonte da nossa aflição emocional, roubando neurônios que poderiam nos servir melhor."[21] Ele explica que "congestionamos nossas funções executivas" – a capacidade de atender a objetivos de cima para baixo – "realizando uma 'tarefa dupla', a tarefa de fazer tudo que queremos e a tarefa de ouvir nossa dolorosa voz interior". O ruído interior – em qualquer idade – inclui todo o doloroso burburinho do eu *sobre o eu* em circunstâncias passadas, presentes e futuras, sejam elas reais ou imaginárias.

Há também um reconhecimento cada vez maior das consequências fisiológicas do ruído interior. Steve Cole, professor de medicina da Universidade da Califórnia em Los Angeles (UCLA), documentou como a sensação de ameaça crônica que muitas vezes acompanha o diálogo interior hiperativo leva a uma superexpressão de genes inflamatórios. Como ele e seus colegas afirmam, isso também pode significar uma redução da expressão das células necessárias para a defesa contra vírus e outros patógenos. Kross resume as descobertas das pesquisas de ponta: "Quando ativam nosso sistema de ameaças com frequência ao longo do tempo, nossas conversas interiores enviam mensagens para as células que desencadeiam a expressão de genes inflamatórios, que nos protegem a curto prazo, mas causam danos a longo prazo." Como explica Kross, "os genes são como as teclas de um piano". Quando nos fixamos em conversas ruminantes, tocamos notas dissonantes.

Assim, tendo em vista tudo que sabemos agora sobre as causas e as consequências do ruído, o que podemos dizer sobre a base biológica do poder do silêncio para curar o corpo e clarear a mente?

Há um elemento comum a todas as interferências indesejadas na paisagem sonora interior e exterior. Em uma palavra, é o estresse. O ruído desperta a resposta de luta ou fuga, desequilibrando nossos sistemas físicos e cognitivos. Diferentes tipos de ruído alimentam uns aos outros, criando ciclos de retroalimentação perniciosos que afetam a sensação de bem-estar e a saúde corporal – até o nível celular.

Embora décadas de pesquisa já tenham demonstrado a importância de transcender o ruído para ter boa saúde e boa cognição, precisamos reconhecer um outro aspecto da pergunta de Faith que ainda não foi respondido. Sua intuição de que o silêncio ajudava na recuperação – que propiciava a abertura pela qual a cura chegava – era mais do que simplesmente transcender o ruído. Era também algo ativo.

ESTE É O SEU CÉREBRO NA EXPERIÊNCIA OCEÂNICA

A professora Imke Kirste, da Faculdade de Medicina da Universidade Duke, liderou um estudo incomum, deixando camundongos dentro de câmaras anecoicas duas horas por dia – versões em miniatura daquela em que John Cage entrou em Harvard em 1951. Ela e sua equipe testaram respostas a cinco tipos de som: sons de camundongos filhotes, ruído branco, a *Sonata para Dois Pianos em Ré Maior* de Mozart, som ambiente e silêncio. Dentro da câmara anecoica, os camundongos só podiam ouvir o som dos filhotes, o ruído branco ou os virtuosos intérpretes, sem interferência de sons do ambiente. Quanto à exposição ao silêncio, os pesquisadores deixaram a câmara fazer sua mágica, eliminando o ruído exterior e absorvendo todos os reflexos do som e das ondas eletromagnéticas em seu interior. Depois da exposição a cada uma das variáveis sônicas, a equipe mediu o crescimento celular no hipocampo de todos os camundongos – a região do cérebro mais associada à memória. Kirste e equipe acabaram rejeitando sua hipótese de que os sons dos filhotes produziriam os resultados mais fortes. Foi o silêncio que evocou a resposta mais forte nos camundongos, produzindo o maior número de neurônios recém-crescidos e sustentados. Ficou comprovado que *ouvir o silêncio* acelera o crescimento de células vitais do cérebro.[22]

Entretanto, na análise de Imke, o poder do silêncio não tem nada a ver com relaxamento. Contraintuitivamente, ela notou que o silêncio salutar na verdade se apresentava como *uma espécie de estresse*.

Dos quatro estímulos, escreveu, o silêncio foi "o mais intenso por ser muito atípico em condições selvagens e, portanto, deve ser percebido como um alerta". Apesar de concordar que a maior parte do estresse cotidiano prejudica o crescimento e a cura do cérebro, Imke vê o "estresse" específico do insólito silêncio como algo diferente – algo que pode até ser considerado um "estresse benéfico", ou "eustresse". O termo eustresse foi cunhado na década de 1970 pelo endocrinologista Hans Selye para definir o esforço intenso que realmente *potencializa* o funcionamento. Imke esclarece o que acontece: "Estudos de imagens funcionais indicam que tentar ouvir em silêncio ativa o córtex auditivo, situando 'o som do silêncio', ou seja, a ausência do som esperado no mesmo nível dos sons reais."

Assim, existe algo ativo em *não ouvir nada*. Não é simplesmente "se ausentar". É um tipo de esforço positivo.

Tentar ouvir em silêncio implica algo profundo tanto para nós, grandes mamíferos, quanto para os camundongos. Lembra-nos da prática de Nada ioga, de ouvir o "som intocado". Também nos lembra dos resultados dos estudos de ressonância magnética em praticantes de meditação profunda, que costumam atentar a espaços praticamente sem som e estímulos. O estado intenso de receptividade focada também é uma espécie de esforço. Exige concentração. É o estresse *benéfico*.

Essa noção do silêncio como uma força ativa, não passiva, repercutiu em Faith. "É a criatividade do Universo fluindo pela sua mente. Não dá vontade de deter esse fluxo", diz, "mas quando a mente finalmente se acalma e nos vemos ativamente absortos na concentração focada, realmente *encontramos* o silêncio." Como ela fazia quando menina.

CAPÍTULO 6
O BOTÃO "MUTE" DA MENTE

"O que é o silêncio na mente?"

Fizemos essa pergunta a neurocientistas, médicos, psicólogos e acadêmicos, e obtivemos respostas surpreendentemente semelhantes às apresentadas por físicos modernos e místicos védicos: a mente viva, como um universo vivo, está sempre vibrando, disparando, zumbindo, agitando. Sempre reunindo e sintetizando dados sensoriais. Estar literalmente "silente" – no sentido de sem nenhum pensamento, nenhuma percepção, nenhuma atividade – é estar, em uma palavra, morto.

Ainda assim, muitos especialistas com quem conversamos concordam em que existe algo como "silêncio" em uma consciência humana viva. Há uma condição de presença além do ruído. Como eles sabem? Porque vivenciaram por si mesmos.

Quando dissemos aos pesquisadores e médicos que a maioria das pessoas que ouvimos descreve seu silêncio mais profundo como tendo ocorrido em condições sem um silêncio auditivo ou mesmo informacional, ninguém ficou surpreso. Joshua Smyth, professor de medicina e saúde biocomportamental, nos contou sobre o participante de um de seus estudos de redução de estresse que encontrou um silêncio interior incomparável fazendo esculturas de madeira com uma serra elétrica.

O silêncio na mente é um fenômeno real, mas difícil de definir. Assim, diante da dificuldade de definir e categorizar esse estado de silêncio interior em bases científicas, vamos nos voltar primeiro a um tipo diferente de autoridade para explorar os contornos do fenômeno: nosso amigo Jamal, um jovem de 14 anos e estrela do basquete do ensino médio.

Por que Jamal é um especialista? A adolescência, você deve se lembrar, é uma época de pico de ruído interior – um período da vida em que a maioria de nós extrai o próprio senso de identidade de um mundo exterior instável. Ao longo do ensino médio, é comum confiarmos nos outros e nas circunstâncias exteriores para nos dizer quem *somos* e quem *não somos*. Há uma tendência de estar sempre "interpretando". A norma do ensino médio, de conformidade constante com as expectativas exteriores, é um motor de alta potência para o ruído interior.

Entretanto, mesmo estando nessa fase da vida, Jamal conhece o silêncio interior intimamente.

"Quando estou aquecido, sinto que não vou perder um arremesso", diz ele. "E eu *sei* que estou aquecido e meus *companheiros de equipe* também sabem, então me passam a bola; e quando eles estão preparados eu faço o mesmo. É assim que funciona." Ele nos fala sobre o fim de um jogo do campeonato – coração batendo forte, a fricção dos tênis contra o piso da quadra, a plateia torcendo nas arquibancadas: "Você só sente a posse da bola em vez de pensar no que aconteceu no passado ou no que está prestes a acontecer. É preciso estar no presente." Quando está nesse estado, ele afirma: "Minha mente está em silêncio."

Considere os lances livres. Jamal os define como "pontos essencialmente fáceis". Mas admite que pode perdê-los se não entrar naquele lugar silencioso interior. "Eu respiro fundo e me concentro só no que está acontecendo... para fazer meu coração parar de bater", continua. "Uso todo o meu tempo pra isso." Jamal tem um ritual para encontrar seu silêncio nesses momentos: "Geralmente eu faço um drible, giro a bola entre as mãos e faço o lançamento." O retorno é instantâneo. Se ele se apressar, se deixar se distrair por fatores externos ou se preocupar com a opinião dos outros por um nanossegundo, a bola quica no aro. Se estiver com a mente em silêncio, é cesta na certa.

Perguntamos se Jamal se lembrava de alguma vez que não conseguiu se sentir "aquecido". "Sim, no último jogo da temporada", lembra, um pouco resignado. Ele fala sobre o fim abrupto da temporada de 2020, quatro dias antes de as escolas da Califórnia declararem um período de isolamento no local por conta da covid-19. "Eu estava pensando muito naquele jogo." Em meio à incerteza do momento, o ginásio estava lotado com os colegas de classe e seus pais – pessoas que normalmente nunca iam aos jogos. Todos querendo estar juntos e apoiar o time da casa. Havia uma energia frenética no ambiente. Mas naquela época ninguém imaginava que estávamos às portas de uma pandemia de força total. No início do jogo, Jamal se lembra de perder um arremesso e ouvir uma voz dentro dele dizendo: "O que as pessoas estão pensando?" Sentiu a pressão no seu desempenho; sua imagem estava em jogo. Não conseguia ficar "aquecido", pois não conseguia calar o burburinho interior.

Assim, mesmo com os mais destacados neurocientistas do mundo não tendo uma forma concisa de definir a natureza de um estado de silêncio interior, Jamal tem a sua. É estar "aquecido" na quadra. Os heróis de Jamal, Stephen Curry e LeBron James, também têm seus fraseados: "na zona". Na psicologia, o termo que mais se aproxima de uma definição desse aspecto ativo do "silêncio na mente" é "fluxo".

Mihaly Csikszentmihalyi – o desbravador estudioso da psicologia positiva que popularizou o termo "fluxo" – certa vez chefiou um estudo em larga escala sobre as percepções de fluxo no mundo todo.[1] Ele e seus colegas descobriram que, independentemente das diferenças de idade, gênero, cultura ou idioma nativo, todos usavam alguma variante do termo "fluxo" para definir um estado específico. "A experiência do fluxo não era apenas uma peculiaridade das elites afluentes e industrializadas", escreveu Csikszentmihalyi. "Foi relatada essencialmente nas mesmas palavras por mulheres idosas na Coreia, por adultos na Tailândia e na Índia, por adolescentes em Tóquio, por pastores navajos, por agricultores nos Alpes italianos." Csikszentmihalyi e sua equipe nos forneceram uma palavra para um fenômeno subjetivo difícil de estudar ou definir, mas que tem sido crucial para a experiência humana.

Há uma ligação intuitiva entre silêncio e fluxo. Quando descreve como acerta um lance livre ou recebe a bola de um companheiro de equipe, Jamal está claramente transcendendo o ruído. Mas há também algo menos óbvio em comum. Csikszentmihalyi e outros estudiosos observam que o fluxo acontece quando estamos em eustresse. Como os camundongos imersos nas câmaras anecoicas no estudo da professora Imke Kirste, entramos no estado de fluxo no "ponto ideal" entre a aflição e o tédio quando estamos envolvidos em um desafio, mas não sobrecarregados – como quando Jamal e seus companheiros estão bem entrosados contra uma equipe adversária.[2] Csikszentmihalyi e sua colega de longa data Jeanne Nakamura descrevem esse "ponto ideal" como "a percepção de desafios, ou de oportunidades de ação, que aprimoram (sem exceder nem subutilizar) as habilidades existentes". É quando voltamos toda a nossa consciência para a tarefa nas mãos, entrando assim em um estado de atenção pura.

Quando começamos a perguntar às pessoas "Qual foi o silêncio mais profundo que você já vivenciou?", achamos que estávamos fazendo algo errado. Ficávamos nos perguntando por que elas falavam sobre raves suarentas e escaladas de montanhas em condições climáticas severas. "Talvez não tenham entendido a pergunta", consideramos. "Essas coisas parecem ruidosas." Mas com o tempo percebemos que *nós* é que estávamos enganados. Elas nos descreviam a experiência interior do silêncio.

Embora os estados mentais sejam subjetivos, existem algumas características claras que podemos identificar nas experiências de diferentes pessoas. Csikszentmihalyi descreve várias características definidoras do fluxo, uma das quais chega a um aspecto central do silêncio interior. É o que ele chama de "perda da autoconsciência reflexiva". Nas palavras dele, a "perda da autoconsciência não implica uma perda do eu, tampouco uma perda da consciência, mas simplesmente uma perda da consciência do eu". E esclarece: "O que fica abaixo do limiar da consciência é o *conceito* do eu, a informação que usamos para representar quem somos para nós mesmos." Não se trata apenas de uma fonte de diversão, mas também de crescimento pessoal. "Quando não estamos preocupados com nós mesmos, na verdade temos a oportunidade de expandir o conceito de quem somos", escreve Csikszentmihalyi. "A perda da autoconsciência pode levar à autotranscendência, um sentimento de que os limites do nosso ser foram ampliados."

Então, temos aqui outra maneira de descrever o que acontece no estado de silêncio interior: paramos de falar *sobre* nós mesmos *para* nós mesmos.

Isso é em parte por necessidade. Quando estamos imersos no eustresse do fluxo, não temos reservas de atenção para dúvidas, aflições ou autocongratulações. Segundo as estimativas de Csikszentmihalyi, nossos filtros de atenção vão ignorar algo como 99,999% dos bits de informação[3] para processar o 0,001% de estímulos relevantes.[4] Com a limitação da atenção disponível, pesquisadores especulam que formas mais sofisticadas de pensamento – como a autoconsciência reflexiva – são um preço muito caro a pagar. Não nos resta capacidade cognitiva para nos fixarmos no passado ou no futuro ou no status do ego.

Isso não quer dizer que a imersão no fluxo leve à extinção do sentido de si mesmo. Csikszentmihalyi descreve o que acontece como uma espécie de evolução. Há um eu que recua e um eu que emerge. O eu que recua é aquele que está aprisionado por seu autoconceito e seus interesses próprios. É refém de interrogadores ruidosos que estão sempre perguntando "Qual é a minha classificação? O que eles vão pensar de mim? O que isso significa para mim?" Foi aí que Jamal empacou quando perdeu aquele arremesso no último jogo da temporada de 2020. O novo eu – aquele que emerge através do fluxo, o que está "aquecido" na quadra – é mais "diferenciado", portador de uma individualidade e uma singularidade saudáveis e mais "integrado", capaz de perceber a unidade com os outros e a comunhão com o que se estende para além da pele. Quando está fazendo arremessos e pressionando os defensores, Jamal continua sendo Jamal, mas é uma versão mais presente e conectada de si mesmo. Mesmo no ápice da ansiedade em relação à autoimagem – no ensino médio –, Jamal consegue, como Houdini, escapar das amarras da "autoconsciência reflexiva" e entrar em um estado mental expansivo, quase eterno.

Isso é silêncio na mente viva.

MAPEANDO O RUÍDO MENTAL

Em 2014, o autor e pesquisador Michio Kaku declarou ao *The Wall Street Journal*: "A era de ouro da neurociência chegou." Em suas palavras: "Aprendemos mais sobre o cérebro pensante nos últimos dez a quinze anos do que em toda a história humana."

Se você der uma olhada nos principais jornais, podcasts, revistas e periódicos acadêmicos da última década, vai encontrar conclusões triunfalistas semelhantes. Avanços na física, na ciência da computação, em estatística e outras áreas permitiram uma gama extraordinária de novas tecnologias, com uma variedade estonteante de acrônimos – fMRI, PET, EEG, TC, DBS, TES –, que em conjunto permitiram aos cientistas não só observar arquiteturas do cérebro como também estudar as implicações neurobiológicas dos pensamentos e das funções do sistema nervoso. Esses desenvolvimentos têm implicações tremendas para a compreensão do cérebro, bem como para a capacidade prática de proporcionar melhorias na vida humana

– incluindo tratamentos médicos emergentes como um "marca-passo cerebral" para pacientes de Alzheimer e um exoesqueleto robótico para os paraplégicos andarem.

Ainda assim, em meio a todos os avanços, não devemos nos enganar acreditando que estamos desvendando os grandes mistérios da consciência humana. Quando conversamos com neurocientistas sobre o potencial das tecnologias de neuroimagem para decifrar os estados mentais de silêncio interior, quase todos foram inflexíveis em se isentar de responsabilidade. Por exemplo, ainda não temos nada como uma "máquina de ressonância magnética funcional móvel" para rastrear de forma não invasiva o cérebro em um estado de fluxo ativo, como o de Jamal ao enterrar uma bola na cesta. Mesmo quando é possível ver a atividade cerebral em tempo real, isso revela pouco sobre o que alguém está *realmente vivenciando* no momento, diz Adam Gazzaley. Alguém pode ter um insight capaz de mudar a própria vida ou um flashback debilitante, mas esses eventos "podem ser bastante sutis em termos neurais", explica ele. Ao mesmo tempo, uma pessoa pode iluminar a máquina com o que parece ser um grande "evento" que nem sequer é registrado em sua consciência. Perguntamos a Gazzaley se seria possível usar as tecnologias de neuroimagem mais avançadas de hoje para identificar sinais ou indicadores de uma mente em "silêncio".

"Mais ou menos", respondeu ele com uma risada.

Apesar de ainda estarmos longe de vincular diretamente uma atividade cerebral mensurável específica à correspondente experiência vivida, a neurociência está conseguindo obter uma melhor compreensão da "geografia" do cérebro. Estamos mais perto de saber quais regiões e redes do órgão do pensamento têm mais a ver com a ansiedade, a preocupação e pensamentos autorreferentes. Esses avanços têm implicações importantes para a compreensão do significado do ruído e do silêncio na mente.

Mark Leary, professor de psicologia e neurociência da Universidade Duke, certa vez ponderou: "Se o eu humano tivesse sido instalado com um botão Mute ou um interruptor, o eu não seria o flagelo da felicidade que costuma ser."[5] Inspirados pela observação de Leary, partimos para responder à seguinte pergunta: será que existe um mecanismo neurobiológico parecido com um "botão Mute" para o cérebro? Se existir, onde podemos encontrá-lo?

Conversamos recentemente com Arne Dietrich, neurocientista da Universidade Americana de Beirute especializado nos mecanismos neurocognitivos de um cérebro como o de Jamal quando ele está na quadra. Dietrich cunhou o termo "hipofrontalidade transitória"[6] para definir o que acontece no silêncio interior do estado de fluxo. "Transitório" se refere ao estado temporário dessa forma de consciência. "Hipo" remete a uma desaceleração da atividade na "frontalidade" – ou o córtex pré-frontal (CPF) do cérebro, onde é formulado o senso de um eu separado. Segundo Dietrich, os estados de fluxo e outras formas expandidas de consciência, inclusive estados mentais provocados por substâncias psicodélicas e enteogênicas, facilitam uma experiência de unidade por desativarem as áreas do cérebro onde formulamos o senso de identidade e de tempo. Dietrich é rápido em ressaltar essa ironia: apesar de esses estados muitas vezes serem anunciados como "uma forma mais evoluída de consciência", eles se manifestam por meio de uma *diminuição* da atividade da região mais evoluída e valorizada do cérebro, o CPF.

Evolução ou involução à parte, Dietrich está falando de um caminho para o silêncio na mente. Um mecanismo biológico para transcender a distração interior que atormenta grande parte do mundo moderno.

Está falando sobre um "botão Mute" em potencial.

No entanto, essa não é a única ideia do que constitui a base neurobiológica de uma mente silenciosa. Enquanto o córtex pré-frontal é desativado durante algumas atividades de fluxo de esforço físico, outras atividades de fluxo – como a aritmética ou a improvisação no jazz – parecem exigir mais controles executivos e um *aumento* da atividade no CPF. Então, na verdade, o "botão Mute" pode não servir apenas para descansar uma parte do cérebro. Pode ser mais sobre lançar um intricado balé em todo o órgão.

No capítulo anterior apresentamos a definição de Adam Gazzaley e Larry Rosen das forças conflitantes de atenção – de cima para baixo e de baixo para cima. Em vez de uma simples diminuição do CPF, alguns estudos de fluxo descrevem um tipo de sincronização entre diferentes *redes atencionais* – por exemplo, como Jamal se preparando para encestar um arremesso de três pontos (objetivo de cima para baixo) e ao mesmo tempo controlando um defensor na marcação (de baixo para cima). Esses estudos também destacam o papel das *redes de recompensa*, envolvendo neurotransmissores como a dopamina, que parecem reforçar a atenção focada enquanto diminuem a impulsividade e a distração. Essa teoria da "sincronização"[7] sugere uma sequência elegante de diferentes funções e atividades que silencia uma mente ruidosa.

Algumas das maiores pistas sobre a localização de um potencial "botão Mute" vieram de pesquisas nas últimas décadas sobre os *estados padrão* da mente.

Até recentemente, a maioria dos especialistas considerava o cérebro "em repouso" como um músculo relaxado: vivo, porém basicamente estacionário e usando pouca energia. Em 2001, Marcus Raichle, neurologista da Faculdade de Medicina da Universidade de Washington, e seus colegas viraram essa suposição de cabeça para baixo. Descobriram o que alguns cientistas já suspeitavam: que o cérebro está sempre tremendamente ativo e gasta *muita* energia. Na verdade, o conjunto de regiões cerebrais associadas a estados passivos – a rede de modo padrão (RMP) – é um grande consumidor de energia.

E também é barulhento.

No livro *Como mudar sua mente*, Michael Pollan recapitula sucintamente a ciência recente, dizendo: "A rede de modo padrão parece ter um papel na criação de construtos ou projeções mentais, dos quais o mais importante é o construto que chamamos de eu, ou ego. É por isso que alguns neurocientistas a chamam de 'rede do mim.'"[8] Pollan está falando de autoconsciência reflexiva e de toda a preocupação, a ruminação, a narrativa interior e a autoimportância que ela engloba. Isso leva a um comentário desconcertante sobre a natureza humana: *Nosso "padrão", a RMP, é definido por pensamentos ruidosos do "eu".*

Estudos recentes descobriram que a RMP está negativamente correlacionada com as redes de atenção do cérebro. Em outras palavras, quando a RMP é ativada, as estruturas e os processos subjacentes às capacidades atencionais ficam em silêncio, e quando as redes atencionais estão ativas, há uma redução na RMP. Pollan usa uma gangorra como metáfora. Em uma extremidade fica a RMP; na outra, a atenção. Isso sugere que atividades que requerem as redes de atenção, como as que produzem uma sensação de fluxo, reduziriam a atividade da RMP e, assim, todos os pensamentos e preocupações autorreferentes.

Judson Brewer descobriu em suas pesquisas que os aspectos mais ruidosos da consciência humana correspondem a atividades em duas partes fundamentais do cérebro associadas à RMP: o córtex pré-frontal (CPF) e o córtex cingulado posterior (CCP). Enquanto o CPF é responsável pelo sentido verbalizado do seu nome e da sua identidade intelectual, o CCP é mais responsável pela "sensação" do senso do eu. O CCP está relacionado ao ruído inefável da autoconsciência – à sensação corporal associada a pontadas de culpa ou a constrangimentos ligados à autoimagem. Como experiente praticante de meditação, Brewer está ciente da lacuna entre a experiência em primeira pessoa e o relato da atividade neural em terceira pessoa. Por essa razão, liderou estudos que aplicam uma metodologia inovadora de "teoria fundamentada", combinando neuroimagem com descrições pessoais em primeira pessoa do que está acontecendo. Por exemplo, ele pede aos participantes do estudo que façam um "rápido percurso" de alguns minutos de prática de meditação em uma máquina de ressonância magnética ou de eletroencefalograma e depois pergunta: "O que estava acontecendo na sua experiência?" Surpreendentemente, ele descobriu que a rede de modo padrão se ilumina nos pontos em que os participantes do estudo se dizem entrando em um estado mental ou emocional de *constrição* – como quando estão meditando e ficam frustrados e depois tentam arduamente "derrotar" essa frustração. Em comparação, descobriu que a RMP, e particularmente o CCP, amenizam quando os indivíduos entram em estados mentais e emocionais associados à *expansão* – sentimentos de tranquilidade, de naturalidade e benevolência.

Em seus estudos, Brewer usou *não* meditadores como sujeitos de controle. Esses participantes aprendiam uma prática de meditação pela manhã e à tarde entravam no aparelho de ressonância magnética para tentar praticar o que tinham aprendido. "De várias maneiras eles se mostraram mais interessantes do que os meditadores experientes", disse Brewer ao professor de meditação e autor Michael Taft em recente entrevista. Segundo Brewer, vários dos meditadores iniciantes "literalmente mudaram a atividade cerebral" na região do CCP de vermelho (ativando) para azul (desativando).[9] E aprendiam a fazer isso depois de apenas nove minutos – "Literalmente, três percursos rápidos cada um" – de retroalimentação neuroimagética. Eles se adaptavam no ato. Brewer especula se eles estavam aprendendo como é *entrar e sair do próprio caminho*. Esses sujeitos conseguiram reduzir temporariamente a atividade do CCP, indicando algum potencial promissor para a administração da "rede do mim".

Se uma única sessão de meditação pode resultar em *estados mentais* que transcendem nossa configuração padrão ruidosa, práticas de meditação de longo prazo e outras formas de concentração podem produzir *características mentais* de silêncio mais duradouras. Em um estudo de 2021, Kathryn Devaney, pós-doutoranda em Harvard, e uma equipe de pesquisadores deram a praticantes experientes de meditação vipassana e a sujeitos do grupo de controle dois tipos de tarefas: tarefas de concentração (que exigem trabalho pesado das redes de atenção) e de repouso, sem nenhuma tarefa explícita (convidando a RMP a se ativar). Eles constataram que os meditadores mostraram menos atividade RMP em repouso do que o grupo de controle.[10] Devaney e seus coautores resumem suas descobertas da seguinte forma: "A prática de meditação a longo prazo contribui para a saúde do cérebro e o bem-estar mental ao ganhar um efetivo controle supressivo da RMP ruminativa." Brewer também demonstrou que praticantes de meditação experientes são capazes de reprogramar o cérebro para tornar a RMP menos ativa, mesmo durante períodos de repouso.[11]

É uma boa notícia. *Nós podemos tornar nosso estado padrão menos ruidoso.* Podemos desenvolver a capacidade para fazer isso e, com a prática, tornar o ambiente interior menos constritivo e mais expansivo. Ao trabalhar com o nosso CPF e o nosso CCP, podemos encontrar não só um "botão Mute" ocasional e temporário, mas uma forma de reduzir o ruído cotidiano no âmbito da consciência.

Todas essas pesquisas apontam para algo contraintuitivo sobre o silêncio na mente. A ideia comum de "repouso" não é necessariamente silenciosa. Imagine que você desligou o telefone, a TV, o computador e todas as outras fontes exteriores de distração auditiva e informacional que o cercam. É um bom começo. Mas se você continua sentado no sofá com um pote de sorvete, entregue às suas piores paranoias e deixando suas fantasias egocêntricas correrem soltas, isso não é exatamente silêncio na consciência. Ausentar-se pode ser o estado mais ruidoso de todos.

Não estamos aqui indo contra o bom e velho devaneio. Como Kathryn Devaney e seus coautores admitem: "Nem toda divagação mental é ruminativa." Existem pensamentos ensolarados – digamos, refletir sobre lembranças, imaginar novas possibilidades, observar nuvens fofas se transformando em coelhos, depois em dragões e de novo em coelhos – que têm pouco em comum com os desvios tristonhos da mente ruminante e obcecada por si mesma. Mas Devaney e seus colegas concluem que uma prática como a meditação, ou apenas atentar conscientemente ao silêncio, ajuda a transcender o ruído de forma regular e confiável. "As primeiras descobertas são consistentes com os efeitos positivos do treinamento em meditação na supressão da RMP", escrevem.

Então, mesmo que não haja um "botão Mute" perfeito, podemos aprender como reduzir o ruído.

A NEUROCIÊNCIA DA AUTOTRANSCENDÊNCIA

"Uma sensação de fluxo, em consonância com a respiração." Foi assim que uma participante, meditadora experiente, descreveu um momento de prática particularmente luminosa em um dos estudos de retroalimentação neural com ressonância magnética em tempo real de Brewer. De acordo com as leituras no monitor, esse momento específico correspondeu a uma notável redução da atividade no CCP dela.

Embora normalmente associemos o fluxo a estados fisicamente ativos – como Jamal enterrando uma bola de basquete –, a relação com a meditação sentada faz sentido. Como a prática de se concentrar na respiração, o fluxo é sobre aterrar no momento presente. É sobre a integração da mente e do corpo. Aliás, Csikszentmihalyi escreveu muitas vezes sobre a meditação ser uma forma de treinamento para o fluxo.

Em estudos de ressonância magnética, Brewer e outros pesquisadores costumam fazer os participantes se envolverem em diferentes tipos de meditação, incluindo a prática da "benevolência", em que você se concentra em seus sentimentos ou intenções de compaixão pelos outros. À primeira vista, essas práticas não parecem necessariamente ter a mesma fisicalidade de fluxo que, digamos, a consciência da respiração. Ainda assim, nos estudos elas resultaram em uma redução semelhante na atividade do CCP.

Em uma conversa recente, Brewer afirmou que as práticas de conscientização e benevolência de fato compartilham de um elemento central – diretamente relacionado ao fluxo.

"Qual é a sua sensação ao se lembrar de um momento em que alguém foi bom com você?", perguntou Brewer, referindo-se a uma reflexão-chave na prática da benevolência. "É uma sensação de contração ou de expansão?"

"E qual é a sensação quando está repousando na consciência da respiração ou de um objeto, sem estar envolvido pelo burburinho da sua mente? É uma sensação de contração ou de expansão?"

Para nós, a resposta para as duas perguntas era clara: expansão. A pesquisa de Brewer mostra que há uma característica comum que emerge na consciência com qualquer uma dessas práticas. Não é só o eustresse do fluxo físico – quando o cérebro precisa estar tão focado em uma tarefa que carece dos recursos de atenção para considerar qualquer fator relacionado à autoestima ou à preocupação –, é um sentimento de expansão que rompe o apego ao senso do eu separado.

A expansão silencia a mente.

Há uma área emergente de estudo acadêmico multidisciplinar focada em experiências de autotranscendência (EAT),[12] que engloba estados mentais de fluxo, atenção plena, arrebatamento e experiências místicas, para citar apenas alguns.

David Bryce Yaden, da Faculdade de Medicina Johns Hopkins, e seus colaboradores definem em artigo recente as EAT como "estados mentais transitórios de redução da autoimportância ou de aumento da sensação de conexão".[13] Especificam dois subcomponentes das EAT: um componente "aniquilativo", "que se refere à dissolução do senso corpóreo do eu acompanhado pela redução dos limites do eu e da autoimportância"; e um componente "relacional", "que se refere ao senso de conectividade, chegando a uma unificação com algo além do eu, geralmente com os outros e com aspectos do ambiente ou contexto ao redor". A autotranscedência é uma espécie de "dimensionamento ideal". É uma redução da importância do eu egoico, acompanhada por um aumento do senso de interconectividade com o mundo ao redor. Somos ao mesmo tempo menores e maiores – uma mera gota no oceano, mas ainda assim parte de sua vastidão.

Uma EAT – quase universalmente – nos causa essa sensação subjetiva de *expansão*.

E costuma fazer também outra coisa: *calar a nossa boca*.

Vamos considerar o arrebatamento. Dacher Keltner, psicólogo da Universidade da Califórnia em Berkeley e fundador do Centro de Ciência para o Bem Maior, e seu colega Jonathan Haidt definem o arrebatamento como uma combinação de dois fatores: a "percepção do imensurável" e a "necessidade de acomodação".[14] O primeiro, a percepção da vastidão, é quando "você se encontra diante de coisas vastas ou que transcendem seu sistema de referência – seja espacial, temporal ou de significado". É se sentir arrebatado por uma deslumbrante tempestade de raios. É contemplar a imponência sobrenatural do Grand Canyon. Às vezes é uma percepção da imensidão e da grandiosidade do Universo pela participação em um ritual sagrado com uma reflexão sobre um conceito como a teoria das cordas. As únicas respostas vocais possíveis são um "Ah", um "Oh" ou um "Hum", ou, talvez a melhor de todas, uma entrega total ao silêncio.

A segunda característica do arrebatamento, a necessidade de acomodação, é quando uma experiência ou percepção "transcende suas estruturas de conhecimento. Você não consegue atribuir um sentido àquilo". Como Keltner explica: "Você fica mudo e sem palavras." É uma incapacidade de enquadrar a realidade em categorias claras e organizadas. Ludwig Wittgenstein, lógico austríaco e pioneiro nas áreas da filosofia da matemática e da filosofia da mente, escreveu o seguinte resumo no fim de sua obra máxima, *Tractatus Logico-Philosophicus*: "Sobre o que não se pode falar, deve-se calar. O que não podemos falar, devemos deixar passar em silêncio."[15] Suas palavras são como o abençoado colapso de um motor turbinado de computação lógica nos braços amorosos do mistério cósmico.

Esse encontro com estruturas de conhecimento que ultrapassam nossos modelos atuais lembra o trabalho do psicólogo suíço Jean Piaget, que observou que o desenvolvimento das crianças ocorre quando há necessidade de ampliar sua visão de mundo.[16] Elas transcendem seus paradigmas anteriores porque é preciso. Ou, mais precisamente, elas os transcendem *e* os incluem. Em resumo, quando não conseguimos acomodar uma observação ou experiência à nossa estrutura mental existente, nós crescemos. Isso não acontece só na adolescência, como acreditavam Piaget e outros de sua época; acontece ao longo da vida. Isso foi afirmado por uma nova onda de teóricos e psicólogos.[17]

Summer Allen, colega de Keltner no Centro de Estudos para o Bem Maior, escreve que as experiências de arrebatamento "desviam a atenção de nós mesmos, nos fazendo sentir como parte de algo maior do que somos, e nos tornam mais generosos com os outros". Psicologicamente, observa, os benefícios da autotranscedência pelo arrebatamento parecem "dar às pessoas a sensação de terem mais tempo disponível, aumentar os sentimentos de conexão, aumentar o pensamento crítico e o ceticismo, aumentar o humor positivo e reduzir o materialismo".[18] Todos esses atributos falam do tipo de *expansão* identificado por Judson Brewer com a diminuição da atividade no CCP. Sem nada a dizer e nenhum senso autoritário do ego, nossas tendências constritivas se desfazem. Como ressalta Keltner, uma experiência de arrebatamento pode "acalmar sua fisiologia do estresse, ativar o nervo vago, desencadear a liberação de ocitocina, ativar as redes de dopamina no seu cérebro". E continua, dizendo que essa resposta biológica pode "ajudá-lo a explorar o mundo, torná-lo mais generoso e mais pleno de arrebatamento".

A desativação da "rede do mim" nos traz de volta às dimensões morais do silêncio – à noção de Gandhi de que "quase metade da infelicidade do mundo desapareceria se nós, mortais inquietos, conhecêssemos a virtude do silêncio". Ou às palavras de Sheena Malhotra, que definiu o silêncio "como um oceano" que transfere energia e transmite empatia até por uma multidão de milhares. Ou ao que Rob Lippincott descreve no silêncio das reuniões de negócios dos quacres em busca da unidade em seu "exercício de comunhão". Quando nos afastamos da experiência do ruído, da constrição e da divisão do cérebro comum e entramos em estados de silêncio, expansão e conexão, permitimos a transformação não só do nosso eu individual, mas também dos nossos relacionamentos, de comunidades e de sociedades.

Em um artigo de 2017, Yaden e seus coautores escrevem sobre a variedade mais intensa da EAT: *a experiência mística*. "Algumas pessoas relatam que durante experiências místicas o senso de identidade pode esvanecer totalmente, criando uma sensação de unidade sem distinção com o ambiente." Tais experiências têm muitos nomes, que incluem êxtase religioso, consciência cósmica, consciência de Cristo, satori, samadhi, experiências não dualistas e transcendentais, para citar apenas algumas. Embora cada uma dessas experiências tenha o próprio caráter e significado com base na tradição da qual é derivada, neurocientistas e psicólogos destacam as características em comum, como a propensão a gerar uma mudança de longo prazo na perspectiva de uma pessoa.

Há mais de um século, William James, acadêmico de Harvard hoje amplamente reconhecido como o pai da psicologia americana, definiu as características unificadoras da experiência mística.[19] Segundo James, são quatro as dimensões em comum. Uma é a *dimensão noética*. As experiências parecem reais e verdadeiras e "são acompanhadas por uma curiosa sensação da realidade pós-temporal". Outra dimensão é a *transitoriedade*. São experiências breves, mas, se forem recorrentes, é possível um elemento de "desenvolvimento contínuo". Outra dimensão é a *passividade* – um sentimento de submissão ou rendição. O indivíduo sente como se tivesse sido "capturado e mantido por um poder superior".

A quarta e mais importante, segundo James, é a *inefabilidade*: a sensação de que a experiência "desafia a capacidade de expressão".

Para James, a experiência mística era algo não apenas salutar para a mente, mas também um despertar de todo o ser. Falando sobre experiências místicas para uma plateia lotada na Universidade de Edimburgo, na virada do século XX, James disse: "A única coisa que [uma experiência mística] atesta inequivocamente é que podemos vivenciar uma união com algo maior do que nós mesmos e nessa união encontrar nossa maior paz." A busca por essa "maior paz" continuou sendo um dos principais interesses das pesquisas acadêmicas de James até o fim da sua vida.

Mesmo assim, James, como outros estudiosos, considerava a ciência da experiência mística extremamente difícil de estudar. Isso porque as experiências místicas tendem a acontecer espontaneamente, em ambientes distantes de aparelhos de ressonância magnética e instrumentação científica. Nem mesmo os experimentos inovadores da "teoria fundamentada" descritos por Brewer ajudam muito quando se trata de decifrar os mecanismos neurobiológicos envolvidos em uma experiência mística genuína. Como James reconheceu, *elas são inefáveis*.

○

Recentemente perguntamos a Grace Boda sobre o silêncio mais profundo que ela vivenciou.

Seus olhos se encheram de lágrimas e ela disse: "Eu me lembro como se fosse ontem, porque mudou o rumo da minha vida."

Ela recorda:

"Tenho 6 anos. Estou no ensino fundamental. No recreio. A grama acabou de ser aparada e todos estamos fazendo o que sempre fazemos quando cortam a grama: juntando as folhas em um grande círculo para fazer um ninho e brincar de passarinhos. Todas as crianças estão se agitando e piando. Os meninos-passarinhos estão disputando a relva, e as meninas-passarinhos, caçando minhocas. O meu trabalho, por ser a menor do primeiro ano, é ser o filhote de passarinho", lembra ela. "Então eu fico ali gritando, embora devesse gorjear, mas fico devaneando e procurando trevos de quatro folhas, é só o que estou fazendo e então, de repente, sem nenhuma razão, *puf*! Eu não estou mais no meu corpo."

Grace desacelera: "Eu senti a mim mesma, minha consciência, como que distribuída por absolutamente tudo. Lembro do momento de choque, tipo 'Ah, eu sou todas as coisas'. Nem existe uma palavra para isso. Em minha concepção aos 6 anos, pensei 'Isso deve ser Deus'... e percebi: 'Eu estou nessa presença.'"

Grace descreve uma presença de pura bondade e, como ela era *todas as coisas*, era também essa presença. Ela transcendeu o "eu" e se conectou com o todo. Mas alguma coisa estava sendo *pedida* a ela. "Havia uma pergunta presente também", continua, "não em palavras, mas eu sabia o que era: 'Você está disposta? Está *realmente* disposta?'" A resposta dela na época foi lúcida: "Eu sabia, com cada célula do meu ser, com cada fibra em mim, de maneira absoluta e plena: *Sim*. Quero dizer, *Sim! Sim!* E a próxima coisa que percebo é o sinal do recreio: *PUM!* Sinto um estremecimento. Como um elástico estalando. Voltei à consciência do meu corpo e de mim mesma como uma garotinha no pátio no recreio, e todos os meus amigos estão gritando e tagarelando e correndo para entrar na fila para voltar à sala de aula. E eu me lembro de pensar comigo mesma: 'Eu nunca mais vou ser a mesma.'"

Grace queria entender o que aquela experiência mística estava lhe mostrando. "Como fui criada na Igreja Católica, achei que estava sendo chamada para ser padre. Mas, quando falei com o padre da minha igreja, ele me deu um tapinha na cabeça e, claro, explicou: 'Meninas não podem ser padres.'" Poderia ter sido um momento devastador para ela. Mas não foi. "Eu simplesmente parei de falar sobre isso", conta Grace. "Eu *nunca* duvidei, pois foi uma experiência direta, forte e intensa", como na definição da noética de William James. "Nem por um segundo duvidei da sua realidade."

Agora com 60 anos, Grace é uma talentosa coach de executivos, conselheira profissional e espiritual de pessoas em busca de clareza, direção ou significado na vida. "Foi uma iniciação e uma consagração", diz sobre essa experiência como aluna do primeiro ano. "Houve muitas experiências desde então, mas aquela primeira orientou minha vida e mudou meu ser de um jeito que não consigo nem explicar, de forma a permitir que tudo mais se seguisse."

Ela não consegue explicar porque a experiência foi, como diria William James, inefável. "Por ter aberto o meu coração, nenhuma dessas palavras é adequada. Todas as palavras desmoronam, porque uma palavra é, por definição, uma comparação com uma coisa diferente."

Falando desse silêncio mais profundo, Grace só pode chamá-lo de "um lugar na consciência". Há mais de cinquenta anos tem sido o local de onde ela extrai "quietude interior e plenitude interior e totalidade interior e unidade interior". O "lugar" que Grace vivenciou foi um *silêncio arrebatador na mente* – uma eliminação fundamental do ruído em todos os níveis de percepção.

Assim, eis uma pergunta: haverá algum sentido em procurar uma explicação neurobiológica de tal evento?

Provavelmente não.

A nosso ver, o significado de uma experiência mística como essa não pode ser atribuído apenas a fenômenos observáveis exteriormente. E, no entanto, é possível respeitar o mistério durante uma investigação significativa de sinais do que acontece no cérebro e no sistema nervoso nesses estados.

Embora claramente não seja possível usar qualquer tipo de neuroimagem para estudar a atividade cerebral de alguém em uma experiência mística espontânea como a de Grace no parquinho, novos desenvolvimentos na neurociência estão chegando perto. Em particular, o renascimento de pesquisas com psicodélicos vem apresentando novos esclarecimentos sobre a neurociência da autotranscendência.

Em 2009, Robin Carhart-Harris obteve permissão no Reino Unido para estudar os efeitos da psilocibina no cérebro. Voluntários da pesquisa entraram em máquinas de ressonância magnética, tomaram os cogumelos sintéticos e decolaram em seus tapetes mágicos. Carhart-Harris levantou a hipótese de que as imagens cerebrais revelariam muita atividade. Seriam parecidas com as de "um cérebro sonhando", disse a Michael Pollan.[20] Em vez disso, ele e seus companheiros de equipe registraram uma redução do fluxo sanguíneo no RMP, indicando uma relativa desativação da "rede do mim".[21]

Faz sentido. Como a experiência de Grace aos 6 anos, um elemento comum às experiências com psicodélicos e com enteógenos é a perda ou redução do senso de um eu separado ou de uma identidade rígida do ego.[22] Como na experiência de infância de Grace, essa transcendência radical do ruído interior pode produzir mudanças duradouras. Não são apenas *estados* alterados, mas *características* alteradas.

No "Experimento da Sexta-feira Santa" de 1962, um grupo de vinte estudantes de uma escola de teologia foi dividido em dois para um estudo.

Um grupo de estudantes tomou psilocibina (que era legal na época); o outro tomou um placebo ativo. Todos participaram juntos de uma missa de Sexta-feira Santa. O reverendo Howard Thurman, um destacado líder do movimento pelos direitos civis, autor e teólogo, aprovou o estudo e proferiu o sermão.

Um dos homens que tomou psilocibina, Mike Young, disse que quando se ofereceu para o experimento estava inseguro quanto ao seu futuro no sacerdócio. Sob a influência da psilocibina, teve uma experiência mística de morte e renascimento. Definiu-a como simultaneamente "muito dolorosa" e "gloriosa". Quando voltou para casa, sua esposa percebeu de imediato que havia acontecido alguma coisa importante. Quase cinquenta anos depois, ele continua afetado pelo experimento. Como disse em uma entrevista: "Eu sou um pastor unitarista universalista como resultado dessa" – ele faz uma pausa para corrigir a declaração – "*em parte* como resultado dessa experiência com drogas." Não foi o *único* motivo. Mas algo nele mudou para sempre.

O renomado estudioso de religiões Huston Smith também participou do estudo e tomou uma dose de psilocibina. Escreveu e falou muito da experiência como tendo sido formativa. Disse sentir uma "gratidão renovada" cada vez que pensava nisso. Trinta e cinco anos depois, afirmou que "o experimento aperfeiçoou minha experiência do sagrado, permitindo-me vivê-lo de um modo pessoal". E continuou: "Aquilo ampliou minha caixa de ferramentas experiencial de forma permanente [...] Desde então, consegui entender experimentalmente esse modo clássico de misticismo."

Claro que isso não se aplica apenas a experiências psicodélicas. Podemos ter experiências místicas por meio de jejum, cânticos, respiração, prostrações, privação sensorial ou – como atesta a experiência de Grace – um puro mistério espontâneo. Mas o trabalho com psicodélicos pode ser um veículo especialmente útil para entender a ciência da experiência mística por permitir estudos de controle randomizados. Esses experimentos com ressonância magnética demonstram que as experiências místicas se correlacionam intensamente com uma redução da atividade nas partes mais ruidosas do cérebro.

Quando começou a estudar o cérebro de meditadores experientes em estados expandidos de consciência, Judson Brewer conta que ele e sua equipe "procuraram em todos os lugares por um aumento de atividade". Mas não encontraram. "Acho que nosso cérebro é mais eficiente durante uma experiência autotranscendente", observa. O uso de Brewer da palavra "eficiente" implica algo importante. Há uma surpreendente "utilidade" no que podemos chamar de consciência mística.

Nada causa maior desperdício cognitivo do que pensamentos ruidosos sobre "mim".

○

Então, o que é o silêncio na mente?

É uma redução da atividade no córtex pré-frontal? No córtex cingulado posterior? Em toda a rede de modo padrão?

É um estado de fluxo ativo em uma quadra de basquete – abstraindo-se de todos os defensores e pensamentos autorreferenciais?

É o estado passivo, quando sentimos a vastidão da existência e precisamos abandonar nossos velhos modelos mentais para acomodá-la?

É o encontro místico rarefeito, quando vivenciamos um "dimensionamento ideal" cósmico que corrige nosso senso de autoimportância e de um ego separado?

Sim. A ciência confirma *todas as alternativas acima.*

Graças a avanços significativos em neuroimagem e na compreensão das bases biológicas da mente e da consciência, podemos explorar muitos outros aspectos do significado do silêncio – especialmente do silêncio interior. Isso é bom. Pode nos ajudar a entender o mundo.

Mas só o fato de estarmos vivendo na "idade de ouro da neurociência" não significa que tenhamos chegado a uma compreensão mecanicista dos mistérios do silêncio na mente. Como disse Ludwig Wittgenstein, uma das mentes mais rigorosamente lógicas da história da humanidade, há coisas que nunca seremos capazes de analisar, coisas que nunca seremos capazes de explicar verbal ou logicamente. Há limites para o que os medidores de decibéis e hidrofones, a ressonância magnética e o eletroencefalograma podem nos dizer.

E tudo bem.

Como diz Wittgenstein, há algumas coisas pelas quais devemos "passar em silêncio".

PARTE 3
O ESPÍRITO DO SILÊNCIO

CAPÍTULO 7

POR QUE O SILÊNCIO ASSUSTA?

Reserve um momento para se juntar a nós em um experimento mental. Na verdade, está mais para um experimento sensorial.

Imagine que você acabou de se comprometer a passar os próximos cinco anos da sua vida em silêncio total.

Não é preciso pensar em nenhuma logística. Nem se preocupar em como vai ganhar a vida ou sustentar sua família. Todos os arranjos práticos já foram feitos.
Qual é o seu primeiro pensamento?
Quais são os seus sentimentos quando você imagina que isso está realmente acontecendo? Como seu corpo responde? Há um pressentimento de solidão? Alguma sensação de alívio? Ou você sente algo totalmente diferente?
Sem nada a dizer, como você imagina que sua paisagem interior mudaria? Sem palavras, por onde sua mente pode gravitar?
Enquanto você se imagina adentrando esse mar de silêncio, gostaríamos que considerasse uma pergunta, mesmo tendo certeza de que já sabemos a resposta – ao menos em algum nível: *O silêncio assusta?*

O PRIMEIRO RUDIMENTO DA CONTEMPLAÇÃO

O nome Pitágoras pode evocar temíveis recordações das aulas de matemática do ensino médio. Hoje em dia, para muita gente o nome do filósofo grego é sinônimo do teorema geométrico para calcular o lado maior de um triângulo retângulo. Mas Pitágoras tem muito mais a ensinar.

Cerca de 2.500 anos atrás – na mesma época em que Sidarta Gautama e Confúcio andaram pela Terra – Pitágoras de Samos fez o que hoje alguns de nós considerariam impossível. Transcendeu o aparente abismo entre ciência e espiritualidade combinando contemplação numinosa com investigação rigorosa.

Além de criar o famoso teorema que leva seu nome, Pitágoras foi pioneiro na compreensão das proporções numéricas e dos cinco poliedros regulares na geometria, conceitos até hoje fundamentais na matemática moderna. Inventou um sistema de afinação musical em que as proporções das frequências entre as notas são baseadas em uma razão de três para dois – um sistema que muitos estudiosos consideram totalmente em harmonia com as proporções da natureza. Pitágoras foi o primeiro a dividir o globo em cinco zonas climáticas, que ainda são usadas na meteorologia atual. Identificou corretamente a estrela-d'alva e a estrela da noite como sendo o mesmo planeta, Vênus. Acredita-se que tenha sido a primeira pessoa na história registrada a ensinar que a Terra é esférica, e não plana.

No entanto, Pitágoras não era o que hoje chamaríamos de um pesquisador empírico. Era o líder de uma escola de mistérios – uma sociedade para ensinar iniciados a explorar questões esotéricas sobre a natureza da realidade. Os membros da escola estudavam a ciência espiritual da metempsicose, ou a "transmigração das almas", um modelo para entender a reencarnação. Eles desenvolveram doutrinas intricadas envolvendo numerologia e astrologia, que indicavam uma ordem na natureza, uma harmonia cósmica mensurável. Por exemplo, Pitágoras postulou uma *musica universalis*, a ideia de que os planetas se movem de acordo com equações matemáticas específicas que produzem uma bela melodia nos céus – apesar de inaudível.

A escola de Pitágoras foi revolucionária. Rompeu com o rígido patriarcado da época e foi o lar intelectual da primeira mulher matemática e astrônoma conhecida: Hipátia de Alexandria. A escola perdurou por cem anos depois da morte de seu fundador e lançou os fundamentos de boa parte da filosofia ocidental, influenciando as ideias de Sócrates, Platão e de todos os pensadores que os seguiriam. A escola também influenciou matemáticos e astrônomos, inclusive Copérnico e Newton, que viriam dar forma à ciência moderna.

Alguns dizem que Pitágoras foi o primeiro a cumprir a vocação formal de um filósofo: ser "um amante da sabedoria". Segundo Manly P. Hall, um estudioso das escolas de mistérios do mundo, Pitágoras tinha uma definição específica do termo "sabedoria": "a compreensão da fonte ou causa de todas as coisas".[1] Para ele, atingir a sabedoria exigia "elevar o intelecto ao ponto de intuitivamente conhecer o invisível se manifestando exteriormente através do visível", até se tornar "capaz de sintonizar com o espírito das coisas, e não com a forma delas".

Se você quisesse ser um aluno do círculo íntimo da escola pitagórica, teria que se comprometer com uma série de diretrizes, incluindo restrições alimentares, regimes de estudo, ética pessoal e escolhas de estilo de vida. Se quisesse ter acesso aos ensinamentos esotéricos, precisaria assumir um compromisso ainda maior do que os demais: *você teria que passar por um período de cinco anos sem falar.*

"Aprendam a ficar em silêncio", aconselhava Pitágoras a seus alunos. "Deixem a mente quieta ouvir e absorver o silêncio." O humanista do século XV John Reuchlin explicou que Pitágoras via o silêncio como "o primeiro rudimento da contemplação" – o pré-requisito de toda sabedoria. Segundo Hall, Pitágoras mantinha as próprias práticas de profundo silêncio. Retirava-se regularmente por meses ou mais para seu templo, enclausurado sem pergaminhos, sem instrumentos de escrita, escribas ou companheiros. Levava apenas sua mistura salutar de sementes de papoula e gergelim, narcisos, malvas, cascas secas de cebolas-do-mar e uma pasta de cevada, ervilhas e mel silvestre.

Por que Pitágoras via o silêncio como a chave para a sabedoria? Por que exigia que seu círculo íntimo de alunos passasse cinco anos sem falar antes de começar seus estudos formais? Não há registros conhecidos de seu pensamento exato sobre o assunto ou da lógica específica por trás dessa exigência aos membros do círculo interno da escola.

Mas vamos ver se conseguimos entender o raciocínio.

Retorne, por um momento, ao "experimento sensorial" do início deste capítulo. Imagine que você é um dos iniciantes.

Como cinco anos em silêncio poderiam mudar a arquitetura da sua mente?

Os retiros de meditação, períodos prolongados na natureza e outras práticas contemplativas em silêncio nos fornecem algumas pistas. O silêncio, é claro, nos obriga a encarar a nós mesmos. Sem distrações, temos de aprender a lidar com nosso ruído interior. Isso nos permite sintonizar o que realmente está acontecendo dentro e fora de nós mesmos. Na ausência de julgamento, conjectura e necessidade de desempenhar um papel, a mente se volta magneticamente, como uma bússola, em direção à verdade.

Mas não estamos sugerindo que seja um processo fácil. Em silêncio profundo, primeiro queimamos montes de padrões habituais, modos de pensamento, fantasias, ambições, luxúrias e ilusões. Em silêncio, sentimos um desejo intenso de fugir, de fazer qualquer coisa para preencher o espaço.

Em inglês, temos a palavra "diversion", que significa entretenimento. No espanhol e em outras línguas latinas, a palavra semelhante, *diversão*, significa "divertir" ou "distrair". Essa palavra levanta uma questão: de que estamos nos *distraindo* ao buscar bons momentos? Tédio? Alguma perda? Mortalidade? Sentir-se confortável com o silêncio profundo é estar sozinho em uma sala com todos esses desconfortos e retirar energia de partes do cérebro – como o córtex pré-frontal medial e o córtex cingulado posterior –, que se especializam em proteger e embelezar o sentido distinto do "mim".

Em *A genealogia da moral*, Nietzsche escreve sobre o *horror vacui*, o "horror do vácuo", ou o pavor que um ser humano sente na ausência de dados dos sentidos ou de estimulação mental. Esse fenômeno é real. Em um estudo de 2014,[2] Timothy Wilson, psicólogo social da Universidade da Virgínia, deixou alunos de graduação e membros da comunidade voluntários sozinhos e dispersos em uma sala sem celular nem entretenimento por quinze minutos. Os participantes tinham uma escolha: podiam ficar em silêncio sozinhos ou apertar um botão e tomar um choque elétrico doloroso. Embora todos os participantes tenham afirmado inicialmente que pagariam para não tomar um choque elétrico, 67% dos homens e 25% das mulheres acabaram optando por tomar um choque em vez de ficar em silêncio.

Isso aconteceu em quinze minutos. Imagine em cinco anos.

Na tradição mística cristã, há um termo para um encontro com a aflição e a impaciência do anseio e da aversão em um longo período de silêncio profundo. Chama-se "a noite escura da alma". No budismo, o mesmo fenômeno é definido como o "poço do vácuo".

O silêncio, nesse sentido, *é assustador*.

Mas o que encontramos do outro lado?

O FENÔMENO BÁSICO

O escritor e filósofo suíço Max Picard diz que o silêncio é uma "realidade primeva, objetiva, que não pode remontar a qualquer outra coisa.[3] Não pode ser substituído por qualquer outra coisa; não pode ser trocado por qualquer outra coisa. Não há nada por trás do silêncio com o qual ele possa estar relacionado, exceto o Próprio Criador."

O poeta, dramaturgo e filósofo alemão Johann Wolfgang von Goethe tem um termo específico para essa categoria de realidade: "um fenômeno básico". Goethe ressaltou que os outros itens que se enquadram nessa categoria de "fenômenos básicos" – fenômenos que não dependem de qualquer outra coisa – incluem "o amor, a morte e a própria vida". Mesmo em meio a essa impressionante companhia, o silêncio deve ser listado em primeiro. O silêncio é o fenômeno do qual tudo mais nasce. Picard escreve: "Não se pode imaginar um mundo em que não haja nada além de linguagem e discurso, mas é possível imaginar um mundo onde não haja nada além de silêncio." E segue dizendo que o silêncio "é um mundo positivo, completo em si mesmo", que "contém tudo em si", que "não está esperando por nada" e que "está sempre totalmente presente em si mesmo e preenche completamente o espaço em que aparece".

Como Goethe explicou: "Quando os fenômenos básicos são revelados aos nossos sentidos, sentimos uma espécie de timidez e até medo." E como poderia ser de outra forma? Todos aqueles "fenômenos básicos" definidos por Goethe – amor, morte, vida – podem ser assustadores por seus aspectos. Nosso pequeno eu – satisfeito com diversões e ilusões – treme quando confrontado com a imensidão total da realidade. O silêncio, a mãe dos fenômenos básicos, pode ser o mais assustador. Principalmente por estarmos acostumados com o verdadeiro bufê de diversões sensoriais 24 horas por dia, sete dias por semana que é o mundo moderno.

Os "fenômenos básicos" de Goethe e o *horror vacui* de Nietzsche são formas bem abstratas de definir a relação entre silêncio e medo. Vamos analisar uma explicação mais acessível: filmes de terror.

Digamos que você esteja vendo seu simpático protagonista sendo perseguido por carnívoros vorazes ou pessoas dementes carregando serras elétricas por uma floresta de pinheiros escura como breu. Cineastas e editores de som muitas vezes preferem usar uma total ausência de som e informação nesse tipo de cena como ferramenta para evocar um grau de terror específico. Isso porque o silêncio cria uma *perda de pontos de referência*. No silêncio há menos grades de proteção para se segurar, menos dicas para ajudar a entender o que está acontecendo.

No filme *Gravidade*, do diretor que levou o Oscar de melhor direção em 2013, Alfonso Cuarón, detritos em alta velocidade atingem um ônibus espacial, deixando a personagem de Sandra Bullock girando sozinha em um traje espacial no vácuo escuro do espaço. A coisa mais assustadora na espetacular destruição da espaçonave – sua única salvação – é a de acontecer em total silêncio. As ondas sonoras da explosão não se propagam no espaço. A cena não é arrepiante só por ser incomum; é arrepiante por dar a sensação de você não ter ideia do que realmente está acontecendo.

O medo do silêncio é o medo do *desconhecido*. Mas é também o medo do que pode *se tornar conhecido*.

Isso se aplica tanto a situações mundanas do dia a dia quanto a extraterrestres nos filmes. Peça a um garoto de 15 anos, por exemplo, que cite um tipo de medo cotidiano e você provavelmente vai ouvir sobre "silêncio constrangedor". Você sabe como é: estar cara a cara com outra pessoa sem ter o que dizer. Sem nenhum roteiro. Sem planos. Somente a pungência forte da presença inevitável de outra pessoa. Também não necessariamente superamos esse desconforto na idade adulta. O irmão de Leigh, Roman Mars, criador e apresentador do podcast *99% Invisible*, nos diz que registrar o "tom do recinto" – a fita usada para suavizar momentos de transição na edição – costuma ser a parte mais desconfortável de qualquer entrevista. O processo requer que todos no recinto fiquem em silêncio por cerca de um minuto. Invariavelmente, alguém – e Mars confessa que pode ser ele – vai romper o silêncio e dizer "Bom, acho que já é o suficiente", quando mal se passaram trinta segundos.

É difícil estar com outra pessoa no vácuo.

Mas é ainda mais difícil estar totalmente sozinho no vácuo.

Cerca de 1.700 anos antes de o primeiro filme de terror ser produzido, Santo Antônio, o Pai do Deserto original e precursor de todas as tradições monásticas cristãs, superou Freddy Krueger em seus papéis mais assustadores. O místico dos séculos III e IV passou vinte anos sozinho no deserto do Egito. Embora certamente tenha vivenciado o êxtase da autotranscendência, alguns registros de sua experiência em silêncio parecem saídos de um filme de terror surrealista dos anos 1970. A *Tentação de Santo Antônio*, quadro que faz parte do *Retábulo de Isenheim* do século XVI, de Matthias Grünewald, mostra o sábio com seu manto azul e barba hirsuta sendo brutalmente arrastado por monstrengos ferozes rangendo os dentes, puxando seu cabelo e cutucando-o com varas intimidantes, tudo diante de uma cena apocalíptica de galhos queimados e céu nebuloso. Ao ver a pintura *Tentação*, o psicólogo espiritualista Robert Sardello comentou sobre o simbolismo das feras: ao entrarmos no silêncio, "deparamos com ansiedade, medo, fantasias, pensamentos estúpidos e o zumbido de impulsos".[4] Nas profundezas do silêncio, esses pensamentos e impulsos podem ser excruciantes.

É importante notar que Santo Antônio não tenta matar essas feras psíquicas na pintura. Nem foge delas. Olhando para Santo Antônio, fica clara a mensagem de que não faria sentido tentar escapar ou lutar contra as temíveis criaturas. "Nós [os espectadores] deduzimos que elas são de alguma forma uma parte necessária da nossa totalidade", diz Sardello.

No intenso silêncio, trazemos à tona nossos monstros ferozes. Convocamos os predadores famintos que estão à espreita no subsolo da nossa psique. Quando vivemos a vida em distração ruidosa – absortos –, deixamos as feras soltas e furiosas, causando estragos em lugares invisíveis. Quando entramos em profundo silêncio, não estamos necessariamente querendo matar essas feras. Estamos tirando-as das profundezas para trazê-las à luz – e talvez até fazer amizade com elas.

Quando falamos recentemente com Roshi Joan Halifax, ela enfatizou como o silêncio pode ser ao mesmo tempo assustador e positivo. Em seu *Presente no morrer*, ela escreve: "Quando interrompemos a atividade mental e física habitual e ficamos em silêncio, geralmente as dificuldades se tornam mais visíveis. Podemos nos tornar ainda mais sensíveis ao sofrimento e nos sentir em perigo de um colapso."[5] E continua: "Provavelmente o que está à beira do colapso é o ego – nossa identidade como um eu pequeno e separado – e a parte saudável de cada um de nós deve acolher isso." Ela considera o encontro direto com o silêncio um remédio curativo. Como escreve no livro *The Fruitful Darkness* (A escuridão frutífera): "Se tivermos coragem, tomamos o silêncio como remédio para nos curar de nossos males sociais, o sofrimento da alienação egocêntrica. Em silêncio, no silêncio sagrado, ficamos nus como árvores no inverno, com todos os nossos segredos visíveis sob nossa pele. E, como as árvores no inverno, parecemos mortos, mas estamos vivos."[6]

O SILÊNCIO NO LUTO

Às vezes, aceitar o desafio de silêncio não é uma escolha. Às vezes a vida nos impõe o silêncio.

Na manhã de 7 de abril de 2021, Justin recebeu a notícia de que um de seus mais queridos amigos tinha morrido inesperadamente enquanto dormia, pouco antes de completar 35 anos. Era um amigo com quem Justin tinha toda uma linguagem pessoal em comum, todo um jeito de ser. Ele conseguia fazer Justin rir mais do que qualquer um, dar gargalhadas tão fortes que o faziam esquecer todas as suas preocupações e posturas defensivas. Eram melhores amigos desde o quarto ano, quando cantavam juntos músicas dos Beatles no quintal e faziam disputas amigáveis sobre quem formularia a descrição mais longa e exagerada de um sanduíche perfeito. Durante décadas os dois compartilharam a rara capacidade de estar um ao lado do outro sem precisar dizer nada.

Quando Justin recebeu a notícia, ainda de madrugada, sentiu uma vontade indescritível de falar com o amigo, dizer uma última coisa, fazê-lo rir, expressar seu amor. Mas não havia mais essa opção. A porta estava fechada. Não havia aonde ir senão ao silêncio. E Justin ficou em silêncio. Em minutos que pareceram se estender por horas, o silêncio foi palpável. Espesso. Inchando a ponto de quase explodir – com tristeza e apreço, inquietação e agradecimento. Era como se o silêncio tivesse uma cor própria – uma mistura de tons verde-acastanhados. Não havia nada a fazer senão manter-se em silêncio. Sentir o silêncio. Chorar no silêncio.

O silêncio é o recipiente primordial para a dor. É o espaço onde podemos estar mais plenamente presentes no sentimento e na memória. Por mais que seja tentador fugir para a distração, o silêncio – se pudermos mantê-lo – tem uma forma de metabolizar a perda. Quando nos faltam palavras, emerge o significado. A escritora, psicoterapeuta e mística judia Estelle Frankel oferece uma visão sobre por que as culturas de todo o mundo honram o papel do silêncio no luto individual e coletivo:

Na lei judaica, quem visita o enlutado é instruído a ficar em silêncio – a não falar a menos que falem com ele. Manter o espaço sagrado do silêncio para os enlutados possibilita que eles estejam presentes em seu luto. Em silêncio, não corremos o risco de banalizar a experiência do enlutado com nossas palavras bem-intencionadas, mas muitas vezes desajeitadas.[7]

Leigh também sofreu uma perda inesperada enquanto escrevíamos este livro. Seu pai morreu de covid-19 em novembro de 2020. Foi durante um surto em Ohio, quando o número de mortos nos Estados Unidos acabava de ultrapassar 250 mil. Como tantos, morreu sozinho numa UTI.

Durante os dias anteriores e posteriores à morte dele, quando ficou claro que as viagens aéreas e as visitas ao hospital estavam fora de questão, Leigh ficou sentada imóvel na sala de estar, olhando para o fogo crepitante da lareira. Sua filha, Ava, e o marido, Michael, às vezes se aninhavam com ela no sofá ou no chão. Poucas palavras foram ditas. Leigh e o pai estavam afastados desde que ela tinha 4 anos. O pai esteve ausente durante toda a sua vida. Havia *pouquíssimas* histórias para contar.

Os conhecidos ofereceram generosas reflexões sobre a perda de um genitor. Sem conhecerem a natureza desse relacionamento específico entre pai e filha, porém, essas "palavras bem-intencionadas, mas muitas vezes desajeitadas" eram lembretes dolorosos para Leigh de que na verdade ela esteve de luto pelo pai a vida inteira. No silêncio, Leigh percebeu que agora estava de luto pela perda de um relacionamento que *nunca existiu* e *jamais existiria*. Com o tempo, a linguagem ajudaria a descrever aquela dor. Mas o primeiro a consolar Leigh foi o silêncio.

William Blake escreveu: "Quanto mais profunda a tristeza, maior a alegria." Ele nos aconselha a vivenciar toda a extensão da dor para poder também vivenciar toda a nossa alegria. É uma das maneiras pelas quais a presença do silêncio é a presença da própria *vida*. Sentir esse silêncio é tomar o "remédio" a que Roshi Joan se refere. Sentir esse silêncio é se abrir a toda a extensão da experiência de ser humano. Não se trata de um "lado sombrio" do silêncio. É uma expressão da nossa totalidade, como diz Sardello sobre as tribulações de Santo Antônio. Embora seja intensamente desconfortável – cheia de angústia e até medo –, a dor, quando cuidada em silêncio, pode se tornar um terreno fértil onde a alegria pode florescer.

A VOZ MANSA E DELICADA

A inscrição no Templo de Apolo em Delfos, na Grécia antiga, contém uma frase às vezes atribuída a Pitágoras: "Conhece-te a ti mesmo." Descobrimos que escrituras judaicas, cristãs, muçulmanas, budistas e taoistas, entre muitas outras, pregam esse mesmo ensinamento de várias maneiras. Todas aconselham a analisar os próprios pensamentos, palavras e ações como preparação para entender o que está além de cada um.

No Capítulo 2 contamos como Cyrus Habib suportou semanas de ansiedade e dúvida em seu primeiro retiro silencioso como noviço jesuíta. Ele se examinou através do silêncio e encontrou a fonte de seu sofrimento. Estava baseando sua realização no que achava que os outros pensavam dele. Quando absorveu o silêncio, a pergunta surgiu espontaneamente em sua consciência: "O que você quer?"

Então veio a resposta autêntica: "Estar exatamente onde estou."

Como demonstra o estudo com os alunos da Universidade da Virgínia, que avidamente apertaram o botão para levar um choque em menos de quinze minutos, o tempo em silêncio nem sempre é um caminho direto para o autoconhecimento. Mergulhar direto no silêncio pode amplificar o ruído interior. Encontrar o silêncio mais profundo é, como diz Cyrus, um processo ativo de discernir o "sinal" do "que está real e verdadeiramente no coração", isolando-o da "estática" do cérebro socialmente condicionado. Há uma razão pela qual muitas vezes evitamos esse esforço. É preciso coragem.

Pablo Neruda escreve:

Não fôssemos tão obstinados
em manter nossa vida em movimento,
e por uma vez não poder fazer nada,
talvez um grande silêncio
pudesse interromper esta tristeza
de nunca entendermos a nós mesmos.[8]

O que Neruda chama de "esta tristeza de nunca entendermos a nós mesmos" corresponde a um mecanismo de defesa generalizado contra um medo primordial: *o de não sermos quem pensamos ser.* O poeta está dizendo como tendemos a nos proteger do que podemos descobrir se de fato *prestarmos atenção*. Não quer dizer necessariamente que encontraremos algo "ruim" nas profundezas da nossa psique. Talvez vejamos apenas algo estranho ou inconveniente, algo que não podemos explicar ou controlar com facilidade. Muitas vezes preferimos desviar nossa atenção com um botão de eletrochoque a olhar para dentro e nos fazer perguntas desafiadoras sobre o que está em nosso coração, sobre o que queremos de verdade. No entanto, como sugere Neruda, a jornada para "entender a nós mesmos" é necessária para "interromper esta tristeza". Talvez seja até um pré-requisito para encontrar a alegria.

Na tradição judaico-cristã, há uma frase misteriosa que define o que encontramos quando aprofundamos a atenção interiormente. Estelle Frankel escreve sobre isso da seguinte maneira: "As Escrituras também se referem à voz de Deus como um silêncio falante, *kol dmamah dakah*." E explica: "Essa frase hebraica, comumente traduzida como 'a voz mansa e delicada', expressa o paradoxo essencial da revelação divina: a voz de Deus, *kol*, é a voz de *dmamah*, do silêncio e da quietude."

O trecho no Antigo Testamento do qual essa expressão deriva é este:

O Senhor disse-lhe: Sai e conserva-te em cima do monte na presença do Senhor: Ele vai passar. Nesse momento passou diante do Senhor um vento impetuoso e violento, que fendia as montanhas e quebrava os rochedos; mas o Senhor não estava no vento. Depois do vento, a terra tremeu; mas o Senhor não estava no tremor de terra. Passado o tremor de terra, acendeu-se um fogo; mas o Senhor não estava no fogo. Depois do fogo, ouviu-se uma voz mansa e delicada.

– 1 Reis 19:11,12

Há uma característica hipnótica nesse versículo, mesmo na tradução. Há uma percussão. Há a pungência adicional da descrição do terremoto, do fogo e dos ventos, já que estamos hoje em meio a mudanças climáticas e tantas convulsões sociais. Elias depara com adversidades e elas exaurem as camadas de sua mente comum. Então, depois de tudo, ele discerne onde está a presença divina: em "uma voz mansa e delicada". Estudiosos da Bíblia às vezes também traduzem essa presença como "a voz do frágil silêncio".

A irmã Simone Campbell é advogada, defensora dos pobres, diretora executiva de uma organização sem fins lucrativos e freira católica que de certa forma contesta sua Igreja em questões de saúde reprodutiva das mulheres e de justiça econômica. Ela sabe o que é ser exaurida por conflitos e por implacáveis eventos mundanos. Resume em uma prática simples a fonte de resiliência e clareza em sua vida. Ela se senta em silêncio, abaixa a guarda e ouve o que chama de "voz pequenina". Mas isso, observa, não é uma prática típica de atenção plena. É um imprevisível ato de fé. "Ouvir com atenção", diz a irmã Simone, "é um negócio arriscado porque muitas vezes exige de cada um mudar de alguma forma". E a mudança pode ser assustadora.

Isso também faz parte do "remédio" de que fala Roshi Joan. Encarar-se em silêncio exige a coragem de se tornar mais consciente do que está escondido. Embora falar de "uma voz mansa e delicada" implique uma espécie de revelação bíblica divina, na verdade estamos falando de algo mais familiar e acessível: *intuição*. Elias foi um grande profeta, mas todos nós temos a capacidade de perceber visões e sinais silenciosos no âmago da própria consciência. É o que Cyrus definiu como a capacidade de discernir "o que está realmente no coração". É uma parte essencial para conhecermos a nós mesmos.

MONASTICISMO INSTANTÂNEO

Quando pedimos às pessoas que nos falem sobre o silêncio mais profundo que já vivenciaram, muitas vezes ouvimos histórias de experiências transcendentais, porém fugazes: eventos místicos espontâneos como o de Grace Boda vislumbrando o infinito no playground aos 6 anos, o arrebatamento inesperado no banco da igreja ou sensações de obliteração do ego em estados psicodélicos. São momentos em que o coração começa a bater forte e rápido, não necessariamente por causa de um esforço cardiovascular. É a resposta corporal à perda do eu conhecido. Nessas experiências transitórias, muitos descrevem um silêncio que é quase como um véu cósmico se abrindo. Com uma clareza radiante e tremores corporais.

À medida que exploramos as implicações científicas, psicológicas e espirituais das experiências de autotranscendência – incluindo encontros místicos, estados de fluxo e momentos de arrebatamento –, notamos semelhanças impressionantes entre esses breves eventos e períodos de silêncio de longo prazo, como o exigido por Pitágoras de seu círculo íntimo de alunos. Há uma introspecção súbita e a impossibilidade de distração. Há a extinção dos nossos impulsos típicos de atuar para os outros ou tentar controlar circunstâncias e acontecimentos. Há o "dimensionamento ideal", que David Bryce Yaden, da Faculdade de Medicina Johns Hopkins, chama de "redução da autoimportância" – uma diminuição da importância do eu egoico.[9] E há o que William James chamou de dimensão noética, ou o que definiu como uma "visão das profundezas da verdade insondadas pelo intelecto discursivo". Assim como nos períodos de silêncio a longo prazo, essas condições estão muitas vezes presentes nas experiências fugazes do silêncio profundo.

A diferença é a de estarem *radicalmente condensadas*.

Em um painel com Michael Pollan e Dacher Keltner na Conferência Wisdom 2.0 em São Francisco, em 2019, Roshi Joan analisou um dos aspectos menos reconhecidos do arrebatamento: o medo.[10] Refiro-me a quando estamos abertos ao desconhecido, ao incognoscível, ao mistério, ao amorfo. Na verdade, temos um momento de ameaça ao nosso ego." E continua: "O ego é desconstruído e fará todo o possível para evitar que isso aconteça." Em outras palavras, é natural sentir esse medo. A partir de suas abrangentes pesquisas sobre o arrebatamento, Keltner estima que cerca de 21% das experiências de arrebatamento são definidas por uma sensação de medo. A etimologia da palavra "arrebatamento" – em inglês, "*awe*", uma palavra originária do inglês antigo e do nórdico antigo – remete a "medo e pavor, particularmente em relação a um ser divino". À medida que o significado da palavra evoluiu, as fontes de arrebatamento começaram a abranger também significados mais seculares, como um "sentimento solene e reverencial, tingido de um medo latente, inspirado pelo que é majestoso na natureza".

O arrebatamento – o que Keltner definiu no capítulo anterior como decorrente da "percepção do imensurável" e da "necessidade de acomodação" – chega à essência da razão de o silêncio ser assustador. O arrebatamento questiona os fundamentos do que sabemos. Convida-nos a mudar. Como vimos, o denominador comum neurobiológico entre as diversas experiências autotranscendentes é uma redução significativa da atividade do córtex pré-frontal medial e do córtex cingulado posterior, as partes do cérebro associadas ao senso de um eu separado. O que levanta uma questão importante: *Que parte do eu se assusta com tais experiências?* Não é necessariamente *você* que fica com medo. É a rede de modo padrão ruidosa, o ego-eu limitado. É a "rede do mim" que sente a iminente aniquilação.

Estelle Frankel, a experiente professora de misticismo judaico, também é musicista. Ela vê a música como uma metáfora de como entender e lidar com o medo. "Existem diferentes oitavas de medo", diz. "A oitava mais grave é a autopreservação. É um mecanismo de sobrevivência. E a oitava mais aguda é a transcendência. Você pega o seu medo pessoal e na oração, na meditação, o leva ao ápice. Continua sendo uma espécie de medo, mas é o tremor do desmonte do eu."

Na oitava mais grave, "o medo encolhe o nosso universo", observa. "O arrebatamento, a oitava mais aguda, o expande. O eu individual transcende a si mesmo. Nossa boca tagarela para de falar, o queixo cai. Ficamos sem palavras." Assim, seja uma experiência espontânea e fugaz de imensidão e maravilhamento ou um retiro lento e intencional de cinco anos que provoque um arrebatamento, o resultado é surpreendentemente semelhante. Há um silenciamento assustador do ruído familiar e uma abertura e uma sintonização com um nível de experiência maior, mais pleno e mais real.

UM TIPO DIFERENTE DE SABEDORIA

Se Pitágoras estivesse vivo hoje, provavelmente não seria considerado um bom candidato a um cargo em uma grande universidade. Com suas doutrinas astrológicas e numerológicas e inusitadas recomendações dietéticas, ele não se enquadraria nos moldes de um empirista convencional. No entanto, conseguiu traduzir uma consciência do funcionamento da natureza em modelos que produziram melhorias reais na vida humana – de uma forma que basicamente ninguém parece ser capaz de fazer hoje. O místico-cientista-professor mostrou o que significa fundir o sublime e o mundano, o espiritual e o material, e continua presente em praticamente todos os livros didáticos de matemática contemporâneos do nono ano escolar.

As visões de Pitágoras vão contra a visão moderna da sabedoria. Na visão de mundo predominante hoje – o paradigma do crescimento do PIB e a produção máxima de material mental –, a compreensão da realidade resulta da coleta e análise de páginas e mais páginas de dados, debates *ad infinitum*, publicações em periódicos revisados por pares e preleções em espaço público.

Mesmo nos domínios da espiritualidade e da religião, muitas vezes demonstramos sabedoria por meio de filosofia e análises das escrituras: pregando, ensinando, evangelizando pela mídia. Há um denominador comum para o que consideramos hoje como sabedoria: *pensar, escrever, falar*.

Para os pitagóricos, existem diferentes elementos essenciais no processo de se tornar sábio: *esvaziar, abrir, receber*. Os pitagóricos se definiam por sua ordem e prática extremamente rigorosas. Eles debatiam e analisavam, mas sua teoria geral de esclarecimento da consciência é mais como um êxtase místico do que como os alardeados segredos de produtividade dos inovadores modernos.

Essa é uma lição oportuna e importante.

Vivemos em uma época na qual a humanidade está se cansando do superficial. Estamos cansados de medicamentos que atacam os sintomas em vez de agir nas causas profundas. Começamos a perceber que soluções duradouras para a mudança climática, a polarização e o mal-estar em massa não surgirão de aplicativos sofisticados, de drogas milagrosas ou de intricados algoritmos. Encontramos dificuldades inesperadas diante dos limites dos mais recentes "truques para a vida" e estamos perdendo a confiança nas estratégias políticas de soma zero, mesmo as mais inteligentes. Está ficando evidente que precisamos do que Pitágoras mais prezava: *uma visão da origem das coisas*. Precisamos de respostas que borbulhem dessa profundidade.

Com isso em mente, devemos considerar a recomendação de Pitágoras, um dos gênios mais produtivos de toda a história registrada:

Mergulhe fundo no silêncio.
Absorva-o.
Deixe que o assuste.
Deixe-o remodelar e expandir sua consciência.

CAPÍTULO 8
LÓTUS E LÍRIOS

"A palavra é de prata, o silêncio é de ouro."

Nas páginas iniciais deste livro apresentamos a interpretação do filósofo e matemático escocês Thomas Carlyle da máxima "A palavra é do Tempo, o silêncio é da Eternidade".

Embora falar de prata e ouro, tempo e eternidade possa parecer uma comparação – como se uma coisa fosse mais valiosa do que outra –, não é necessariamente assim que entendemos a questão. Carlyle não está difamando a sacralidade do discurso. Assim como a prata é um metal precioso, o tempo é um mistério sagrado. Mas o tempo é um mistério que nós, seres humanos, medimos e administramos, de forma prática, no decorrer da vida cotidiana. O discurso, como o tempo, é imanente. E o silêncio, como a eternidade, é transcendente.

Hoje, em meio à proliferação em massa de estimulação mental, fica claro que estamos diante de um déficit de silêncio. Como podemos encontrar o contraponto de tanto pensar e falar? Como imbuir uma dose saudável de eternidade na vida encharcada de urgência e ruídos?

Todas as tradições espirituais e filosóficas do mundo enfatizam o equilíbrio entre o discurso e o silêncio como um estado de fluxo entre os mundos. Apesar de as tradições religiosas muitas vezes afirmarem que as escrituras – como a Bíblia, o Corão e os sutras budistas – são sagradas, a maioria também reconhece a sacralidade do espaço onde palavras e conceitos se dissolvem no desconhecimento. Por exemplo, os místicos judeus valorizam o "fogo negro" que criou a palavra escrita da Torá, mas dão um peso igual aos espaços brancos entre as palavras da Torá –

criados pelo chamado "fogo branco" –, o domínio atemporal do silêncio sem palavras.

Observamos que muitas das grandes tradições religiosas e filosóficas não veem o silêncio apenas como um *caminho para a sabedoria*. Nas práticas contemplativas mais profundas das tradições, identificamos o reconhecimento do silêncio como a *essência da própria sabedoria*. Rumi chamava o silêncio de "a voz de Deus", e tudo mais de "má tradução". Alce Negro, um grande curandeiro visionário do povo oglala lakota, perguntava: "Pois não é o silêncio a própria voz do Grande Espírito?" O *Tao Te Ching – O livro do caminho e da virtude*, uma das mais importantes obras literárias chinesas, diz que "o nome que você consegue dizer não é o verdadeiro nome", e a análise da Cabala fala do "vazio silencioso e fértil" como a "Fonte" e "o útero divino de todo ser".

Dos *sadhus* da Índia aos ritos de passagem dos aborígenes na Austrália, praticamente todas as tradições religiosas e espirituais consagram o silêncio como um encontro espiritual sagrado. Por quê? Por que as tradições de sabedoria enfatizam o silêncio não só como um veículo para a iluminação, mas, em última análise, como a própria iluminação?

O DEDO E A LUA

No Lankavatara Sutra, um texto budista mahayana que ocupa um lugar importante nas tradições zen, Buda ensina a "não se apegar às palavras como estando em perfeita conformidade com o significado, pois a verdade não está na letra".[1] Ele diz que "quando um homem aponta alguma coisa a alguém com o dedo, a ponta do dedo pode ser confundida com a coisa apontada". Se quisermos entender a "realidade essencial", diz Buda, precisamos considerar a possibilidade de haver mais do que o que pode ser falado.

O mestre zen Thích Nhất Hạnh interpreta o sutra da seguinte forma: "Um dedo apontando para a lua não é a lua. O dedo é necessário para saber onde procurar a lua, mas se você confundir o dedo com a lua, nunca conhecerá a verdadeira lua. O ensino é apenas um veículo para descrever a verdade. Não confunda a descrição com a própria verdade."[2] Mesmo reconhecendo que as palavras têm um lugar valioso na vida, esses ensinamentos budistas honram um nível mais expansivo de ser.

Há uma ciência em como as palavras funcionam. Elas separam o que é nomeado do que não é nomeado, para podermos dizer o que é o quê. De fato, o termo hebraico para "palavra" é *milah,* que significa "circuncidar ou cortar". Usamos as palavras para dividir e dissecar, a fim de descrever e indicar. O mundo humano depende da capacidade de *apontar para o que queremos dizer* – como o dedo para a lua. Mas existem outros níveis de realidade – abaixo, entre e acima do que podemos articular – que transcendem as distinções de dar nome às coisas. Pedimos a Estelle Frankel que nos aprofundasse nesse conceito. "Quando estou no meu modo pensar, em palavras, as coisas são decompostas. Eu estou no meu 'saber.'" E continua: "Mas quando estou em silêncio, eu estou no meu *'não saber'*; está além do pensamento conceitual."

Imagine ver e sentir o mundo como um bebê.

Imagine encontrar um cachorro grande e lambão ou uma árvore florida, sem a mediação de rótulos ou noções preconcebidas do que está à sua frente. A experiência de um bebê é definida não por *o que é o quê*, mas por *o que é*. Na sua vida atual, ao sentir uma mudança no clima ou ouvir um som desconhecido, você consegue sintonizar um nível de experiência que – como a percepção de um bebê – vá mais fundo do que tudo que você "sabe"?

Foi Michael Taft, escritor e professor de meditação, quem primeiro nos ofereceu o termo para captar esse fenômeno: "sobreposição conceitual". Ele define isso como o que acontece quando deparamos com a maioria dos objetos: nós *pensamos* neles em vez de usarmos nossos sentidos para *observar e vivenciar* os objetos. Fazemos isso principalmente quando um objeto é familiar. "Foi assim que o cérebro humano evoluiu – para economizar energia", nos tranquiliza Taft. "Se ao caminhar para o trabalho você tentasse ver todos os objetos no caminho com total clareza sensorial [...] você nunca chegaria ao local de trabalho; poderia ser uma pessoa muito feliz, mas nunca chegaria a lugar algum a tempo." Taft fala do valor de ir além da nossa "sobreposição conceitual" – nossa síntese mental – para chegar a um grau mais alto do que ele chama de "clareza sensorial". Se nos elevarmos, mesmo que brevemente, a um estado de "não saber", podemos perceber a lua *diretamente* através dos nossos sentidos. Não nos contentaríamos com o nosso "conceito de lua". Não confundiríamos a lua com o dedo apontando para ela.

Quando fazemos uma pausa em um estado de "não saber" e nos envolvemos em uma clareza sensorial, entramos em um relacionamento mais direto com *o que é* – não com o que pensamos que seja, *lembramos* que seja, *tememos* que seja ou *preferimos* que seja.

Talvez ninguém tenha captado o cerne desse ensinamento de forma mais sucinta do que Bruce Lee no filme *Operação Dragão*. Lee apresenta um ensinamento a um de seus alunos e pergunta o que ele aprendeu. O aluno leva a mão ao queixo e diz: "Eu preciso pensar." Lee bate na cabeça do aluno e diz: "Não pense! *Siiinta*. Se você se concentrar no dedo, vai perder toda essa glória celestial." Lee afasta o aprendiz da sobreposição conceitual em direção à clareza sensorial.

Justin ficou sabendo da metáfora do dedo e da lua quando pegou um livro antigo sobre zen aos 19 anos. Andava intrigado com a meditação, mas ainda não sabia bem como romper os paradigmas da educação suburbana americana hiperfalante, impregnada de um ativismo político inebriante, um secularismo cético e muita, muita TV. A imagem do dedo e da lua foi um convite a um nível mais profundo de silêncio, uma rara afirmação de que não era necessário desempenhar um papel ou se provar, nem perseguir objetivos de vida preconcebidos. Tendo vivido com um zumbido de ansiedade quase onipresente quando criança – ruminações sobre o passado e preocupações com o futuro –, Justin viu nesse ensinamento um refúgio. Para uma mente condicionada a se preocupar com o tempo, foi um convite para relaxar na eternidade.

Quando Leigh começou a frequentar retiros de meditação, alguns de seus professores enfatizaram a importância de estabelecer intenções claras e firmes antes de entrar em um longo período de prática. Ela tomou nota. Na verdade, levou isso um pouco a sério demais. Ficava horas escrevendo. Para cada retiro, articulou minuciosamente um tópico para consideração – padrões tóxicos em relacionamentos românticos, os prós e contras de se tornar mãe, os próximos passos na carreira e assim por diante. No dia em que uma mosca entrou na sala de meditação onde todos se encontravam imóveis, Leigh se manteve concentrada. Mas a mosca pousou em sua cabeça, depois na de alguém ao lado, e em outra, e voltou para a cabeça de Leigh. Foi exasperante. Todo o equilíbrio que conseguia manter era interrompido cada vez que a mosca voltava. A consciência de Leigh foi consumida por fantasias de como afastar a pequena ameaça zumbidora (de preferência sem ninguém notar). Depois de um tempo, percebeu não ter feito nenhum progresso quanto ao objetivo daquele dia. A mosca tinha arruinado tudo. De repente ela parou e deixou o absurdo daquilo penetrar no seu coração. Sorriu da própria arrogância. Mais uma vez tinha deixado que uma aspiração pessoal superdimensionada e voltada ao futuro moldasse o seu retiro, cujo objetivo era na verdade estar no momento presente. Estivera se concentrando no que pensava verbal e intelectualmente ser o retiro, não na realidade viva da experiência.

A mosca a tirou do seu ruído.

FLUTUANDO NA NUVEM DO NÃO SABER

"Meditação" quase sempre conota silêncio. Zumbido de moscas à parte, a palavra evoca imagens de sentar-se em silêncio em uma almofada e tentar transcender a "sobreposição conceitual" na mente em busca da harmonia com o *que é*.

"Oração" evoca algo mais ativo: mãos entrelaçadas e versos falados. Em geral, é entendida como um ato verbal de súplica, ou pelo menos a formulação de um pedido em um monólogo interior. Essa palavra pode provocar sentimentos fortes. Mesmo entre os mais devotos, há opiniões variadas sobre se é prudente pedir ao poder superior algo que desejamos pessoalmente. Quem somos nós, afinal, para influenciar a ordem essencial das coisas.

Em 1945, o romancista e filósofo britânico Aldous Huxley publicou um livro chamado *A filosofia perene*, no qual procurava identificar o cerne místico das grandes tradições religiosas do mundo.[3] No livro, Huxley descreve a oração não só como uma prática, mas como quatro práticas. São elas: (1) *petição*, quando pedimos algo que desejamos para nós mesmos; (2) *intercessão*, quando pedimos algo para outra pessoa; (3) *adoração*, quando prestamos louvor ao divino; e (4) *contemplação*, quando nos esvaziamos e simplesmente ouvimos. Huxley define a contemplação mais especificamente como "a passividade alerta em que a alma se abre para o Fundamento divino imanente e transcendente de toda existência". A contemplação não pressupõe a possibilidade de podermos mudar a ordem das coisas de alguma forma. Trata-se de abandonar a "sobreposição conceitual" e sintonizar no que é. Embora a contemplação seja, em certo sentido, semelhante à meditação, é um pouco diferente de observar nossos pensamentos ou nossas sensações ou as ondas da nossa respiração subindo e descendo. É sobre encontrar a quietude no eu como uma preparação para entregar nosso arbítrio pessoal a um mistério maior. Não é apenas distinguir o dedo da lua, mas talvez também deixar entrar sua luz. Refletindo sobre o significado da contemplação, Huxley nos dá o que pensar: "A oração mais elevada é a mais passiva."

A obra-prima espiritual anônima do século XIV *A nuvem do não saber* oferece conselhos sobre como entrar em um estado de contemplação imersiva semelhante à visão de Huxley da oração mais passiva. "A primeira vez que praticar a contemplação", diz o autor anônimo, "você só vai vivenciar uma escuridão, como uma nuvem de não saber."[4] Em vez de tentar se orientar e navegar com seus sentidos e o intelecto, você precisa *esquecer tudo*. O autor recomenda se sintonizar com a "agitação delicada", se deixar levar pelo sentimento. Abandonar quaisquer conceitos dos conteúdos situacionais e materiais de sua vida e flutuar em total adoração pela essência da vida – a fonte da própria vida.

A mensagem desse texto espiritual é que a essência da realidade – o que se pode chamar de natureza, de divino, de Deus – está além do nosso intelecto. A realidade mais elevada só é conhecível por meio da experiência do amor diretamente sentida. Não pela fala ou pelo pensamento, mas através da atenção profundamente receptiva.

O frade franciscano Richard Rohr, místico e professor engajado em movimentos sociais, ressalta que flutuar na nuvem do não saber não significa desrespeitar ou desvalorizar a "mente pensante", que "funciona por meio de conceitos, imagens, palavras e assim por diante". Trata-se apenas de reconhecer que nossa mente limitada pelo tempo não pode nos conduzir ao eterno. "Deus está além do alcance de conceitos", diz. Para chegar mais alto, temos que aceitar "o paradoxo, o mistério, ou a sabedoria do não saber e do inefável".

Na tradição zen, há uma história de Buda chegando para fazer um sermão no pico do Abutre. Monges, bodisatvas, devas, seres celestiais e animais estão reunidos para ouvi-lo. Todos concentrados, na expectativa do que ele tem a dizer. Buda se levanta e segura uma flor branca na mão, para que todos possam ver. Em seguida, gira a flor entre o polegar e o indicador. E é isso. Todo o sermão consiste em um simples gesto com uma flor.

Um de seus discípulos, Mahakashyapa, atento, rompe o clima grave e abre um leve sorriso. Nesse momento, um ensinamento lhe é transmitido. Sem uma única palavra, ele se ilumina.

Cerca de quinhentos anos depois da época de Buda, Jesus está diante de seus discípulos próximo ao mar da Galileia, em um momento em que muitos deles estão preocupados em encontrar alimento e suprir outras necessidades materiais. Conforme registrado no Evangelho de Mateus, como parte do Sermão da Montanha, Jesus diz: "Observai como crescem os lírios do campo. Eles não trabalham nem tecem; eu, no entanto, vos digo que nem Salomão, em todo o seu esplendor, vestiu-se como um desses."

Jesus está conclamando seus discípulos a não serem ansiosos, mas a confiarem na abundância da criação. E mostrando especificamente como fazer isso: *Olhai para os lírios. Sede como uma flor.*

Podemos precisar de mais do que luz solar e água para sobreviver. Mas nossa essência mais verdadeira está na mesma simplicidade divina.

E que ideia radical: se quiser vislumbrar a sabedoria mais elevada, olhe para os seres que nem mesmo falam. Use-os como exemplos.

Ao longo da história religiosa sempre houve um ato de equilíbrio entre o modo *catafático* de conhecer – por meio de palavras, ideias e diferenciações – e o modo *apofático*: por meio do silêncio, de símbolos e unificações. Assim como o discurso e o silêncio ou o tempo e a eternidade, tanto o caminho catafático quanto o apofático têm seu lugar e sua importância.[5] Mas desde a Reforma e o Iluminismo houve uma mudança no sentido de priorizar palavras, imagens e diferenciações na maioria das tradições religiosas ocidentais. A ênfase do Iluminismo europeu no racionalismo e na primazia da palavra impressa levou os líderes da Igreja a enfatizar o *catafático* nos sermões e na análise das Escrituras em detrimento da comunhão arrebatadora com o inefável. Em um mundo de empirismo, racionalidade e competição verbal, como o modo etéreo e intuitivo do silêncio poderia competir?

Os ensinamentos de Buda e Jesus que mencionamos acima – ensinamentos de lótus e lírios – indicam a essência *apofática* no cerne das tradições de sabedoria do mundo. Richard Rohr enfatiza como a religião precisa dessa conexão viva com o inefável. São essas "características abertas" que tornam a espiritualidade mística "dinâmica, criativa e não violenta". Contrastam radicalmente com as rígidas certezas e julgamentos ruidosos das religiões fundamentalistas e fanáticas.

O MAIS ATIVO DE TODOS OS OUVINTES

Os ensinamentos de lírios e lótus ilustram a noção de Aldous Huxley de que a "oração mais elevada é a mais passiva". Esses ensinamentos – com muita delicadeza – apontam o caminho para a presença e nos mostram como transcender o ruído do pensamento autorreferencial e a preocupação com o passado e o futuro.

No entanto, com absoluto respeito a Huxley, não temos tanta certeza em relação à palavra "passiva".

Claro que existe receptividade na contemplação sem palavras. A flor não é "ativa" no sentido de criar som ou movimento. Mas emular uma flor implica se afastar radicalmente da condição humana normal. É difícil chamar essa ação de "passiva".

O conselho de Pitágoras a seus alunos – "Deixem a mente quieta ouvir e absorver o silêncio" – nos lembra, estranhamente, das descobertas da professora Imke Kirste com os ratos. Ela descreveu como "tentar ouvir em silêncio ativa o córtex auditivo", como o ato de ouvir a ausência de qualquer coisa estimula o desenvolvimento das células cerebrais. A mente se expande quando entramos na receptividade mais intensa. Em estados profundos de atenção silenciosa, vivenciamos o eustresse descrito por Kirste. Mesmo sendo receptiva, a prática de ouvir o silêncio profundo é também ativa. Como nos disse recentemente Josh Schrei, mitologista e apresentador do podcast *The Emerald*: "O silêncio da atenção focada é ao mesmo tempo alerta e relaxado."

Já refletimos antes sobre a palavra *nada* – que significa "nada" em algumas línguas latinas e "som" em sânscrito, uma língua indo-europeia. A prática de Nada ioga é de intensa escuta ativa – baixar o dial do ruído interior e exterior, idealmente a zero, a fim de tornar possível ouvir a essência de tudo, o pulso da vida. Segundo algumas interpretações, esse é o ato criativo supremo do ser humano.

No âmbito das tradições hindus, o conhecimento mais sagrado, incluindo os quatro Vedas, é *shruti*, o produto da revelação divina. Textos posteriores são considerados *smriti* – análises e esclarecimentos. Enquanto *smriti* significa "aquilo que é lembrado", *shruti* significa "aquilo que é *ouvido*". A primazia de *shruti* implica que o conhecimento fundamental mais reverenciado veio à Terra não pelo processo do pensamento, ou nem mesmo com o lampejo de uma visão na meditação. Foi pela *escuta*. Deixando a mente quieta absorver o que é. Prestando a mais profunda atenção imaginável na natureza, no ar, na vibração essencial da vida. Foi o que os antigos *rishis sintonizaram*.

Uma peça central do serviço religioso judaico é a oração chamada Shemá, a afirmação de que "Deus é Um". A palavra *shemá* significa literalmente "ouvir" ou "escutar". Durante a oração, os fiéis são instruídos a cobrir os olhos para "fechar os campos visuais para não ver as 10 mil coisas", diz Estelle Frankel. "Para ouvir. Ouvir a unidade. Escutar", explica. É assim que se percebe a unidade de Deus. O objetivo de sintonizar ativamente o auditivo, observa Estelle, é concentrar toda a atenção em "se dissolver na divindade". O judaísmo, diz ela, "é uma religião auditiva". A realização mais elevada no judaísmo acontece pela audição mais viva, assim como, no hinduísmo, pelo *shruti*. "No som, você pode ouvir múltiplos sons, mas todos se tornam um na sua experiência." Essa percepção da totalidade é outra maneira de descrever a forma mais elevada de oração.

Não pretendemos entender exatamente como os maiores sábios da Índia antiga ou os maiores professores cabalísticos conseguiram se sintonizar a ponto de receberem revelações atemporais ou "se dissolverem na divindade". Mas vamos dar um palpite: com a *prática*.

Eles se prepararam rigorosamente para ficar em silêncio.

Como explica Schrei: "Os *rishis* viviam na natureza. Eles cantavam muito. Mantinham determinada alimentação. Todas essas coisas levavam à *sintonia* [...] Eles mantinham uma rotina de práticas para preparar a si mesmos para ouvir o som divino." Schrei diz que praticamente todas as tradições de sabedoria enfatizam a ética e a moral, evitando, por exemplo, a mentira, o materialismo excessivo ou a conduta violenta – por razões que vão além da manutenção da ordem social. "A prática ética é necessária para um ser vivenciar o silêncio harmonioso", diz. "Se você estiver mentindo muito, ficará preso ao ruído interior."

Não quer dizer que os antigos sábios da Índia ou os grandes mestres do judaísmo – ou os mestres contemplativos de qualquer tradição – tenham um dia de repente ouvido a revelação divina. Eles se prepararam. Em diversas tradições, os sábios estruturaram toda a vida com o propósito de chegar ao lugar além de todo e qualquer ruído, ao lugar onde não mais servem ao ego, ao lugar onde, nas palavras de Schrei, o corpo todo pode se tornar *um diapasão*.

Em certo sentido, a escuta mais profunda é passiva. É uma atitude receptiva. Parafraseando Huxley, é "se deixar abrir" ao cosmo. No entanto, a prática de ordenar toda a vida para conseguir superar o ruído, se concentrar totalmente na grandiosidade do momento presente, é indiscutivelmente *ativa*.

MA

Reserve um momento para voltar, mais uma vez, ao "experimento sensorial" que propusemos no capítulo anterior.

Imagine como cinco anos de silêncio mudariam a arquitetura de sua mente.

Quando imaginamos essa profundidade de silêncio, é claro que imaginamos dedicar muito menos energia à formulação de argumentos e opiniões. Imaginamos menos ênfase na "sobreposição conceitual" de diferenciações e de dar nome às coisas – menos atenção no dedo que aponta e mais na sensação da lua. Cinco anos, imaginamos, nos levariam um pouco mais perto dos *rishis* da Índia antiga, que conseguiam ouvir a vibração fundamental da vida.

Mesmo durante um período relativamente curto de silêncio, muitas vezes notamos como nossa mente começa a gravitar mais longe de preferências, rótulos e cenários hipotéticos, e em direção a um nível mais alto de presença. Às vezes temos um vislumbre dessa "reconfiguração" em apenas um breve momento de silêncio – no reconhecimento dos espaços comuns "interespaciais".

A valorização da sintonia de espaços vazios – os espaços silenciosos – é sob vários aspectos uma parte essencial da cultura tradicional japonesa, visível na estética, na arquitetura, nas cerimônias e na comunicação. Não se trata apenas de uma preferência de estilo; é uma expressão do modo apofático de conhecer.

Em japonês, a palavra *Ma* combina os caracteres kanji de "portão" e "sol". Juntos, esses ideogramas criam uma imagem: *luz dourada passando pelas venezianas da entrada de um templo.*

Uma definição comum para *Ma* é "espaço negativo". Também é definida como uma "lacuna" ou uma "pausa", ou mesmo como o próprio silêncio.

Ma – como o silêncio – é algo mais do que ausência. Talvez seja mais bem definida como "pura potencialidade". Emana tanto pelo espaço quanto pelo tempo. Expande a percepção.

Ma define os intervalos entre as notas na música – os espaços que tornam o ritmo e a melodia perceptíveis. É a presença temporal e vibracional de onde surgem e para a qual retornam todos os sons. A peça *4'33"* de John Cage é uma expressão pura de *Ma*.

Na tradicional arte japonesa da ikebana, de composição de arranjos florais, *Ma* define o equilíbrio dinâmico entre as formas, as cores e as texturas das flores e os espaços vazios entre e ao redor de cada item meticulosamente situado. Os objetos (ramos e folhas) e o espaço (*Ma*) são de igual importância. O espectador é convidado a dar um passo para trás e absorver a totalidade da criação.

Da mesma forma, *Ma* é um elemento-chave na caligrafia japonesa, no haikai, na pintura, nos jardins, na narrativa tradicional de histórias, na dança e no teatro. O objetivo é tornar a "energia invisível" de *Ma* tão dramática ou deslumbrante quanto os diálogos ou as imagens delineadas.

A cerimônia formal do chá, que começa com uma reverência silenciosa e continua por até quatro horas de atenção silenciosa, é um ritual de *Ma*. É sobre o desfrute comunal do silêncio. Como enfatiza o estudioso Okakura Kakuzō em seu clássico ensaio de 1906 *O livro do chá*, a cerimônia formal trabalha com o silêncio como uma ponte entre o mundano e o sagrado. Trata-se de imbuir os atos comuns de comer, beber e lavar com a reverência da consciência apurada.

Ma é considerado tão essencial que na língua japonesa uma pessoa *sem Ma* é chamada de *manuke*, um tolo.

As raízes de *Ma* são profundas. Derivam, em parte, dos princípios do vazio e do altruísmo comuns a várias escolas do budismo. Também são derivadas da religião autóctone do Japão, o xintoísmo, que enfatiza a harmonia nos relacionamentos e o equilíbrio com a natureza. O xintoísmo é uma religião animista, em que todos os elementos – as águas, as árvores, as rochas, os ventos – são espíritos influentes. Se não tiver o suficiente de *Ma*, um espírito pode decidir não descer à Terra.

Ma também tem raízes na agricultura. Se você plantar sementes muito próximas umas das outras, as colheitas não vão se desenvolver tão bem. Você terá que realizar o *mabiki*, desbaste e remoção do excesso de folhagem para abrir espaço para *Ma*. O espaço vazio é uma precondição necessária para que a vida floresça. Permite que cada um dos elementos necessários – água, luz solar, solo e ar – chegue à muda em crescimento. E, claro, o espaço é particularmente valioso em um arquipélago pequeno e altamente povoado.

Não queremos colocar a cultura japonesa em um pedestal. Se você já andou pelas ruas lotadas, movimentadas e hipercomerciais do centro de Tóquio, sabe que é um dos lugares mais ruidosos e informacionais da Terra. No entanto, no Japão de hoje você ainda pode encontrar elementos de uma cultura tradicional que considera o silêncio sagrado. Encontrará sinais de uma sociedade organizada de forma que as pessoas sintonizem o espaço vazio nos "interstícios".

Anos antes do acidente automobilístico, ainda em sua fase workaholic, Faith Fuller viajava regularmente para o Japão para dar cursos de treinamento. Ela se lembra de fazer uma pergunta supérflua quando encontrava os alunos: "Como você está esta manhã?"

A pergunta em geral só era respondida depois de um longo período de silêncio.

"Eu sempre pensei: 'Eles não estão me entendendo'", conta Faith. "'Preciso perguntar de outra maneira.'" Sua colega japonesa, Yuri Morikawa, cutucava delicadamente Faith com o cotovelo. Estava dizendo para ela esperar. "Reserve um momento para ficar em silêncio com a pessoa que você está cumprimentando."

Yuri estava ensinando *Ma* a Faith.

Quando Faith perguntava "Como você está esta manhã?", os alunos consideravam a pergunta como uma oportunidade para um momento de introspecção para sentir *realmente* como estavam naquele momento. Isso levava algum tempo. Como para eles não havia constrangimento em ficar em silêncio em uma conversa com alguém que acabavam de conhecer, deixavam o espaço sem palavras fazer parte da conversa.

Agora Faith ri dessa situação. Mesmo sendo alguém que tinha viajado pelo mundo e estudado diversas formas de comunicação intercultural, aquilo foi – na prática – algo radicalmente novo para ela. Precisou receber muitas pequenas cotoveladas.

Com o tempo, Faith começou a entender como aquela peculiaridade cultural era na verdade a expressão de algo profundo. Percebeu que se sentir confortável no silêncio de um interlocutor confere presença e autenticidade a um encontro. É um antídoto para a tirania dos mais velozes e ruidosos. Se conseguisse superar seu impulso culturalmente condicionado de tentar preencher o espaço, Faith poderia deixar a luz dourada do sol entrar nesses encontros. Poderia abrir caminho para a pura potencialidade.

○

Nem sempre a sociedade foi tão ruidosa quanto hoje. Mas nossa indagação, *como podemos conhecer o silêncio em meio ao alarido interior e exterior*, já é antiga.

"O ruído interior torna impossível acolher alguém ou qualquer coisa", diz o papa Francisco. Acolher a humanidade e a natureza – afirmando a vida – requer uma disposição para flutuar no desconhecido, ser como uma flor, manter-se no mistério do silêncio.

Você não precisa ser uma pessoa religiosa ou adepta de uma sociedade filosófica secreta para imbuir um pouco de eternidade em sua vida. Nos próximos capítulos embarcaremos no trabalho prático de encontrar silêncio em um mundo de ruído. Veremos como encontrar tanto o "silêncio cotidiano", informado por áreas como psicologia e estrutura organizacional, quanto o "silêncio arrebatador", aplicando à vida moderna ensinamentos de origens místicas.

PARTE 4

O SILÊNCIO INTERIOR

CAPÍTULO 9

GUIA DE CAMPO PARA ENCONTRAR O SILÊNCIO

Palavrões.

Barras de aço batendo.

Um alarido de televisões e rádios antigos se somando em uma cacofonia caótica de músicas de festa e comentários esportivos.

Nada além de uma camada de malha de arame para manter tudo do lado de fora.

Em 2007 aumentavam as evidências de que Jarvis Jay Masters não havia cometido o crime pelo qual estava preso no corredor da morte de San Quentin. A Suprema Corte da Califórnia expediu uma ordem incomum para os promotores reavaliarem todas as evidências do caso, lançando as bases para um eventual novo julgamento. Um grupo de ativistas reconstruiu e divulgou o caso mostrando que Jarvis era de fato inocente – que havia servido de bode expiatório em uma conspiração para assassinar um guarda penitenciário mais de vinte anos antes.

Enquanto isso, atrás das grades, Jarvis passou a ser considerado uma espécie de guru, uma fonte de conselhos e tranquilidade – até entre os guardas da prisão.

Como seu caso teve um recurso, Jarvis foi transferido do confinamento da solitária – o "Centro de Reeducação", para usar a terminologia oficial de George Orwell – para o Bloco Leste, um lugar onde os detentos tinham algumas liberdades, incluindo mais espaço ao ar livre, uso ocasional do telefone e acesso a uma cantina que vendia barras de chocolate e pacotes de miojo.

Jarvis estava em confinamento solitário, o "CR", para abreviar, havia 22 anos – mais do que qualquer um na história de San Quentin. Ser transferido do CR para o Bloco Leste foi uma vitória pessoal depois de anos de empenho.

Mas, quando Jarvis chegou ao Bloco Leste, o barulho o desconcertou. Foi acometido por uma convulsão – a primeira em décadas e a pior de sua vida. Apesar de não desejar a solitária para ninguém, percebeu que as portas sólidas das celas ajudavam a lidar com aquela algazarra exterior. No Bloco Leste ele não tinha uma barreira contra o som. Precisaria aprofundar sua prática.

Jarvis é conhecido hoje como "o budista do corredor da morte", epíteto que se tornou título de sua recente biografia.[1] Fez seus votos com o professor tibetano Chagdud Tulku Rinpoche em 1991. Há décadas é o principal aluno da monja budista americana e escritora Pema Chödrön, a quem ele carinhosamente chama de "Mama". Além de sua autobiografia, Jarvis também publicou poemas ganhadores do PEN Award sobre como domar a mente em circunstâncias difíceis. Como aspirante a bodisatva, tenta fazer o possível para aliviar o sofrimento de todos os seres sencientes. Ao longo dos anos, percebeu que o austero campus de segurança máxima de 170 anos da Prisão Estadual de San Quentin poderia ser um lugar tão auspicioso quanto qualquer outro para fazer esse trabalho.

Quando conversamos com Jarvis, cujo caso ainda está em fase de recurso, ele explicou como o ruído de San Quentin não é apenas auditivo. É uma vibração de medo – um dos ruídos interiores mais perniciosos imagináveis. É o medo das próximas audiências, das avaliações de comportamento e das interações cotidianas com guardas penitenciários e detentos irascíveis. Para alguns, é a angústia existencial de uma morte iminente sancionada pelo Estado. Para quase todos – inclusive Jarvis –, o ruído reverbera traumas de infância e fantasmas emocionais persistentes de lares violentos ou de um sistema de assistência social negligente.

"Aqui você *precisa* silenciar a mente", diz ele. "Caso contrário, vai enlouquecer."

Quando entrou pela primeira vez em sua cela, em 1981, com 19 anos, levantou o braço e encostou a palma da mão no teto com facilidade. Ele se lembra de ter pensado: "É como estar sendo enterrado vivo." A cela parecia um caixão. Jarvis percebeu que seria uma via expressa para a loucura – se ele entrasse nela.

Quando nos falamos ao telefone recentemente, uma impressionante mistura de gritos raivosos e intensos foi o pano de fundo auditivo.

"Os caras do bloco sempre falavam mais alto *justamente quando eu estava meditando*", ironizou. "Eu achava que havia uma espécie de grande conspiração." Jarvis acha engraçado agora, porque não conseguia entender como parecia que eles sempre sabiam *exatamente* quando ele estava meditando. Com o tempo, compreendeu que a principal fonte de ruído era seu burburinho interior. "Era eu mesmo falando alto na minha mente", diz. "Minhas *reações* ao ruído provavelmente eram mais altas." Entender essa realidade é uma coisa; traçar um curso diferente é outra. Mas Jarvis sabia que precisava encontrar uma forma de enfrentar esse desafio para sobreviver no Bloco Leste. "Comecei a silenciar o ruído *silenciando as minhas reações ao ruído*", explica.

Atualmente, nem mesmo o ruído mais estrondoso do Bloco Leste o perturba. Ele encontrou maneiras de lidar com isso. Jarvis tem práticas para encontrar silêncio que vão além da meditação sentada normal. Por exemplo, ele escreveu a maior parte de seu livro *Finding Freedom* (Encontrando a liberdade) durante grandes clássicos de futebol americano, quando ninguém chamava o seu nome ou se importava com o que ele estava fazendo.[2] Jarvis encontra silêncio nos momentos em que faz polichinelos ou pratica ioga em sua cela. Ou enquanto estuda astronomia para prever quando o próximo eclipse solar será visível durante o seu tempo no pátio. As circunstâncias exigem uma disciplina constante para administrar suas percepções e reações. É assim que ele fica acima do ruído.

Jarvis se lembra de quando a amiga e investigadora Melody o apresentou à meditação algumas décadas atrás. "Você é louca?", perguntou. "Está querendo me matar?" E explicou que a última coisa que alguém faz em uma prisão é fechar os olhos. Foram necessários anos de reveses pessoais e eventos fortuitos para adotar a prática contemplativa.

"A palavra 'meditar' não é uma palavra com a qual a maioria dos caras aqui se identifica", conta ele. Quase ninguém pensa "Puxa, aqui dentro é legal", diz com uma risada. "Logo de cara eles vão pensar 'Você tá fingindo', certo? Porque ninguém acha possível ficar em silêncio desse jeito... Eles ficam esperando você cometer algum deslize."

Jarvis não tenta convencer ninguém em San Quentin a fazer o que ele faz, mas há ocasiões em que é procurado por gente em busca de orientação. "Pela minha experiência, você só toma uma atitude se estiver com algum problema." Normalmente, é quando surge um problema que Jarvis encontra uma brecha para falar de silêncio com um colega preso. Descreveu um cenário típico: um homem com temperamento explosivo prestes a ser mandado para a solitária por xingar os guardas. Jarvis reconhece que já foi esse homem. Outro cenário que pode provocar mudanças é quando um preso perde um ente querido. O luto é o grande equalizador. Eles vão perguntar: "Como você faz isso, cara? Eu estou com a cabeça cheia de coisas acontecendo." Jarvis não faz ninguém ler sutras ou estudar mantras; apenas dá conselhos sobre como encontrar um pouco de silêncio em si mesmo na dor e no caos. Um verdadeiro marco, ele observa, é quando percebem os limites de insistir em falar e reclamar e de culpar os outros. A revelação geralmente é expressa com uma resolução do tipo "Eu vou ficar de boca fechada, cara". O que é um bom começo, diz Jarvis, acrescentando que todos nós temos que chegar a um ponto em que "não queremos mais criar más intenções".

○

Ao pensar sobre sua prática de viver em meio ao ruído de San Quentin, Jarvis descobre que cultivou em si mesmo um atributo surpreendentemente importante: a compaixão.

Através do silêncio que encontrou em sua consciência ao longo dos anos, começou a prestar mais atenção no que realmente acontece ao redor. Nunca tinha pensado muito sobre as histórias dos sujeitos com quem passava o tempo no pátio jogando basquete ou levantando peso. Mas, à medida que o ruído em sua mente arrefecia, começou a notar as cicatrizes sutis nas mãos ou no rosto daqueles homens. Intuiu que cada cicatriz tinha sua história e começou a fazer perguntas, com todo o cuidado e respeito. Alguns refugaram, mas outros se abriram para ele, muitas vezes falando sobre terem sido espancados e negligenciados quando criança. Jarvis começou a ver que o silêncio tinha uma dimensão moral. Por meio do silêncio, poderia ir além da própria viagem e cultivar alguma empatia.

No início, quando toda a comoção do bloco atrapalhava sua incipiente prática de meditação, não conseguia evitar fazer julgamentos. "Eu pensava: 'Esses caras são loucos.'" Mas depois, com o tempo, se conscientizou de que "eles estão presos em uma cela de quatro por nove, no corredor da morte". Entendeu que "com os gritos e berros, essas pessoas só estão manifestando uma parte da própria natureza, desabafando". Percebeu que, dadas as circunstâncias, o comportamento deles era normal.

Um dia, Jarvis parou e se perguntou: "De que esses caras estão sofrendo?" Considerou as especificidades de cada um, depois ampliou para o quadro maior. Logo percebeu que sua pergunta era sobre a origem de todo sofrimento. "O que *realmente* está acontecendo aqui?", perguntou-se. "Quando e onde começaram esses traumas?" Em seguida, sua mente se voltou para a própria realidade: "De que *eu* estou sofrendo?" A essa altura, viu que não era tão diferente dos outros. E resolveu ouvir mais.

"Você precisa silenciar a mente para *realmente* poder ouvir", esclarece.

Depois de alguns anos de prática, Jarvis percebeu que estava se deixando enrijecer pelo ruído. Tentando fingir que estava em algum mosteiro, tentando manter a paisagem sonora de San Quentin fora da própria consciência. Concluiu que precisava parar de resistir à realidade. Tinha que assumir a própria vida. Abrir seu coração para os outros. Começou a deixar todos aqueles "gritos e berros" do bloco alterarem sua orientação interior em relação ao som e aos estímulos. "Comecei a sentir as coisas de uma forma mais generosa", conta.

Jarvis faz uma pausa e reflete: "Comecei a convidar o ruído para silenciar o ruído."

○

Quando conversamos pela primeira vez com Jarvis, no fim de 2020, ele nos contou como tinha vivenciado o silêncio mais profundo que já conhecera algum tempo antes naquele ano. Estava doente, com covid-19 – *muito* doente. Depois de alguns meses auspiciosos e sem nenhum caso, San Quentin foi tomada pelo vírus. Nos primeiros dias ele tentou tranquilizar seu vizinho, diabético, na cela ao lado. Mas então "eu vi quando ele ficou doente e morreu", lembra. "Isso me apavorou, pois fiquei doente ao mesmo tempo." A situação em San Quentin foi calamitosa. O *The New York Times* informou sobre o surto:

> Vários prisioneiros mais velhos penduraram cartazes manuscritos do lado de fora de suas celas com os dizeres "Imunidade Comprometida", para que os guardas usassem máscaras perto deles. Outros presos se

recusam a sair das celas por medo de contrair o vírus, segundo um dos detentos, e nos últimos dias guardas foram ouvidos gritando nos rádios "Homem caído!" quando presos doentes não conseguiam se levantar.[3]

Jarvis teve febre alta e fortes enxaquecas. Fazia apenas três meses que a covid-19 havia chegado aos Estados Unidos e todos os tratamentos ainda estavam em fase preliminar. Jarvis se lembra de um médico entrando em sua cela com um frasco de remédio cujos efeitos colaterais estavam relacionados no verso. "Olhei para ele e senti algo como 'Essa pílula vai me *matar*!'... Risco de dores no fígado, dores de cabeça, dores no coração, pressão alta, infarto, dormência nos pés e nas pernas... Era de perguntar 'Que negócio é esse, cara?'" Em seu estado delirante de exaustão, doença e tristeza, ficou olhando para o rótulo do frasco, lendo e relendo a lista dos dolorosos efeitos colaterais e pensando em todos os que estavam sofrendo da mesma doença no mundo.

Foi então que as palavras lhe vieram à cabeça: "Não se trata só de você."

Naquele instante a consciência de Jarvis se expandiu para todos que sofriam de comorbidades, como seu vizinho, que foi o primeiro prisioneiro a morrer de covid-19 em San Quentin. "Tem muita gente mais doente que você", percebeu.

Ele pensou nas "pessoas com problemas de coração que estavam tendo infarto naquele exato momento". Pensou em "todas as mães que perderiam seus filhos – que poderiam estar perdendo um filho naquele exato momento". Seu coração se abriu. Identificou-se com o sofrimento dessas pessoas e se sentiu incluído em algo muito maior do que ele. Em suas palavras:

Foi como dar condolências às tantas pessoas que estavam sofrendo, e daí passei a me dizer constantemente: "Você não está sozinho. Você não está sozinho... você pode superar isso."
E isso me silenciou.
Eu nem sabia se estava acordado ou dormindo, tamanho era o silêncio.
Eu precisava me sentir assim para sair daquela doença.

Passamos muito tempo com Jarvis falando sobre o significado dessa experiência – um encontro estranho, inesperado e curativo com o silêncio. "Não chamo esse tipo de coisa de milagre", disse ele, descrevendo o lampejo de revelação ocorrido. "Mas foi um presente para mim: de estar em condições de perceber, de acolher aquele momento."

A ESFERA DE CONTROLE

Como encontramos o silêncio em um mundo de ruído?

A resposta é diferente para cada um.

Às vezes acontece espontaneamente. Mas em geral é resultado de um esforço consciente.

Como seres humanos, todos temos formas diferentes de encontrar o silêncio. Até Jarvis, um professor de meditação, vai dizer que meditar sozinho não é o único caminho.

Todos temos diferentes graus de autonomia sobre escolher como viver nossos dias e organizar nossa vida. Um pai solteiro ou mãe solteira que trabalha em tempo integral ganhando salário mínimo tem uma capacidade diferente de estruturar sua rotina em comparação com um aposentado, um estudante universitário ou um pequeno empresário. Esses diferentes graus de autonomia influenciam como e quando podemos encontrar o silêncio na vida cotidiana.

Jarvis está em uma extremidade dessa faixa de autonomia. Passa 23 horas por dia em uma cela. A administração do presídio controla quase todos os aspectos de sua vida, inclusive se pode tomar banho. Ele praticamente não tem controle sobre os níveis de ruído e distração no seu entorno. No entanto, dedicou-se a administrar o ruído em sua vida. Consegue organizar períodos de silêncio. Modula os zumbidos e vibrações de medo e ansiedade. Apesar de esses momentos de serenidade silenciosa serem escassos, Jarvis consegue entrar neles com atenção profunda. E, talvez o mais importante, é capaz de se submeter a um silêncio compassivo quando isso agracia sua vida – como fez quando leu o rótulo do frasco do medicamento e ouviu as palavras "Não se trata só de você". Como ele diz, com gratidão, foi capaz de "perceber" e "acolher" isso.

O lugar óbvio para procurar um "especialista" em silêncio é entre monges em clausura ou eremitas morando em cabanas. Mas isso seria muito ilustrativo. Estamos falando sobre Jarvis justamente por ele viver em uma paisagem infernal de alto volume. Uma coisa é encontrar silêncio em um remoto eremitério no Himalaia, outra é encontrar esse silêncio em meio à ansiedade, a paisagens sonoras poluídas, ao medo e demais situações traumáticas. Isso é o mais relevante para a maioria dos que vivem agora.

Para Jarvis, a chave para encontrar o silêncio foi determinar sua *esfera de controle*.[4] Quando pensou consigo mesmo "Eu estou sendo enterrado vivo", ele soube, instintivamente, que essa linha de pensamento era catastrófica – mesmo que pudesse conter um fundo de verdade. Ele teria que assumir o controle, encontrar a força de vontade para erradicar esse pensamento. E foi o que fez. Embora só iniciasse um treinamento formal da mente com a prática budista anos depois, naquela época Jarvis tinha um lema pessoal que aprendeu com uma música do vocalista do Funkadelic, George Clinton – "Free Your Mind and Your Ass Will Follow" (Liberte sua mente e o seu rabo vai junto). Ele entendeu que isso significava encontrar algum ponto de alavancagem para administrar seus pensamentos. Só então poderia desenvolver algo parecido com o controle sobre as próprias circunstâncias. Só então poderia encontrar alguma liberdade.

Em geral, somos céticos em relação à palavra "controle".

Vivemos em um mundo probabilístico, no qual bilhões de forças visíveis e invisíveis moldam tudo ao redor – desde as criaturas microscópicas em nossas entranhas até as políticas de taxas de juros do Banco Central e as configurações dos planetas e das estrelas no céu. No entanto, esse conceito de *esfera de controle* pode ser muito útil quando queremos encontrar estabilidade em um mundo ruidoso.

Certa vez Leigh sugeriu esse conceito de *esfera de controle* a Justin para ajudá-lo a sair de uma situação difícil. Justin estava trabalhando com um homem que parecia um vulcão ativo – um personagem influente na política, porém altamente volátil. O trabalho era em apoio a uma causa social positiva na qual Justin acreditava e que também seria uma boa oportunidade financeira para sua família em crescimento. Mas o ruído que criava em seu mundo era implacável.

Parte do ruído era o costumeiro: um número excessivo de e-mails, mensagens de texto, ligações telefônicas e videoconferências. Mas também havia coisas mais sutis, como uma expectativa doentia de disponibilidade 24 horas por dia e uma tendência a transformar interações comuns em discussões tensas, até hostis. Para evitar conflitos, Justin mantinha o telefone perto e os próprios alarmes ligados. Começou a verificar compulsivamente se uma atitude obsequiosa poderia aliviar as tensões. Negativo. À medida que Justin redobrava seus esforços, aumentava o ruído em sua consciência. Seu monólogo interior repassava conversas difíceis e projetava cenários apocalípticos. Seus nervos zumbiam como uma linha de transmissão de alta voltagem.

Trabalhos com elevado nível de estresse não eram novidade para Justin, que já era estudante e professor de meditação de longa data. Assim, dispunha de uma respeitável variedade de mecanismos de defesa. Ou pelo menos era o que achava.

Sempre que saía para uma breve meditação ou praticava alguma estratégia de reformulação cognitiva, via-se de volta a uma navegação tranquila. No entanto, assim que voltava ao cliente era arrastado para outro redemoinho de ruído interior. Perceba como esses padrões se tornaram um ciclo de autorreforço. Conversas indesejadas e acessos on-line o tempo todo resultavam em mais ansiedade e preocupação. Esgotado, Justin tentava compensar a agitação com mais ruído, queixando-se com os amigos ao telefone ou buscando consolo em maratonas noturnas na Netflix sobre comida de rua na América Latina.

Naquele redemoinho, Justin notou algo profundamente perturbador sobre si mesmo. Nesses momentos, ele não teria buscado o silêncio *mesmo se pudesse*. Não queria encarar a si mesmo. Era melhor buscar distração do que encarar a realidade.

Em uma ligação para saber como ele estava, Leigh perguntou a Justin *o que ele desejava* naquela situação – qual era o melhor cenário que poderia imaginar? Justin fez uma pausa para pensar sob o sol do deserto. Respirou fundo algumas vezes. Não queria apenas uma pausa ou mais equilíbrio entre vida profissional e pessoal. Era um sentimento específico, quase uma energia, pela qual ansiava, que tomou forma na imagem de uma manhã diante de um mar sereno. Quando ele descreveu esse desejo, Leigh perguntou *o que ele mais temia*. Justin respondeu que seu medo era de ter que continuar aguentando aquele ruído e de ficar longe daquela sensação oceânica de "reinicialização".

Leigh apresentou uma imagem a Justin: *o alvo de um arqueiro*. O centro do alvo, disse, era o que ele podia *controlar*, o círculo médio era o que ele podia *influenciar* e o círculo externo era *todo o resto*. Concentre-se nos dois anéis internos, aconselhou.

Para Justin, aquele não era um momento do tipo "pegar ou largar". Não estava em condições de deixar o trabalho, ao menos não a curto prazo. Por isso, começou a analisar mais sistematicamente o que se encontrava em sua *esfera de controle* e o que estava em sua *esfera de influência* – nas quais ainda poderia ter alguma autonomia para recuperar a serenidade necessária em sua vida.

Usando o modelo da *esfera de controle*, Justin começou a prestar mais atenção nas sensações de seu corpo e no burburinho de sua mente quando acossado pelo ruído. Em vez de iniciativas esporádicas para se autocentrar, tornou-se mais disciplinado na prática de um conjunto diversificado de estratégias para encontrar o silêncio no dia a dia, incluindo exercícios respiratórios que aprendera havia muito tempo, breves pausas sob o sol e caminhadas regulares sem o telefone. Também pensou em como poderia *influenciar* a situação levantando questões sobre a sustentabilidade da organização do trabalho. Ao ponderar sobre os efeitos do ruído na mente e no corpo, renegociou novos parâmetros com o cliente. A conversa foi melhor do que ele esperava. Justin reivindicou a possibilidade de ter algum silêncio naquela situação da vida.

E o mais importante foi que ele constatou que havia algo realmente precioso em sua *esfera de controle*. Poderia, como diria Jarvis, "silenciar o ruído silenciando as reações ao ruído". Poderia trabalhar melhor com suas percepções e reações. O ruído não era o vilão em si. Claro, era incômodo – até penoso. Mas o ruído estava indicando o que precisava mudar na situação subjacente. Com algum distanciamento, Justin conseguiu ver que o pior – o ruído interior – era função de uma relação equivocada com o cliente e com o próprio trabalho. Ele ficava muito preocupado com os resultados. E estava em seu poder mudar isso.

○

Há uma certa libertação em saber o que podemos e o que não podemos mudar. Sistemas complexos como o mercado de capitais e as preferências culturais globais costumam ficar fora do âmbito de nossa *influência* pessoal; situam-se no círculo de *todo o resto*. Questões como medidas eleitorais locais e o comportamento dos parceiros costumam se encontrar no território de eventos que *podemos influenciar*. Entretanto, a menos que você seja uma

Angela Merkel, um Warren Buffett ou uma Beyoncé, o número de fatores que você *controla* costuma ser pequeno. Mas tudo bem. Um pequeno espaço no centro do alvo é tudo de que precisamos, pois é lá que o trabalho mais importante acontece.

Transcender o ruído deste mundo requer mais do que tampões de ouvido personalizados de alta qualidade ou uma "desintoxicação digital" em uma cabana sem sinal de celular. Como demonstra a experiência de Justin, requer a habilidade de um "arqueiro" no coração e na mente. Assim como um arqueiro se aperfeiçoa com a prática, suas atitudes baseadas nessa metáfora melhoram quanto mais você se esmerar.

Até certo ponto, o ruído da vida é inevitável. No entanto, podemos definir como objetivo desfrutar de uma paisagem sonora interior serena, de uma consciência tranquila. Podemos identificar o que está em nossa *esfera de controle* e *influência* e, consequentemente, aplicar estratégias para orientar a vida na direção do que queremos, deixando *todo o resto* de lado.

Veremos estratégias específicas para encontrar o silêncio a partir do próximo capítulo. No entanto, antes de poder aplicar essas estratégias, é preciso saber como identificar quando elas são necessárias – em outras palavras, quando há, de fato, muito ruído.

SINAIS DO RUÍDO

Não existe uma fórmula rígida para a prática cotidiana de Jarvis. Para lidar com o ruído – identificar quando e como aplicar seu *controle* ou *influência* –, ele enfatiza um ponto de partida essencial: prestar atenção. Ele estuda os pensamentos em sua cabeça e o que seu corpo sente. Ressalta que é preciso procurar os sinais, mesmo que minúsculos, para se orientar e corrigir o curso.

No Capítulo 4 introduzimos a diferença entre *sinais* e *ruídos* – entre os sons e os estímulos que indicam ações necessárias e os que fazem reivindicações injustificadas de nossa consciência. Há um tipo de sinal importante que podemos procurar dentro de nós mesmos – na mente e no corpo. São sinais pessoais de que estamos deixando muito ruído entrar; que nos fazem sentir superestimulados ou distraídos. É importante reconhecer esses sinais e fazer algo a respeito. Jarvis nos mostra um exemplo.

"Atualmente, são as coisas pequenas que me pegam", explica. "Como quando, ao tomar o café da manhã, eu olho para a bandeja e não vejo manteiga." Ele pinta o seguinte quadro para nós:

"Cadê a manteiga?"
"Não tem manteiga pra você, Jarvis", eles dizem.
Ou pior: *"Tá bem aí na sua bandeja"* – mas não está.
Isso me pega toda vez. Eu sou pego desprevenido. E reajo de forma desproporcional, sabe?

Para Jarvis, a sensação de "ser pego pelas coisas pequeninas" é um sinal marcante. A boa notícia é que depois de anos de prática ele já sabe como se reequilibrar rapidamente. Assumiu como missão pessoal entender os próprios pensamentos, sentimentos e comportamentos – a fim de captar os sinais que dizem que ele "foi pego". Apesar de esse tipo de autoconsciência não ser comum em San Quentin (aliás, nem em outros lugares), Jarvis o considera necessário para sobreviver. Seu tom alegre fica sério quando nos diz: "Em dois segundos toda a sua vida pode mudar – *principalmente* aqui... Em dois segundos eu posso estar em uma masmorra em algum lugar."

Para Jarvis, outro grande sinal de excesso de ruído é ficar muito "encucado" – preso em justificativas intelectuais sobre o certo e o errado, sobre quem é o culpado ou por que a vida está sendo de um jeito e não de outro.

"A lógica é uma viagem, sabe?", diz com uma risada.

O problema não é o pensar em si; é o tormento de pensar demais. "Sabemos muito bem como nos deixar inquietos, muito bem mesmo", explica Jarvis. "Somos profissionais nisso."

Contudo, acrescenta, muitas vezes pensamos demais "porque nos importamos com as pessoas ao redor, porque nos importamos com as causas que defendemos". Os "sinais" não são o problema. Eles estão nos dizendo algo – alguma coisa importante. Jarvis não está nos aconselhando a reprimir os sinais. Está nos aconselhando a prestar muita atenção e agir de acordo para dimensionar as reações.

Assim como Jarvis, nós dois estamos estudando os nossos sinais. Reconhecemos os sinais reveladores de muito estímulo exterior e de burburinho interior: *irritabilidade e agitação, rigidez nos pensamentos e comportamentos, atitudes impensadas e aversão a ouvir* (como atestarão nossos cônjuges e outros parentes). Muitas vezes esses sinais são acompanhados por uma contração no pescoço, no diafragma, no quadril ou na base da coluna. Às vezes, por uma respiração ofegante e uma sensação de estar sendo apressado.

Essas sensações físicas são em si sinais importantes. Nos limites da nossa consciência vivem as emoções ruidosas – as que mais tendemos a marginalizar, como a raiva e o desespero. Essas emoções podem fazer Leigh ter ataques de pânico no meio da noite. Justin trinca os dentes até sentir uma dor crônica. Nossa reação automática a qualquer um desses sinais é estar em qualquer lugar menos aqui e em qualquer momento menos o agora; mas eles são indicadores-chave de uma discordância mais profunda e, se os ignorarmos, continuarão se manifestando. Se houver algo que precisa ser mudado, pode estar certo de que esses sinais vão ficar mais altos e chamar mais atenção.

Podemos esperar que os sinais cheguem a nós ou podemos chegar até eles proativamente. Podemos "fazer um inventário" do ruído fazendo perguntas a nós mesmos:

Qual é o ruído neste momento? É auditivo? Informacional? Interior?

O que estou sentindo? Que sinais estão se manifestando?

Como está o ruído no meu corpo? Como está se manifestando no meu humor, na minha perspectiva, no meu foco?

Como o ruído está se refletindo no meu trabalho e no meu comportamento? No tom dos meus relacionamentos?

Quando você identifica o verdadeiro ruído em sua vida, pode aplicar o recurso disponível para fazer uma mudança, por menor que seja. É um processo iterativo – lavar, enxaguar, repetir – ou, para nossos propósitos: definir o alvo, avaliar as *esferas de controle* e *influência*, observar os sinais, repetir.

○

Jarvis apresenta princípios básicos para encontrar silêncio em meio a ruídos extremos. Ele estuda a natureza do ruído ao qual estamos expostos

– auditivo, informacional e interior. Ensina estratégias para detectar com precisão o insumo de sinais e lidar com eles.

Com base nisso, vamos apresentar nos próximos capítulos um guia de campo para encontrar o silêncio. Seremos específicos sobre como fazer um inventário das paisagens sonoras interiores e exteriores e explorar ideias práticas para exercer o *controle* ou a *influência* para superar o ruído – como indivíduos, como famílias, como equipes e como toda uma sociedade. Vamos analisar práticas para gerenciar o ruído *do momento*, rituais para encontrar o silêncio *ao longo de um dia ou de uma semana* e possibilidades de encontrar o silêncio arrebatador que pode transformar a vida *ao longo de um ano ou mais*.

CAPÍTULO 10

O SUBSTITUTO SAUDÁVEL DA PAUSA PARA UM CIGARRO

Leigh tem uma confissão a fazer.

Ela já foi fumante.

Na verdade, a confissão não é tanto a de ter sido fumante. É a de que ela *adorava* fumar. Adorava o beijo suave do cigarro pendendo dos lábios. Adorava o brilho da brasa da primeira tragada. Adorava a espiral de fumaça subindo nos raios de sol e nas frestas de luz. Ao contrário da mitologia predominante em sua família, foi o cigarro – não a ioga – que ensinou Leigh a inspirar e expirar profundamente.

No entanto, havia muitas razões para parar de fumar: a tosse persistente, o preço cada vez mais alto do cigarro, o cheiro de fumaça no cabelo quando se deitava na cama à noite. E, claro, seu grande desejo de viver uma vida longa e saudável.

Analisando em retrospecto o tanto que demorou para deixar de fumar, Leigh retorna a um grande benefício do cigarro: *os bolsões de silêncio que proporcionava.*

Uma conta rápida mostra que esses bolsões chegavam a até duas horas e trinta minutos por dia. Trata-se de uma lacuna considerável.

Nas últimas décadas, quando a maioria dos fumantes deixou de fumar, abandonou também as pausas do dia socialmente sancionadas – especialmente no local de trabalho.

Estudiosos da Universidade de Edimburgo e da divisão escocesa do principal centro de pesquisa social independente do Reino Unido publicaram recentemente um estudo qualitativo sobre por que os jovens de hoje optam por fumar.[1] O título da publicação inspirou-se em uma citação ilustrativa de um dos participantes do estudo: "Diga que fuma e você terá mais pausas." Os pesquisadores descobriram que em "certos contextos ocupacionais, principalmente no setor hoteleiro e em empregos de demanda contínua como call centers, fumar trazia o benefício significativo de pausas curtas e em alguns casos era a única maneira de se fazer uma pausa". Os autores foram mais longe: "Eles tendem a ter empregos mal remunerados e que exigem pouca qualificação, e em geral gozam de poucos benefícios trabalhistas."

Pense nisso por um momento. Um grande número de pessoas opta conscientemente por inalar substâncias comprovadamente cancerígenas por não terem outra maneira de fazer uma pausa no trabalho. Isso fala muito sobre a avidez insatisfeita da humanidade por um tempo de silêncio.

Também levanta uma questão: *Qual é o substituto saudável da pausa para um cigarro?*

Em outras palavras, quando você se sente sobrecarregado com o barulho do local de trabalho, de casa ou das preocupações na cabeça, o que fazer, para onde ir e como apertar o botão Reset?

Como podemos encontrar os bolsões de silêncio de que precisamos no dia a dia?

Você pode ter cinco minutos quando se afasta do computador. Pode ter só quinze segundos quando seu filho está fascinado por um brinquedo. Em vez de focar na quantidade de silêncio, pense na *qualidade* do silêncio – por mais fugaz que seja. Até que profundidade você pode mergulhar nos espaços entre todos os sons e estímulos?

Neste capítulo apresentaremos uma variedade de estratégias para encontrar momentos de silêncio no seu dia. Não pretendemos que seja um receituário, mas sim ideias e inspirações orientadoras. Só você conhece as circunstâncias da sua vida, suas preferências e necessidades. Só você sabe o que está dentro das suas *esferas de controle* e *influência*. Ao mesmo tempo que o aconselhamos a aplicar o que for útil e atraente, lembramos que uma forte reação como *"Não! Isso não!"* também pode merecer uma avaliação mais detalhada. Qualquer coisa que provoque uma reação forte pode ter algo a ensinar. Ainda não entraremos na busca do silêncio mais profundo e transformador, que virá no próximo capítulo. Mas lembre-se de que essas práticas momentâneas – esses pequenos bolsões de silêncio – desenvolvem cumulativamente a capacidade de reconhecer e acolher o silêncio mais profundo quando ele chegar.

Da mesma forma, ainda não entraremos nas práticas de administração do ruído em relacionamentos, na família e nas organizações. Tudo isso também virá depois. Estamos começando com práticas individuais – as que estão em nossa *esfera de controle* – a fim de estabelecer as bases para o que se segue.

Antes de começarmos a exploração, gostaríamos de fazer algumas recomendações gerais.

Primeiro, *mantenha a mente aberta*. Lembra-se do sujeito que encontra o silêncio interior imersivo esculpindo com uma serra elétrica? Em meio ao motor engasgando e a fragmentos voadores, o ruído interior daquele sujeito se dissolve. Como nos lembra Joshua Smyth, "silêncio é o que alguém *pensa* que o silêncio é". Assim, à medida que exploramos as práticas para encontrar o silêncio, lembre-se de que o ruído de uma pessoa pode ser o silêncio de outra. Tudo bem se o seu estilo for idiossincrático.

Segundo, *explore diversas práticas*. O ruído do mundo assume muitas formas e opera em diversos níveis. Portanto, é natural precisar de uma grande variedade de ferramentas para lidar com uma multiplicidade de terrenos. Você pode preferir uma prática diferente com base no tipo de ruído envolvido, na sua localização, no seu humor ou no que estiver na sua *esfera de controle* ou *influência* em um momento específico.

Terceiro, *observe todos os sinais*. Assim como precisamos estar atentos aos sinais da mente e do corpo que indicam muito ruído, também é importante prestar atenção nos sinais interiores positivos – os indicadores de que estamos encontrando repouso, energia e clareza pelo silêncio. Às vezes esses sinais positivos são mais difíceis de detectar. A maioria de nós é profissional em perceber estímulos indesejados ou desagradáveis. É o que os cientistas cognitivos chamam de viés de negatividade (ou assimetria positivo-negativo), que muitas vezes é importante para a sobrevivência. No entanto, os sinais positivos são igualmente valiosos. Eles nos mostram quando estamos no caminho certo, o que funciona para nossa vida e como desenvolver o que for mais eficaz.

Quarto e último, *faça o que lhe proporcionar alegria*. Parte da razão pela qual decidimos escrever este livro é que a prática da atenção plena se tornou para muitos uma "obrigação", e às vezes até uma bordoada na autoestima. Esse princípio veio à mente quando Leigh conheceu Zana, mãe de uma colega do time de vôlei da filha. Elas se deram bem de imediato. Havia pouco Zana se tornara sócia de um grande escritório de advocacia em São

Francisco. Trabalhava até setenta horas por semana, morando muito longe do escritório e criando duas filhas sozinha. Mesmo assim, raramente deixava de ir a um jogo. Ao saber que Leigh estava escrevendo um livro sobre o silêncio, Zana partiu para um discurso autocrítico sobre não ter uma prática de meditação. "Eu sei! Eu sei! Eu preciso muito meditar! Eu tenho que fazer isso. Estou querendo fazer isso desde sempre. Não sei *por que* não faço!" Esse tipo de espiral de vergonha é comum nos círculos sociais. Mas não precisa ser. Nossas práticas podem e devem ser relaxantes, enriquecedoras e – ousamos dizer – prazerosas. Ainda que alguma disciplina seja necessária, escolha as práticas com as quais se comprometerá com prazer e pare de se punir com as que não entusiasmam você.

Ao explorar os princípios e as histórias das páginas a seguir, mantenha essas quatro dicas em mente e considere o que você pode integrar com facilidade – até com alegria – à sua vida.

IDEIA 1: OUÇA

Era maio de 2020. O mundo inteiro estava em confinamento. As ruas da cidade estavam desertas. Os céus silenciosos e os aeroportos fechados. Mas para muitos de nós a vida estava mais ruidosa do que nunca.

Com reflexos afiados, Justin apertou o botão Mute várias vezes para esconder a indomável paisagem sonora de sua casa dos colegas durante teleconferências. Bebês chorando, o mingau de aveia queimando no fogão, o zumbido do aspirador de pó robô e o barulho dos musicais da Disney soavam estridentes. A filha de 3 anos de Justin tinha um livro infantil interativo que tocava canções do filme *Frozen: Uma aventura congelante* em um minúsculo alto-falante. Um dia, ela tocou as mesmas músicas por quase uma hora.

Justin estava prestes a decretar uma proibição quando, de repente, percebeu que aquela irritante gravação continha um apelo importante.

"Let it go! Let it go!" (em tradução literal, "Deixa pra lá! Deixa pra lá!"), cantou Idina Menzel com sua voz meio-soprano.

Justin aceitou o conselho.

Saiu ao sol do meio-dia e esqueceu o trabalho e as tarefas domésticas por um momento. No quintal, podia ouvir o som distante de automóveis e o suave canto dos passarinhos. Mais do que tudo, ouvia a brisa farfalhando as folhas nascentes da primavera. Justin não parou para meditar. Ficou ouvindo – *sem atentar para nada em particular.*

Já falamos sobre a tradição indiana milenar de Nada ioga, às vezes conhecida como "a ioga do som". Alguns professores definem a prática como sendo a de sintonizar o "som do silêncio". O professor de budismo theravada Ajahn Amaro ensina como se faz: "Volte a atenção para sua audição. Se você ouvir atentamente os sons ao redor, provavelmente ouvirá um som interior contínuo e agudo, como um ruído branco no fundo." Amaro acrescenta: "Não há necessidade de teorizar sobre essa vibração interior para descobrir exatamente o que pode ser. Basta manter a atenção nela."[2] Ele diz que é possível "usar o simples ato de ouvir como uma forma alternativa de meditação [...] Basta prestar atenção no som interior e deixar que preencha toda a esfera de sua consciência."

Essa prática de simplesmente ouvir – abrir os ouvidos, com atenção, para o que estiver presente em você e no seu entorno imediato – tem o efeito de desanuviar e despertar. É como o que Imke Kirste descobriu em sua pesquisa – que o ato de *não ouvir nada* acelera o desenvolvimento dos neurônios. Quando *só ouvimos*, não nos preocupamos com a fonte do som. Em vez disso, usamos todo o nosso instrumental – os ouvidos, a atenção, o corpo e o ser – para sintonizar a vibração da vida.

Não existe uma só maneira de fazer isso.

Jay Newton-Small nunca tinha ouvido falar de Nada ioga. Mas descobriu uma variante dessa prática por conta própria, e isso a tem ajudado há anos. Por muito tempo, Jay foi correspondente da revista *Time* em Washington e repórter da Bloomberg News. Atualmente, é a fundadora de uma empresa que usa a contação de histórias para cuidados da saúde. Ao longo de décadas de trabalho de alto estresse em ambientes de alto volume em Nova York e Washington, começou a perceber como a intensidade da vida amplificava uma "estática" que conseguia escutar se parasse para ouvir. Então, regularmente, quando chegava em casa depois de um dia de trabalho, ela se sentava no sofá e ficava ouvindo o zumbido em seus ouvidos. Depois de um ou dois minutos, a sensação era de uma parede de zumbido passando por todo o seu corpo. Mas depois de uns cinco minutos apenas ouvindo ela percebia que o volume do som diminuía. Só então ela se levantava do sofá para preparar o jantar.

Jay percebeu algo importante: é o próprio ato de ouvir que diminui o ruído. O zumbido nos ouvidos dela no fim do dia era um representante da tensão residual remanescente de um dia frenético. Ao voltar sua atenção para essa energia e se sentar com ela, Jay descobriu que conseguia quase dissolvê-la totalmente. Seu sistema nervoso voltava ao estado de equilíbrio. O ruído do mundo ficava mais manejável.

Para a maioria de nós, na maioria das situações, ouvir – simplesmente perceber o ruído e o silêncio – está dentro de nossa *esfera de controle*. Tire dois ou três minutos. Você pode sair um pouco, como Justin fez naquele dia de primavera de 2020, ou apenas se sentar no sofá depois do trabalho. Pare e ouça os sons ao redor e dentro de você. Preste atenção. Deixe pra lá.

IDEIA 2: PEQUENOS PRESENTES DO SILÊNCIO

Onde Leigh mora, na primavera as folhas cor de âmbar do carvalho da Califórnia caem suavemente no chão, preparando a árvore para o verão. Então, como se fosse cronometrado, começa um coro dissonante de motores de combustão em miniatura. Os sopradores de folhas no bairro de Leigh são mais do que um ruído de fundo. São tão notórios que a cidade vizinha de Berkeley baniu esses aparelhos.

Talvez você tenha um elemento análogo. Em Nova York, em geral são os caminhões de lixo. Em Nova Délhi, o som das buzinas. Cada lugar densamente povoado tem a própria versão da onipresente dor de cabeça sônica criada pelo homem. Sim, nossa percepção desses ruídos é relativa, como explica o consultor acústico Arjun Shankar:

> Som é quando você apara a sua grama,
>   barulho é quando o seu vizinho apara a grama dele,
>   e música é quando o seu vizinho apara a sua grama.

Para Leigh, a cacofonia dos sopradores de folhas dos outros é indiscutivelmente um ruído. De vez em quando, porém, ela sente um alívio. Talvez de um minuto. Talvez só de dez segundos. Mas o ruído cessa de repente. Quando Leigh percebe essa pausa, é um presente. Suas amígdalas esfriam. A respiração se aprofunda. É quase como um retiro supercondensado.

Todo esse drama do soprador de folhas fornece uma metáfora para uma questão mais ampla sobre a experiência humana:

Como saboreamos os momentos em que o ruído cessa?

Como podemos aproveitar ao máximo esses "pequenos presentes" que inesperadamente nos alcançam?

Talvez o mais importante: como reconhecemos e aceitamos esses presentes?

Brigitte van Baren construiu sua carreira ensinando executivos de grandes corporações multinacionais a superar suas tendências competitivas e a honrar pequenos momentos inesperados de silêncio. Em 1992, sua consultoria na Holanda tornou-se uma das primeiras organizações a incorporar abertamente a prática zen na cultura corporativa. Um elemento-chave de seu trabalho é ensinar os clientes a aceitar e até a valorizar eventuais frustrações de planos – grandes e pequenas. Quase todos com quem ela trabalha detestam "perder tempo". Eles costumam se irritar com o atraso de trens e aviões, gente que chega atrasada para um compromisso, filas, chamadas telefônicas em que ficam "na espera" ou quaisquer outros silêncios não planejados. "Eles *pensam* que estão no controle e *querem* estar no controle, mas na verdade não estão", diz Brigitte. Ela explica aos clientes que, quando pensam que estão desperdiçando tempo, eles têm duas opções: (1) ficar emocionalmente frustrados e perder energia, ou (2) aproveitar esse tempo como uma oportunidade para encontrar clareza e renovação no silêncio.

"O silêncio está sempre com vocês", ressalta ela. Esses aparentes atrasos são um presente – se forem vistos como tal. Ela acredita que um de nossos maiores ativos é a capacidade de acessar o silêncio, principalmente quando acontece algo imprevisto. Para cultivar essa habilidade, Brigitte apresenta instruções simples para quando planos são frustrados:

- Encare o evento como um delicado lembrete de que você não está no controle de tudo.
- Em vez de ficar frustrado, reformule o atraso como uma oportunidade de saborear um momento não estruturado. Evite a tentação de preenchê-lo.
- Pergunte a si mesmo: "Como posso usar este momento para recarregar minhas energias?" Se recebermos esses momentos como pequenos presentes, em breve estaremos ansiando por eles e não mais os encarando com medo.

Recentemente Justin estava no carro, ouvindo com atenção um podcast, quando o som da gravação cessou inexplicavelmente. "Será que alguém está me ligando?", perguntou-se. "Será que o Bluetooth pifou?" Sentiu a *contração* fisiológica e psicológica que Judson Brewer costuma definir como um representante do ruído interior. Quando o podcast voltou, cerca de três segundos depois, Justin sentiu seu corpo retornar ao equilíbrio. Olhando para trás, porém, perguntou-se *por que não conseguiu simplesmente relaxar naquela inesperada lacuna*. Seria possível treinar para entrar em um sentimento de expansão e não de contração no momento em que os sons e estímulos cedem?

Pema Chödrön, a professora e autora budista que Jarvis chama de Mama, escreve sobre cultivar a capacidade de repousar no espaço aberto, mesmo "quando as coisas desmoronam".[3] Com essa frase, ela está se referindo a situações de ruptura, quando perdemos nossos mapas da realidade e o rumo – como a demissão de um emprego ou a dissolução inesperada de um relacionamento. Aqui estamos falando de um microcosmo infinitesimal de um evento sério. No entanto, o mecanismo fundamental da resposta é semelhante. Quando perdemos nossos pontos de referência, será que podemos evitar o impulso de tentar preencher o espaço? Não podemos nos abrir, nos render ao silêncio?

Seja em momentos triviais – como o súbito silêncio dos sopradores de folhas – ou em momentos mais marcantes – como quando paramos para considerar nossa própria mortalidade –, podemos aplicar uma linha de apuração estranhamente semelhante: *Como nos tornar mais perceptivos e receptivos aos silêncios que vêm ao nosso encontro?* Assim como na prática de simplesmente ouvir, o primeiro e mais importante elemento aqui é *perceber*. É prestar atenção quando surgem essas aberturas inesperadas.

IDEIA 3: O QUE VOCÊ JÁ FAZ – SÓ QUE MAIS PROFUNDO

"Onde encontro o meu silêncio? Eu o encontro *nos intervalos* na respiração", diz Pir Shabda Kahn, professor sufi.

De acordo com sua linhagem espiritual, a respiração diz tudo que você precisa saber sobre seu estado interior. "Se você estudar o misticismo da respiração, vai ver que qualquer emoção perturbadora – se preferir chamar assim – interrompe o ritmo da respiração." E explica ainda mais: "Se você estiver solitário, vai empacar na expiração. Se estiver com raiva, vai empacar na inspiração, e assim por diante."

Quando Pir Shabda fala do "intervalo na respiração", está se referindo ao momento entre a inspiração e a expiração, o "pêndulo" de uma para outra. "Não importa onde esteja – em um aeroporto movimentado, em qualquer lugar barulhento –, a qualquer momento eu consigo entrar na consciência usando a respiração e encontrar meu caminho para o silêncio." E acrescenta: "Criar o hábito de uma respiração rítmica, a longo prazo, é a panaceia para tudo." A qualidade do "pêndulo" da respiração é ao mesmo tempo o diagnóstico e o remédio.

Esse movimento "pendular" da respiração acontece a cada poucos segundos. Se conseguirmos nos aprofundar nesse pêndulo em qualquer dado momento, podemos encontrar um silêncio expansivo. Pir Shabda diz que devemos pelo menos dar um pouco de atenção a esse movimento.

Em 1999, Stephen DeBerry não tinha tempo para o silêncio. Não tinha tempo nem para pensar em respirar. "Eu sou muito ocupado. Sou muito importante. Eu sou um CEO", conta, rindo de si mesmo.

Stephen é antropólogo de formação, pai, atleta de elite e pioneiro em investimentos de impacto social no ambiente tecnológico. Não muito tempo atrás, foi apontado como um dos cem afro-americanos mais poderosos dos Estados Unidos pela revista *Ebony* e pelo *The Root/The Washington Post*. Stephen – naquela época, como agora – era um homem ocupado, engajado e importante.

Nesse período difícil, em 1999, a secretária-executiva de Stephen era também professora de ioga. Ele nos contou sobre o momento em que ela fez uma delicada intervenção. "Ela me disse: 'Muito bem, sr. Importante, eu vou lhe dar uma dica prática. Ao longo do dia, quando conseguir se lembrar, respire *três vezes*. Você já vai estar respirando, mas *preste atenção*. Só três vezes. Você tem tempo para isso, não tem?'" Como ela estava falando a língua do Vale do Silício, com sua obsessão por "dicas práticas" e eficiência, Stephen não teve escolha a não ser ouvir.

Quando pensou sobre isso, percebeu: "Sim, estou sempre respirando. Basta apenas prestar atenção", conta. "E isso me mudou." Stephen sabe que provavelmente não conseguiria manter aquela intensidade de forma saudável não fosse essa mudança em sua consciência.

Desde então, ele vem trabalhando com uma atenção constante na respiração, como um portal sempre acessível para seu silêncio interior. Seguindo aquele conselho: três respirações seguidas. Prestando atenção. É isso. É o que faz em reuniões, nos deslocamentos, enquanto falava conosco. Consegue encontrar silêncio nesse espaço em meio ao dia a dia frenético. "Já faz mais de duas décadas e continuo fazendo praticamente a mesma coisa." Adoramos a simplicidade do método de Stephen: basta prestar mais atenção em algumas respirações que já estão acontecendo.

Prestar atenção nos movimentos de inspiração e expiração – particularmente no espaço entre os dois – gera silêncio na consciência. Só de perceber o que está acontecendo.

E, se você puder reservar alguns minutos de silêncio para exercer um pouco de esforço extra, também pode ir mais fundo na respiração e encontrar um silêncio interior mais profundo.

O excêntrico e popular guru do bem-estar holandês Wim Hof (também conhecido como Homem-Gelo, por gostar de ficar horas imerso em água gelada e escalar o monte Everest sem camisa) popularizou um tipo de exercício de respiração iogue concentrado em uma série de cerca de trinta inspirações e expirações rápidas, seguida por uma pausa com os pulmões vazios pelo tempo que conseguir aguentar. Quando faz esse exercício de respiração – oxigenando o corpo o máximo possível e depois se abandonando por um ou dois minutos –, Justin às vezes atinge um lugar de silêncio interior inesperadamente rico. É como abdicar momentaneamente da responsabilidade de ter que fazer alguma coisa – até respirar. Para se manter pelo menos trinta segundos sem falta de ar, Justin não pode se distrair com pensamentos ruidosos; não pode deixar a mente vagar pelo passado ou pelo futuro. Tem que estar presente. Caso contrário, seus reflexos diafragmáticos automaticamente indicarão que ele voltou ao pensamento ruminativo. O silêncio interior é uma precondição para fazer o exercício.

Existem dezenas de práticas de respiração iogue, com vários graus de intensidade, para treinar a consciência para o silêncio. Você pode estudar as disciplinas tradicionais de pranayama com um professor ou simplesmente pesquisar exercícios como "respiração quadrada" ou "respiração diafragmática" para aprender técnicas para acalmar o corpo e a mente. A maioria delas leva menos tempo do que a pausa padrão para um cigarro no local de trabalho.

Seja atentando momentaneamente à respiração ou se dedicando a uma prática de exercícios respiratórios mais intensos, é pela inspiração e expiração que muitas vezes conseguimos um encontro mais imediato, mais direto e prontamente disponível com o silêncio. É um caminho simples para um sentimento mais profundo e para a consciência corporal, para uma sensação interior de expansão. Pensamos nessas práticas como uma extensão do que fazemos o tempo todo – *respirar*. Só que mais aprofundada.

IDEIA 4: SILÊNCIO EM MOVIMENTO

Ruth Denison foi uma instrutora pioneira de vipassana do século XX e uma das primeiras mulheres ocidentais a se tornar professora de budismo. Ela estudou zen no Japão nos anos 1960 e foi reconhecida pelo mestre de vipassana birmanês U Ba Khin. Isso significa que Ruth alcançou seu reconhecimento em uma época austera na prática de meditação. Foi um período de estrita adesão à postura sentada. O movimento – até o alongamento entre períodos de meditação – era proibido. A imobilidade física era considerada um atributo do Nobre Silêncio.

Embora fosse uma professora mundialmente respeitada que honrava as tradições de sua formação, Denison rompeu algumas normas. Por exemplo, se um dia você fosse visitá-la enquanto ensinava seus alunos americanos, poderia vê-la reunindo todos para ir ao centro aquático local para uma sessão de nado sincronizado. Em algum outro dia, levava os alunos para dançar uma coreografia. Em outros, mandava todos rastejarem como vermes no chão. Denison foi pioneira em muitas práticas diferentes de atenção plena mais conhecidas atualmente, como andar, ficar de pé, pular, deitar-se, praticar posturas (asanas) de ioga, comer com atenção e rir.

Se Buda queria que seus discípulos praticassem *somente* sentados e imóveis, Ruth nunca entendeu a mensagem.

"Descobri que eu tinha uma afinidade natural para manter contato com meu corpo", declarou à revista *Insight* em 1997. "Mesmo sofrendo de problemas nas costas que me causavam muitas dores na posição sentada, consegui manter contato com minhas sensações corporais e comecei a desfrutar de níveis cada vez mais profundos de concentração."

Ruth acreditava que um trabalho aprofundado com o corpo era uma base necessária para a atenção plena e uma forma de honrar os ensinamentos essenciais de Buda. Quando levava seus alunos para um nado sincronizado ou os fazia rastejar no chão, normalmente pedia que mantivessem o Nobre Silêncio e sintonizassem o máximo possível suas sensações imediatas.

No Capítulo 6 explicamos como os estados de fluxo são semelhantes ao silêncio na mente. Quando nosso amigo Jamal está "aquecido na quadra", quando "nunca perde um arremesso", ele nos diz que sua "mente está em silêncio". Esteja você envolvido em um jogo competitivo de basquete ou em uma sessão de nado sincronizado, o eustresse criado pelo movimento físico imersivo exige a maior parte da atenção. Como não sobra um excedente de atenção, os filtros de atenção precisam tangenciar a esmagadora maioria das informações coletadas para recolher uma quantidade minúscula de material relevante. Como Csikszentmihalyi argumentou, essas atividades deixam pouca energia para ruminar ruidosamente sobre o passado ou o futuro.

Clint, um amigo de Justin que começou a praticar jiu-jítsu recentemente, enunciou esse conceito de outra forma: "Se deixar minha mente vagar, eu levo uma surra." Quando é pego pelo próprio ruído, Clint se vê jogado no tatame. As artes marciais, como muitas outras práticas físicas, treinam a mente e os nervos para sintonizarem o silêncio interior – não só naquele momento, mas na vida em geral.

"Depois do treino, eu sinto um silêncio profundo na mente e no corpo por um dia ou mais", diz Clint.

Só agora a ciência começa a reconhecer a relação entre movimento e silêncio interior. Mas a relação é intuitiva. *Você nunca deu uma caminhada para arejar a cabeça?* Claro, caminhar não é uma atividade tão intensa quanto Jamal enterrando uma bola ou Clint escapando por pouco de um tombo. Mas o movimento simples e repetitivo dos pés e as frequências respiratória e cardíaca mais elevadas resultantes disso podem nos levar a elementos fundamentais do fluxo. Isso inclui o que Csikszentmihalyi define como a "fusão de ação e consciência" e a tendência para a "experiência autotélica", quando a atividade se torna "intrinsecamente gratificante". Assim como Judson Brewer constatou reduções substanciais na atividade do córtex cingulado posterior no participante do seu estudo que entrou em um relatado estado de fluxo, atividades envolvendo movimento físico que promovem a consciência do momento presente devem arrefecer a atividade nos centros de ruído do cérebro, inclusive nas regiões que formam a rede de modo padrão.

Suas práticas físicas não precisam ser o epítome do atletismo com estresse. Podem ser apenas rolar como um verme no chão da sala de meditação.

O que importa é estar totalmente envolvido.

IDEIA 5: *MA* MOMENTÂNEA

Aaron Maniam ocupa um lugar privilegiado em um dos eventos esportivos mais famosos e barulhentos do planeta. Como funcionário do governo em Singapura, ele foi responsável por organizar parte da programação das corridas do campeonato de Fórmula 1 realizadas no país, um evento com decibéis muito, muito elevados. De perfil inovador, amplamente reconhecido em questões de e-governança e educação do serviço civil, poeta premiado por livros publicados e agora vice-secretário do Ministério de Comunicações e Informação do país, Aaron está totalmente imerso nos sons e estímulos do mundo moderno. Mas, se você passar algum tempo com Aaron, vai notar que ele irradia a clareza do silêncio. Está em sua poesia.[4] No sentimento e na cadência de seu discurso.

Quando perguntamos como Aaron encontra silêncio em meio a todo o ruído de seu mundo, ele descreve um conjunto simples de práticas. Como nas prescrições de Pir Shabda Kahn e Stephen DeBerry, a essência do método de Aaron gira em torno da consciência da respiração. No entanto, ele foca essa consciência especificamente nas *transições*. Assim como os japoneses reverenciam o valor cultural de *Ma*, ele cultiva *os espaços intersticiais*.

"Acredito firmemente – sempre que consigo me lembrar – em respirar fundo antes de fazer qualquer coisa", diz. "Seja abrir uma porta, levantar-me para sair de uma sala, abrir a torneira para beber água ou acender e apagar a luz – uma única respiração profunda." E acrescenta: "Não demora nada. São dois ou três segundos." Ele usa essa prática em sua jornada de trabalho. "Antes de começar um novo documento, antes de ler um novo e-mail – uma respiração profunda – e depois eu continuo." Aaron se lembra de ter aprendido esse método com o escritor David Steindl-Rast, um frade beneditino. Muçulmano praticante, Aaron vem de uma família grande e diversa de Singapura que inclui católicos e fiéis de outras tradições religiosas. Teve alguns de seus encontros mais profundos com o silêncio em retiros realizados em mosteiros beneditinos. Aaron percebeu que sua técnica de trabalhar com *transições* é uma forma de preservar uma presença monástica em sua vida profissional, que não é nada tranquila. "Minha tendência é pensar em termos de círculos concêntricos de silêncio, do micro ao macro", explica.

Aaron demonstra como aproveitar os momentos de silêncio que muitas vezes passam despercebidos, os momentos de transição. O ensinamento de frei David é que podemos ir fundo no micromomento – a ponto de realmente *descomprimir o tempo*. Quanto se pode entrar na plenitude de um momento de silêncio? Será possível se concentrar o suficiente para encontrar um pouco de eternidade em um período de dois a três segundos?

Em nossas experiências de vida, descobrimos que, em vez de alongar e saborear o tempo, muitas vezes corremos por ele, como aspirantes a campeão de Fórmula 1. Tendemos a ver as transições e os momentos não estruturados como vazios a serem preenchidos com urgência. Em uma pausa de uma fração de segundo, podemos sucumbir à vontade de verificar e-mails, enviar mensagens de texto ou fazer um "acesso rápido" às notícias de hoje. Mas – como aconselha a sabedoria de *Ma* – é nesses espaços ocultos que encontramos uma conexão com a eternidade. Apesar de o trabalho diário de Aaron se concentrar na prosa da formulação de políticas públicas, ele tenta introduzir um toque de poesia, tornando o *não dito* tão importante quanto o que é dito, conferindo ao *espaço intersticial* o mesmo valor que ao assunto em si.

IDEIA 6: FAÇA UMA COISA

Schluuup!

"É um som maravilhoso, não é?", pergunta Faith Fuller ao tirar a tampa de um recipiente hermético.

Ela vai fazer café – uma tarefa diária trivial que considera surpreendentemente transcendental.

Faith vai até a cozinha todas as manhãs. Tira duas latas da prateleira do armário – uma com café tradicional, outra com descafeinado. E saboreia o som ao tirar a tampa.

"A melhor parte é o aroma", nos diz, como se estivesse contando um segredo. "Eu e o aroma nos encontramos. Nesse momento, estou no prazer dessa conexão."

Com cuidado, pega o pó de café com uma colher e coloca o conteúdo no filtro de uma cafeteira comum. Mede seis xícaras de água e se prepara para despejar no reservatório traseiro. "Este é um momento de respeito e precisão, o ato de despejar a água", explica.

Faith se torna mística quanto às escolhas que temos diante de nós em todas as tarefas mundanas. "A gente precisa sair do resultado e entrar no processo", observa. "Se eu me concentrar no resultado – na conclusão da tarefa –, não sinto o aroma do café sendo preparado." Também não notaria o som da sucção que adora, o tom achocolatado do pó, o brilho da água, o "poder" de apertar o botão que liga a cafeteira – tudo isso sem falar no sabor do café.

"Fazer uma coisa não é só isso: é uma série de 'coisas únicas'", diz Faith. "E quase todas as 'coisas únicas' são um portal para um momento de satisfação."

Para Faith, a satisfação é sensorial. São momentos de prazer. E ela não precisa se justificar por isso. "No budismo, os cinco sentidos são portais para a iluminação", explica. "Não são um problema em termos puritanos."

Para quase todos nós, fazer café costuma ser só mais uma tarefa. Passamos rapidamente pelo processo como mais um "afazer", despejando o pó e a água. Correndo para desligar o micro-ondas apitando. Praguejando pelo leite derramado.

Faith nos desafia a transformar pequenas tarefas cotidianas em um ritual. Ou seja, nos desafia a encontrar uma experiência do sagrado no que é comum.

A etimologia da palavra "ritual" vem do sânscrito *Rta*, que significa "ordem natural" ou "verdade". Os rituais não servem apenas para consagrar hábitos positivos diários ou semanais. São sobre se conectar a algo mais elevado. Tudo que fazemos regularmente com atenção e reverência nos aproxima da *presença*.

"Os rituais estabilizam a vida", escreve o filósofo coreano-alemão Byung-Chul Han. "Eles fazem do mundo um lugar confiável. São para o tempo o que uma casa é para o espaço: tornam o tempo habitável." Desde os momentos "intersticiais" cotidianos até os estados mais sutis de arrebatamento e uma experiência mística única na vida, os rituais para encontrar o silêncio – grande ou pequeno – estabilizam a vida. Tornam o espaço e o tempo mais "confiáveis" e "habitáveis".

"Fazer café é um ritual importante para mim", comenta Faith. É um começo simples para o dia dela – antes que as coisas se compliquem. É um amortecedor. Ela acrescenta: "Os rituais combinam *estrutura*, ou hábito, com *coração*. Você precisa dos dois. Com estrutura, mas sem coração, você não está presente no ato; está alheio. Mas com coração e sem estrutura... você não vai tomar uma boa xícara de café."

No Capítulo 8 explicamos como somos mais propensos à *sobreposição* – o ruído sutil de rotular as coisas por hábito em vez de usar os sentidos para observá-las e senti-las como um todo –, limitando-nos à presença do comum e do conhecido. Cultivar rituais diários simples, momentos de atenção e conexão cuidadosa, é uma forma de consagrar um encontro direto e tranquilo. É uma forma de cultivar o que Michael Taft chama de "clareza sensorial". Quando está preparando sua xícara diária de café, Faith não está no espaço da verbalização ou mesmo do pensamento. Está no espaço do sentimento direto. Não no dedo, mas na lua. Bruce Lee aprovaria de todo o coração.

IDEIA 7: SILÊNCIO NAS PALAVRAS

Em *Geração superficial: O que a internet está fazendo com os nossos cérebros* – um livro de 2010 que agora se mostra mais relevante do que nunca –, o jornalista e sociólogo Nicholas Carr lamenta que a vida on-line tenha tudo a ver com interrupção.[5] E isso muda a forma como processamos as informações de maneiras fundamentais. Mesmo que a eficiência aumente quando coletamos informações lendo on-line, Carr afirma que perdemos a capacidade de empregar um "modo de pensamento mais lento e contemplativo". Ele explica que migramos de um tipo de cognição que trata de fazer conexões para um que trata apenas de buscar factoides. Argumenta que perdemos a capacidade de "leitura profunda".

Dado o que exploramos até agora sobre como as palavras funcionam, "leitura profunda" pode parecer um conceito paradoxal. Se a linguagem é inerentemente como o dedo apontando para a lua – "Separando o que é nomeado do que não é" –, como a linguagem pode ser um caminho para a experiência unificadora do silêncio interior?

Tentaremos responder a essa pergunta com outra pergunta: *Você já se envolveu em um tipo de leitura que parece um estado de fluxo?*

Muitas vezes sentimos isso em longas viagens de avião ou em outros lugares onde não há distração – nada mais competindo por atenção – durante determinado período. Sentimos isso quando estamos totalmente imersos em uma boa história. Embora não tenha a fisicalidade típica do fluxo que mescla ação e consciência, a leitura pode nos levar à autotranscedência. Claro que a leitura é uma forma de estímulo mental. No entanto, quando estamos totalmente presentes nela, pode ser um veículo para ir além das distrações interiores e exteriores. Mesmo que a mente esteja rastreando detalhes e temas, ainda assim continuamos na *leitura*. Não estamos abertos a sons e informações exteriores. Não estamos ponderando a respeito de julgamentos e expectativas sobre nosso passado ou futuro pessoal.

Nakamura e Csikszentmihalyi sugeriram novas fronteiras de pesquisa sobre o que chamam de "atividades de microfluxo", como ler ou rabiscar.[6] Eles acreditam que essas atividades "podem desempenhar um papel importante na otimização da regulação da atenção".

Nas tradições católica e anglicana, existe um conceito denominado *lectio divina*, traduzido do latim como "leitura divina".[7] Refere-se ao cultivo de um espaço propositivo por meio da contemplação da palavra escrita. É quando você lê uma passagem de um texto sagrado com o foco mais profundo possível e depois para a fim de refletir sobre o seu significado. A exemplo da "leitura profunda", trata-se de encontrar as palavras da maneira mais direta possível.

Às vezes é possível viver uma experiência semelhante com a palavra falada. Estelle Frankel nos diz: "Um bom líder de oração tece silêncio entre cada prece." Ela se refere a um ritual baseado em cânticos de sua doutrina, chamado Renovação Judaica: "O cântico envolve totalmente os sentidos. Acalma a mente para estar pronta para se banhar no silêncio." Segundo Estelle, algo semelhante acontece na contação de histórias sagradas. "Digamos que você conte uma história hassídica, e a conte *bem*. Há um momento de silêncio, como um Koan zen, quando a mente tenta entendê-lo e então meio que desiste." Sendo uma líder de oração, ela valoriza esses momentos. E continua: "Você precisa desacelerar a mente; um bom cântico, uma boa oração, uma boa história suscitam um estado alterado que o prepara para o silêncio."

Assim como um bom poema.

"A poesia sai do silêncio e nos leva de volta ao silêncio", disse a poeta e contadora de histórias Marilyn Nelson em entrevista a Krista Tippett.[8]

"O silêncio é a fonte de muito do que precisamos para atravessar a vida." E acrescenta: "A poesia consiste em palavras e frases e sentenças que emergem como algo saindo da água. Elas surgem à nossa frente e evocam algo em nós." Tracy K. Smith, poeta americana duas vezes vencedora do prêmio Pulitzer, declarou em uma entrevista: "A poesia é a linguagem que se aproxima muito dos sentimentos que desafiam a linguagem."[9] A poesia tenta o impossível. Ela reflete sobre como recorremos à poesia nos momentos mais inefáveis e pungentes da vida: no nascimento, na morte, nos relacionamentos amorosos, no despertar espiritual.

Toda poesia – independentemente do ritmo ou do número de palavras – tem o silêncio embutido em sua estrutura. Está na página, entre as estrofes, entre as palavras. Um bom poema mantém a tensão criativa entre o que é dito e o que não é dito. Desliza no tempo como uma pedra lisa ricocheteando na superfície da água. Deixa espaço para o que evoca *neste* leitor, *neste* dia, *neste* momento.

Se você acha que nunca "captou" poesia, pergunte a um amigo ou a um ente querido qual é o seu poema favorito e do que gosta nele. Quando ler esse poema favorito ou pedir que leiam para você, *ouça o silêncio*. Ouça a interface entre a palavra e o espaço. O equilíbrio entre a "prata" e o "ouro". O poeta David Whyte escreve: "A poesia é a forma de arte verbal pela qual podemos realmente criar silêncio." A escritora e intelectual Susan Sontag disse que a mais alta forma de arte, prosa ou poesia "deixa o silêncio em seu rastro".

A prática simples de ler um poema ou trecho de um poema todas as manhãs pode definir o tom do restante do dia. Uma leitura antes de dormir pode semear a paisagem dos seus sonhos. Mesmo se não estiver lendo uma literatura mais intelectualizada, procure fazer da leitura em si uma prática de atenção pura – um esforço que "deixa o silêncio em seu rastro".[10]

IDEIA 8: RÁPIDOS "VISLUMBRES" DA NATUREZA

"E quanto ao canto dos pássaros?"

Ao longo de anos de conversas com várias pessoas sobre como encontram o silêncio, ouvimos variantes dessa pergunta várias vezes. Ao descrever o silêncio de um nascer do sol, de um lago cristalino ou de uma cabana remota, muitas vezes as pessoas se mostram poéticas quanto ao canto dos pássaros antes de parar para perguntar: "Espere aí, isso conta como silêncio?" É verdade que o canto dos pássaros não é silencioso. Às vezes pode ser realmente alto. Quando está cortejando uma parceira em potencial, o canto da araponga-da-amazônia macho, por exemplo, pode chegar a 125 decibéis – algo entre o nível da sirene de uma ambulância e um motor a jato.

Mas há algo em ouvir os pássaros que, para muita gente, evoca a sensação do silêncio.

Para alguns, é a essência do silêncio.

Em todos os continentes e ao longo das eras, os seres humanos têm se encantado e se inspirado observando e ouvindo pássaros. Nos últimos dois anos, essa prática inesperadamente entrou em voga. Enquanto nos abrigávamos durante a pandemia de covid-19, muitos moradores das cidades finalmente ouviram os pássaros canoros nos quintais. Uma enxurrada de artigos em 2020 chegou a questionar se de repente os pássaros haviam começado a cantar mais alto. Os cientistas responderam. Não, não são eles. Fomos nós que ficamos mais silenciosos.

Na primavera de 2020, talvez você tenha ouvido falar sobre o escritor, editor da Marvel Comics e ávido observador de pássaros Christian Cooper. É aquele homem negro que, enquanto observava pássaros no Central Park de Nova York, viu uma mulher branca com um cachorro solto, sem guia. Cooper pediu a ela que prendesse o cachorro, seguindo os regulamentos do parque. Mas a mulher chamou a polícia e alegou falsamente que Cooper a estava ameaçando. Usando seu celular, Cooper gravou calmamente a conversa, que em seguida foi postada no Twitter. Em questão de dias, dezenas de milhões de pessoas viram as imagens. Quando o *The New York Times* entrevistou Cooper, ele falou sobre os desafios reais do racismo sistêmico e a benesse das segundas chances enquanto caminhava com o repórter pelo Central Park. "Se quisermos progredir, precisamos lidar com essas coisas, e se esse processo doloroso vai nos ajudar a resolver isso..." – ele se deteve e exclamou: "Aquela é uma mariquita-amarela!" Ele interrompeu a entrevista para olhar pelo binóculo. O que nos impressionou nas muitas entrevistas concedidas por Cooper é que em poucos minutos ele conseguiu falar sobre a atitude da mulher branca e sobre a complexidade do racismo sistêmico ao mesmo tempo que destacou uma de suas missões pessoais – promover a observação de pássaros, especialmente entre pessoas não brancas. O seu silêncio – observando pássaros – foi invadido, mas sua clareza se manteve.

O incidente – ocorrido em meio aos lockdowns impostos por causa da covid-19 – coincidiu com um aumento nos downloads de aplicativos de observação de pássaros e um número sem precedentes de postagens de fotos e gravações de áudio documentando pássaros em áreas residenciais.[11]

A atriz Lili Taylor recentemente repetiu a definição de Christian Cooper sobre a observação de pássaros como um remédio social de longo alcance. "Não é fácil tirar esse tempo para meditar... Mas isso pode levar só um minuto – mesmo se você estiver no local de trabalho. Você pode olhar pela janela e ver alguns pássaros em ação", disse. "Basta olhar por alguns minutos para o seu cérebro descansar um pouco."

Como diz o romancista Jonathan Franzen: "Os pássaros são a última conexão disponível com a natureza ao redor. Você vê dois pássaros acasalando no verão no quintal e sabe que deve haver todo um ecossistema apoiando isso." Franzen resume: "Se o pássaro está lá, é porque a natureza também está." Não faz muito tempo que nossa sobrevivência cotidiana dependia dos pássaros. Os comportamentos e a linguagem deles nos indicavam mudanças nos padrões climáticos e a localização de predadores.

Mesmo não precisando mais de todas essas informações para a sobrevivência básica, ainda precisamos dos pássaros. Ainda precisamos de todos os ecossistemas que eles representam. Ainda precisamos da conexão com a natureza.

Embora a palavra "natureza" implique uma imersão profunda, muitas vezes podemos encontrá-la em um rápido "vislumbre", um simples momento ouvindo o canto dos pássaros. Essa conexão – mesmo que momentânea – é uma das maneiras mais diretas de encontrar silêncio na consciência. Felizmente, existem muitos caminhos para isso.

Joan Blades, cofundadora da MoveOn, da MomsRising e, mais recentemente, da Living Room Conversations, nos diz que seu caminho preferido para o silêncio é "podar flores mortas" de plantas perenes para promover mais floração. "Não há nada mais relaxante", disse Joan a Leigh.

De acordo com especialistas em horticultura, o uso de jardins "para acalmar os sentidos" remonta a pelo menos 2000 a.C., na Mesopotâmia. Além dos efeitos calmantes dos jardins, há também os efeitos curativos, amplamente reconhecidos nos tempos de Florence Nightingale. Florence sempre se interessou por botânica – em parte por causa das propriedades medicinais das plantas, embora também gostasse de colher e secar flores (as dedaleiras eram suas favoritas). Em 1860 ela escreveu o seguinte sobre as propriedades curativas de jardins e de folhagens:

> As pessoas dizem que o efeito é só na mente. Não é assim. O efeito também acontece no corpo.

Florence viu pessoalmente os benefícios em seus pacientes clínicos cem anos antes de o estudo de Roger Ulrich demonstrar que os pacientes com visão da natureza se recuperavam de cirurgias mais rapidamente do que aqueles que não viam a natureza.[12] Mais uma vez, deveríamos ter ouvido Florence.

Existem agora vários livros muito vendidos sobre como o banho de floresta ou os óleos das árvores, chamados fitoncidas, podem combater aflições modernas, ou como o "distúrbio do déficit de natureza" é uma ameaça real e urgente para crianças e adultos. Estudos no Reino Unido e na Holanda descobriram que farmácias localizadas em comunidades com mais espaços verdes vendiam menos medicamentos receitados para ansiedade e depressão.[13] Em 2018 o governo da Escócia se tornou um dos primeiros do mundo a *receitar a natureza* para neutralizar esses mesmos males.[14]

De acordo com Ming Kuo, professora associada de recursos naturais e ciências ambientais da Universidade de Illinois, "só de brincar com o solo por cinco minutos já podemos constatar uma mudança na ativação nervosa parassimpática – passando de 'lutar ou fugir' para 'cuidar e ajudar'".[15] Os interesses iniciais de Ming eram o ruído e a superpopulação, mas os dados continuavam indicando os efeitos da natureza nos seres humanos. Ela admite que quando começou seu trabalho ficou impressionada com a "agradável amenidade" da natureza. Agora, depois de trinta anos e dezenas de estudos de referência, Ming está entre os principais divulgadores dos benefícios psicológicos, sociais e físicos do espaço verde urbano e de vivências na natureza, principalmente para populações vulneráveis. Ming diz que pesquisas mostram que a frequência cardíaca diminui "quando você contempla uma paisagem verde, mesmo de dentro de casa". Em outras palavras, mesmo um rápido "vislumbre" da natureza já surte bons efeitos.

Para Justin, um rápido vislumbre da natureza é tirar os sapatos e as meias e simplesmente sentir os pés descalços na grama ou na terra. É uma oportunidade de entrar em sincronia com a Terra. Quando sente o chão, ele consegue descarregar as vibrações estressantes do dia de trabalho nas pedras e no solo. Pode parecer uma moda passageira de saúde da "New Age", mas cada vez mais evidências empíricas confirmam essa prática de "aterramento". Em um estudo controlado randomizado de 2019, um grupo de participantes do experimento que passou um bom tempo em "contato corporal com o solo, andando descalço na terra úmida ou na grama", relatou ter sentido uma série de benefícios, entre os quais "aumentos significativos da disposição física e reduções consideráveis da fadiga, de estados de espírito depressivos, do cansaço e da dor enquanto estiveram aterrados, em comparação com os que não estiveram".[16]

A comunhão com a natureza acalma a mente. Isso nos ajuda a desalojar a ilusão ruidosa de que a vida é apenas o material mental de uma sociedade centrada no humano. Ao fazer uma pausa silenciosa para observar a chicória-azul empoeirada crescendo em uma pequena rachadura na calçada, podemos lembrar que a vida é um milagre. Digno de nosso arrebatamento.

Seus "lampejos" da natureza podem ser rápidos, mas, como ressaltam as pesquisas, não são triviais. Tente fazer estas duas coisas pelo menos uma vez por dia:

1. Conecte-se com algo *maior do que você*, como uma árvore imponente ou as estrelas no céu noturno.

2. Conecte-se com algo *menor do que você*, como uma florzinha recém-brotada, uma trilha de formigas ou um pardal.

A conexão com a natureza nos ajuda a identificar o "tamanho certo" – a diminuir o eu egoico à medida que nos conectamos com a vastidão da vida.

IDEIA 9: SANTUÁRIOS NO ESPAÇO E NO TEMPO

Quando Michelle Millben trabalhava como assessora na Casa Branca e representante do presidente Obama no Congresso, a ideia de encontrar tempo para o silêncio e a reflexão silenciosa parecia impossível. Mas, como pastora praticante e musicista profissional, Michelle reconhecia o silêncio como uma necessidade espiritual. Em seu trabalho em Washington administrando as relações entre o presidente e os congressistas nos anos finais do governo, ela precisou organizar de modo consciente os dias a fim de resguardar os espaços vazios. Em alguns casos, Michelle teve que literalmente *programar* pequenos intervalos para o silêncio. Esses momentos de silêncio, ainda que transitórios, foram essenciais. Eles se tornaram o principal apoio para continuar fiel à sua ética na tomada de decisões – uma forma de se manter positiva e autêntica no relacionamento com os outros. Michelle faz uma pausa, respira fundo e fecha os olhos. "É o meu pequeno campo de força", diz. Hoje, como fundadora e CEO da Explanation Kids, uma startup que fornece respostas às grandes perguntas que as crianças têm sobre eventos mundiais e assuntos que aparecem nos noticiários, ela continua trabalhando para proteger seus santuários.

Desde a faculdade, Michelle usa uma planilha para "verificação da realidade", com o intuito de saber quando poderá encontrar um tempo para ficar quieta durante o seu dia. Cada célula costuma representar um incremento de quinze minutos, que ocorre em algum momento entre 5h e 22h. Primeiro ela faz uma lista do que *precisa* fazer – as principais responsabilidades do trabalho, ligações regulares para a mãe e refeições – e também um pouco do que ela *quer* fazer, incluindo os cuidados consigo mesma. Michelle se recosta, examina a agenda e, invariavelmente, constata que tem de fato "bolsões de tempo" disponíveis.

Esses "bolsões de tempo" são mais fáceis de salvaguardar no território doméstico. Assim, todas as manhãs ela reserva um tempinho para ler as escrituras e citações inspiradoras. Faz isso com uma contemplação silenciosa, que define como "Deus ministrando à minha mente". E assim ela começa o dia.

De modo geral, planilhas do Excel não evocam sentimentos de silêncio. Mas, para Michelle – sobretudo desde seu tempo na Casa Branca –, elas servem como uma ferramenta para demarcar seus santuários. Podemos reservar o tempo de silêncio no calendário, como qualquer outro compromisso importante. Enquanto ocupou o cargo, o ex-secretário de Estado dos Estados Unidos George Shultz costumava reservar uma hora por semana sem reuniões ou compromissos – um tempo para se sentar e pensar sobre o que lhe viesse à mente, com nada mais do que uma caneta e papel. Dizia à secretária que segurasse todas as ligações, "a menos que fossem da minha esposa ou do presidente".

Ao longo de dezenas de entrevistas ouvimos muito sobre a importância dos santuários – tanto no espaço quanto no tempo. Muitos procuram resguardar o "estado mental matinal", para manter um espaço de pura atenção antes do nascer do sol, sem interferências exteriores. Alguns ressaltam a importância de se conceder um momento de silêncio no fim do dia, uma forma de esvaziar a mente e limpar o ruído residual da consciência. Cyrus Habib, que você conheceu no Capítulo 2, conta sobre a prática jesuíta da oração do Exame, quando é reservado um tempo à noite para revisar tudo que aconteceu no dia, pensando em que momento a graça da conexão foi sentida. Justin às vezes fazia uma variante dessa prática, pensando em que momento se sentiu tranquilo e em silêncio durante o dia, analisando as características mutáveis da consciência.

Esses santuários devem ser simples. Crie um espaço físico para se alongar, tomar um banho, ler, escrever em um diário, ficar em um espaço aberto, deitar-se no chão ou encontrar outra maneira de se sentir relaxado e tranquilo. Abra um espaço na agenda. Verifique se pode acordar um pouco mais cedo ou preservar a noite para um tempo de "esvaziamento" intencional. Mantenha esse compromisso consigo mesmo. Respeite-o como se estivesse encontrando um colega importante ou um amigo querido.

É comum pensarmos em notívagos e matutinos como opostos. Mas eles têm em comum a valorização das horas vagas do dia, isentas de demandas exteriores. Poetas e pensadores há muito enaltecem a qualidade liminar do "silêncio das quatro da manhã". Para Michelle, esses santuários no tempo e no espaço, particularmente as horas matinais que preservava, foram decisivos para sua eficácia na Casa Branca e continuam sendo no desenvolvimento de uma startup. É como ela verifica seus princípios. "Vivenciar a quietude e praticar o silêncio tem sido essencial para aprimorar minha capacidade de invocar a sabedoria em circunstâncias difíceis", diz ela, "e para criar estratégias para fazer algo positivo – sobretudo nos momentos em que as probabilidades parecem estar contra os benefícios que você tenta criar no mundo."

IDEIA 10: FAÇA AMIZADE COM O RUÍDO

Nas primeiras páginas deste livro definimos o ruído como uma "distração indesejada". Descrevemos a interferência auditiva, informacional e interior que desviam nossa atenção do que realmente queremos. Embora existam inúmeras maneiras de evitar e superar essa interferência, é importante contar também com um fato simples: *o ruído é inevitável*.

Jarvis sabe muito bem disso. Simplesmente não há como evitar os gritos no Bloco Leste ou o ruído das televisões e dos rádios antigos. Mesmo com décadas de prática de meditação no currículo, ele não extinguiu totalmente a ansiedade de nunca saber como ou quando voltará a ser livre.

No entanto, Jarvis percebeu que as próprias "reações ao ruído" na verdade tornavam o ruído mais alto. Ele estava sendo pego no sentimento contraído, perseverando nos sons e nos estímulos que não queria.

"Comecei a convidar o ruído para *silenciar* o ruído", conta Jarvis. Naquele momento, essa mudança era a única coisa dentro de sua *esfera de controle*. Mas fez uma grande diferença.

O poeta irlandês Pádraig Ó Tuama tem o costume de dizer "olá" para tudo que acontece em sua vida. "Acho que cumprimentar as coisas é uma tecnologia antiga. Com certeza Rumi se interessou por isso", diz ele com uma risada, referindo-se ao poema de Rumi "A casa de hóspedes", no qual o grande místico sufi nos diz para "receber e entreter" os convidados que chegam à porta, sem se importar com quão desagradáveis sejam. Essa prática pode, segundo Rumi, abrir espaço para "algum novo deleite".

Como diz Pádraig: "Encontrar uma forma de saudar as coisas na nossa vida pode ser algo importante, especialmente com as coisas que não queremos saudar." No livro *In the Shelter* (No abrigo), ele apresenta uma longa lista de saudações que dão cor e textura à noção de dar boas-vindas ao ruído. Pádraig escreve:

> Assim, diga olá às velhas feridas, olá à falta de capacidade de controle, olá a esta circunstância que não parece que vai acabar logo, olá ao telefonema inesperado, olá à tristeza inesperada, olá à felicidade e ao consolo inesperados.[17]
>
> E ao dizer olá para alguma coisa você está dizendo: "Você está aqui" e "Estou aqui com você."
>
> E o que isso significa?
>
> Isso nos pede um ato radical de dar um nome à simples verdade presente.

Quando saudamos o que está presente – com respeito –, nós suavizamos suas arestas. Também suavizamos nossas próprias arestas. Ao observar e reconhecer o que está presente – concordando em estar com o ruído que simplesmente não conseguimos evitar –, podemos até começar a fazer amizade com ele.

Quando presta consultoria a organizações, Leigh não apenas pergunta o que elas *querem*; também pergunta o que elas *temem*. Muitas vezes pode ver a reação na expressão dos interlocutores: "Por que ela está criando problemas? Não deveríamos nos concentrar no lado positivo?" Ela enfatiza a necessidade de trazer à tona e reconhecer esses aspectos – de "dizer olá" a eles – porque muitas vezes é contraproducente tentar empurrar temores, dúvidas ou preocupações para escanteio. Qualquer coisa eliminada às pressas quase que inevitavelmente retorna, muitas vezes ampliada.

Em nossa conversa, Pádraig ressalta que dizer olá a uma dificuldade ou preocupação "não é uma forma de controle... mas também não é para se deixar controlar por ela. É simplesmente deixar acontecer e falar dentro desse contexto".

Perguntamos ao neurocientista e meditador de longa data Judson Brewer como as descobertas de suas pesquisas influenciam suas práticas pessoais. Ele explica que agora simplesmente presta atenção quando se sente *contraído* em vez de *expandido*, mental ou fisicamente. O mais importante de tudo, afirma, é que ele não precisa fazer nada quando percebe essa sensação contraída tão fortemente associada ao ruído interior. Não a julga. Não tenta se livrar dela à força. Apenas presta atenção. Diz que o ato de perceber a contração, de tomar consciência do ruído interior, é suficiente para transformá-la.

Recentemente Justin ficou à espera em uma linha de atendimento ao cliente por três horas e meia. Claro que fez outras coisas enquanto esperava, mas tinha que continuar ouvindo a repetição de uma música espanhola com violões estranhamente sensual e uma voz insinuante dizendo: "Obrigada por esperar. Você logo será atendido." Justin passou por todos os estágios: raiva, resignação, imaginar-se escrevendo críticas negativas on-line e simplesmente reconhecer o absurdo daquela situação. Mas teve que aguentar; não havia outra saída. "Será que foi uma espécie de lição cósmica de paciência?", perguntou-se por volta da marca dos 180 minutos. Começou a perceber como a gravação irritante era ao mesmo tempo um sinal de inconveniência e uma demonstração de desrespeito – como se ninguém se importasse –, e isso também desencadeou sentimentos ruidosos. Então, por fim respirou fundo e sentiu toda a contração corporal e mental. Prestou bastante atenção nisso. Disse um olá relutante. Justin fez amizade com o ruído de uma central de atendimento ao cliente absurdamente incompetente? Não. E ainda assim, quando saudou aquele sentimento, houve uma mudança. Suas arestas se suavizaram e ele aprendeu algo sobre as fontes do ruído interior. Mesmo tendo escrito este livro como um guia para superar o ruído do mundo moderno, reconhecemos que às vezes a única maneira de fazer isso é aceitar esse ruído.

COMO REFAZER A PAUSA PARA UM CIGARRO

Falamos recentemente com um fumante que nos deu más notícias. A maioria dos que fazem pausas para fumar hoje em dia na verdade não aproveita as tragadas nem se aquece à luz do sol. Eles ficam ligados nos smartphones. Nossa visão idealizada de alguns dos últimos períodos "sem fazer nada" socialmente sancionados é, na realidade, só nostalgia.

Por isso, achamos que é hora de criar uma nova categoria de pausa no dia, saudável, socialmente aceitável e amplamente reconhecida. Você pode chamar isso de "tempo em silêncio". Pode variar de acordo com a necessidade em determinado dia. Pode ser uma pausa para respirar fundo ou uma leitura atenta, ou um movimento imersivo de apenas ouvir. Mas, qualquer que seja seu formato, deve ser desfrutado todos os dias.

O escritor e professor de vipassana Phillip Moffitt, que já foi editor-chefe da revista *Esquire*, faz uma análise pungente do motivo pelo qual negamos a nós mesmos, com tanta frequência, um tempo em silêncio. É uma tendência que ele percebe em alguns dos CEOs que treina.

É comum confundirmos a sensação de estresse com a de vivacidade.

"Inconscientemente, começamos a acreditar que a vida só tem sentido se a mente estiver recebendo um fluxo quase constante de estímulos", diz Moffitt. "Mesmo que os estímulos sejam sentidos na mente e no corpo como pressão constante ou um estresse exaustivo, continuamos acreditando que o estímulo interminável significa que a vida está realmente acontecendo."

E adverte: "Essa interpretação não é verdadeira. A mente pode ser estimulada por qualquer coisa – saudável ou insalubre."

A mente, enfatiza Moffitt, tende a "se alimentar" de pensamentos autogerados, a despeito da acurácia ou do valor. O pensamento original pode ser inócuo. Mas é logo seguido por outro e mais outro. Felizmente, ele nos diz que "o impulso da mente pode ser interrompido e, uma vez interrompido, a mente se sente melhor". E acrescenta: "Assim que saímos do 'fluxo de estímulos', a mente e o corpo retornam naturalmente ao estado mais tranquilo."

Moffitt sugere um modelo de como pensar no sucessor saudável da pausa para um cigarro. Ele fala sobre "a Interrupção", um exercício que pratica regularmente com seus alunos de meditação. A ideia é estabelecer uma meta para o que você deseja realizar em um período, digamos, sessenta ou noventa minutos. Ajuste um temporizador e, quando ele tocar, analise a qualidade de seu foco, seu humor e quaisquer sensações físicas que possa estar experimentando. Se a concentração for forte, simplesmente conclua o pensamento ou encontre um lugar tranquilo para encerrar o que está fazendo. Se sua concentração não for forte, pare o que estiver fazendo imediatamente. Interrompa a si mesmo. Identifique algo positivo para a sua mente e o seu corpo: faça uma xícara de chá, faça alguns exercícios respiratórios, faça um alongamento ou movimente o corpo. "Eu digo às pessoas: 'Faça uma caminhada curta, fique de pé e se espreguice, feche os olhos por trinta segundos' e, acima de tudo, 'pare de prestar atenção nos seus pensamentos.' Você pode achar que não precisa de uma pausa – uma interrupção de pensamentos acumulando mais pensamentos –, mas realmente precisa." Em suma, faça algo que tranquilize sua consciência.

Esperamos que essas ideias sugiram uma variedade de opções – possibilidades dentro de sua *esfera de controle* e de sua *esfera de influência* –, para você encontrar o seu sucessor saudável da pausa para um cigarro.

CAPÍTULO 11

O SILÊNCIO ARREBATADOR

Matthew Kiichi Heafy é conhecido pelo volume máximo das melodias barrocas e dos ritmos improváveis de seus solos de guitarra. Eles são extremamente rápidos, com tons penetrantes dos pedais de saturação e efeitos ressoando nos amplificadores de enorme potência em clubes e estádios lotados.

Conversamos com Matt – o líder da banda metaleira Trivium, vencedora de vários discos de platina e indicada para o Grammy – sobre o que ele considera mais intenso em sua música.

"A parte mais pesada das músicas mais pesadas são as pausas, as partes em que todo o barulho e a intensidade são pontuados por momentos de silêncio", explica. "É como estar tão *absorto* que você nem sabe onde está até surgir o silêncio."

É preciso sair do som e do estímulo para dar valor a seu significado.

Matt – que nasceu no Japão de mãe japonesa e pai americano e foi criado nos Estados Unidos – fica animado ao falar sobre o significado do princípio japonês de *Ma*. Ele nos conta que sempre teve uma mente hiperativa e precisou lidar com uma boa dose de ansiedade. Define os momentos de *Ma* em sua vida como momentos de fluxo. Como as "pausas" em suas músicas mais pesadas, são os momentos em que ele sai do ruído e da consciência autorreferencial para poder realmente apreciar o que está acontecendo. "É quando meu cérebro fica em silêncio e sinto como se eu estivesse me vendo fora de mim. Mas é só perceber que se está nesse estado que a gente sai dele. Simplesmente desaparece."

Uma das principais fontes de Matt desse estado pessoal de *Ma* é o jiu-jítsu, quando está lutando com um oponente equiparável. Às vezes é em um momento de meditação silenciosa antes de tocar. Outras vezes é na vida doméstica, rolando e rindo com os filhos gêmeos pequenos.

Em ocasiões extremamente raras, Matt encontra seu silêncio – na presença e clareza máximas – quando está no palco diante de uma plateia de milhares de apaixonados por heavy metal.

"Normalmente eu subo no palco com a cabeça cheia de pensamentos, como 'Será que vou acertar aquela nota? Será que vou me lembrar? Vou tocar bem? Será que comi demais antes do show?'" Mas há momentos em que – em meio à multidão aplaudindo, a bateria tocando e as guitarras debulhando – todo o ruído interior se dissolve.

Matt recorda um momento de mais de uma década atrás, a primeira vez que se apresentou em um grande festival no Reino Unido. A banda tocou duas músicas de abertura e depois ele se aproximou do microfone para falar com a multidão. O ruído baixou para um murmúrio à espera de suas palavras. Matt deixou o momento se estender por mais tempo que o esperado. "Eu estava no palco, no meio daquele show intenso, e tudo parecia em silêncio."

Esse momento improvável de atenção pura não se deu por acaso. Foi resultado de uma preparação. "Eu batalho por esse tipo de silêncio quando faço meus shows. Isso só acontece quando estou ensaiando cinco dias por semana, até seis horas por dia, ensaiando tanto que a música vira uma memória muscular impressa. *E eu consigo tocar sem pensar*."

Para Matt, esses momentos não são apenas uma experiência fugaz de clareza. Há algo instrutivo neles. No silêncio mais profundo o relógio frenético desacelera. O ego afrouxa seu aperto. Todas as preocupações do dia a dia e os "e se" ficam em segundo plano.

Para ele, esses momentos são uma estrela-guia de como viver.

O

O lendário estudioso de religiões do mundo Huston Smith escreveu certa vez que o objetivo das práticas e rituais espirituais "não são estados alterados, mas características alteradas".[1]

Isso foi uma pedra angular para a geração dos anos 1960 e continua relevante para qualquer pessoa propensa a buscar experiências extáticas. Smith não está dizendo que há algo errado nos momentos radiantes de transcendência. Está apenas afirmando que essas experiências nos servem melhor quando estão integradas ao contexto maior da vida: quando nos ajudam a entender melhor a realidade ou a viver com mais amor e respeito.

No capítulo anterior exploramos as práticas de momento a momento e no dia a dia para trabalhar com nossos "estados" – experiências cotidianas de ruído e silêncio na mente e no corpo. Cumulativamente, essa prática pode ajudar a moldar nossa "natureza". Quando impregnamos a vida normal de bolsões de silêncio, identificando a nossa *esfera de controle* e a nossa *esfera de influência*, podemos, com o tempo, aumentar a atenção, a empatia e a paciência. *Essas experiências mudam quem somos.*

Mas o efeito do silêncio em nossa percepção e nossas tendências nem sempre acontece gota a gota. Um único encontro profundo com o silêncio – uma experiência mística ou um momento de arrebatamento – pode, por si só, *mudar nossa natureza*. Pode questionar nossos pressupostos e mudar nossa perspectiva. Pode nos direcionar a uma nova trajetória.

Mesmo assim – como atesta a experiência de Matt Heafy –, encontrar o silêncio mais profundo pode exigir uma rigorosa preparação. Pode exigir planejamento e logística, talvez até tirar uma folga do trabalho ou das responsabilidades domésticas.

Muitas vezes, encontrar o silêncio mais profundo envolve uma disposição séria de enfrentar medos.

Neste capítulo apresentaremos princípios e práticas para encontrar um silêncio incomum e transformador. As mesmas recomendações gerais que introduzimos na abertura do capítulo anterior continuam valendo: *manter a mente aberta, explorar diversas práticas, observar os sinais na mente e no corpo e fazer o que proporcionar alegria*. Não se trata de um receituário de atitudes, mas de exemplos para ajudar a inspirar você. Embora você possa trabalhar com algumas dessas práticas semanalmente ou até diariamente, a maior parte do que apresentamos aqui se encaixa no horizonte de longo prazo – uma vez por mês, uma vez por ano, talvez até só uma vez na vida.

Não existe uma definição simples de silêncio "arrebatador". É uma experiência pessoal e subjetiva. Assim como as experiências autotranscendentes que discutimos no Capítulo 6, os denominadores comuns incluem uma "diminuição da autoimportância ou um aumento da sensação de conexão". Você pode ter essa experiência em um mosteiro no alto de uma montanha ou no palco de um grande show de heavy metal. É algo inconfundível: você *sabe* quando teve a experiência. Expandir-se além do eu separado ao mesmo tempo que se conecta a algo maior – o mundo natural, a humanidade como um todo ou o cosmo – é uma experiência "arrebatadora" (embora possa ser tingida pelo medo, como aprendemos no Capítulo 7). Em última análise, nós superamos, ainda que brevemente, a ilusão de um eu rígido separado. Foi o que constatamos em nossas pesquisas, tanto com professores espirituais experientes quanto com renomados neurocientistas. É o que encontramos em nossa própria vida e nos depoimentos de outras pessoas.

Estamos falando de um silêncio que eleva nossa maneira de perceber.

Apesar de às vezes tendermos a associar o silêncio mais profundo à "reclusão", o silêncio arrebatador é diferente. É como a transcendência das forças comuns que nos fazem sentir separados e sozinhos.

IDEIA 1: LEVE SUA LISTA DE TAREFAS PARA UMA CAMINHADA

Gordon Hempton usa um indicador simples para determinar se sua vida está fora de controle. Ele verifica se sua lista de afazeres ultrapassou treze páginas com espaçamento simples entre as linhas.

Quando conversamos recentemente, o ecologista acústico e catalogador de paisagens sonoras naturais ameaçadas acabara de passar por um período agitado. Sua lista tinha aumentado para 23 páginas, algo sem precedentes.

Felizmente, Gordon já dispunha de um protocolo para tais situações. Imprimiu a lista, pegou um lápis e dirigiu por várias horas, depois andou vários quilômetros até um santuário verdejante coberto de musgo na Floresta Tropical Hoh do Parque Nacional Olímpico, no estado de Washington – um local suficientemente distante de estradas e rotas de aviões para garantir sua designação de "o lugar mais silencioso dos Estados Unidos".[2] Quando chegou, Gordon ficou apenas ouvindo. Ele se fez presente e se conectou com esse lugar especial – voltando a "estar no meu ser", relata.

Então pegou o lápis e as 23 páginas e, como um herói no desfecho de um filme de ação violento, eliminou impiedosamente uma quantidade inacreditável de compromissos sociais e profissionais. Quando dobrou e guardou sua lista no bolso da camisa para sair, antes do anoitecer, Gordon havia eliminado *quatro ou cinco meses* de obrigações da sua lista de afazeres. Tirou um dia de folga e economizou alguns meses.

É engraçado como os ambientes em que estamos moldam nossa percepção. No computador pessoal de Gordon, tudo daquela lista de 23 páginas parecia estar no lugar certo. Mas, do ponto de vista da remota floresta tropical, Gordon pôde se conectar com o que realmente importava em sua vida. Não precisava participar de todas as conferências nem aproveitar todas as oportunidades de publicação on-line ou concordar com todas as entrevistas.

"As respostas estão no silêncio", diz Gordon.

Quando pensa no poder do silêncio para transformar as obrigações e os pressupostos mundanos da vida, Justin pensa em um dia quente de verão em Washington em 2015. Ele estava comendo uma cuia de macarrão de arroz tailandês no subsolo do grande edifício de mármore da Union Station. Sentada ao lado, sua amiga Elif fez um comentário que o ajudou a entender muito do que estava vivenciando.

"Acho que você está no seu retorno de Saturno", falou. E continuou explicando que isso poderia significar estar passando por um momento de intensas mudanças e questionamentos sobre o propósito e a direção da vida.

Justin não sabia muito sobre astrologia. Mas aquelas palavras pareceram verdadeiras. Ele e a esposa, Meredy, sabiam que era hora de sair de Washington e ir para o Oeste. Era hora de dizer adeus a ambientes de trabalho frenético e festas de fim de semana para começar uma família, estar mais perto da natureza e se dedicar mais às práticas espirituais. A pergunta era: Como? Como ganhar a vida? Como abandonar aquela agitação? E todos os amigos que os dois tinham na cidade?

Sem saber ao certo o que fazer, Justin estava se sentindo um pouco irritado, tremendamente sensível ao ruído urbano e quase dominado por pensamentos sem foco. Interpretou a observação astrológica de Elif como uma orientação clara de que deveria passar algum tempo na natureza.

Justin foi passar alguns dias em uma cabana nas montanhas arborizadas do noroeste da Virgínia. Passava a maior parte do tempo deitado no deque de madeira, com o rosto virado para cima, olhando para o dossel de carvalhos e pinheiros. Ouvindo as mariquitas e os pica-paus. Sentindo o calor do sol. Sem sinal de celular. Sem wi-fi. Sem livros. Pouca ou nenhuma conversa. Só com um bloco de anotações e uma caneta.

A primeira coisa que notou foi que ficou mais fácil respirar. Não era só o ar fresco; era fisiológico. A tensão começou a esvanecer do peito, do diafragma e do estômago. O ar chegava a todos os alvéolos. Um dia depois, o volume do burburinho mental diminuiu. Justin sentiu vontade de pegar o bloco de anotações.

Estranhamente, sem se aventurar em uma análise profunda, Justin anotou um plano bastante completo para uma transição de carreira que permitia flexibilidade geográfica, mantendo seu trabalho nas causas que valorizava. Desde então, ele tem trabalhado bastante com base nesse plano.

Justin não estava aparando a lista de tarefas do jeito que Gordon fizera. Inconscientemente, ficou esperando um download cósmico. Em última análise, estava reinventando a lógica subjacente do que deveria fazer. Isso exigia um espaço que só pode ser encontrado no silêncio.

Quando voltou a Washington, algo tinha mudado. Talvez Saturno tivesse cruzado sua trajetória celestial. De todo modo, seu encontro com a natureza permitiu que abandonasse uma tonelada de velhos planos, de expectativas e prioridades. A vida não parecia mais tão travada. Era possível andar para a frente.

Leve suas preocupações e seus pressupostos para um ambiente natural. Se quiser, pegue sua lista de tarefas, seu caderno de anotações ou talvez só os pensamentos que ficam dando voltas em sua cabeça. Fique lá por um tempo. "Absorva o silêncio", como Pitágoras aconselhava a seus alunos. Veja o que acontece.

IDEIA 2: PROGRAME UMA QUARTA-FEIRA SEM PALAVRAS

Já mencionamos como Gandhi reservava um "dia de silêncio" uma vez por semana. Ele não ficava totalmente livre de interferências exteriores ou de esforços mentais nesse período. Além de meditação e reflexão, às vezes lia ou até se reunia com pessoas. Mas não falava. Acreditava que o modo comum de consciência verbalizada – falar, discutir, atuar – prejudica a percepção da realidade. Entra em conflito com a dedicação mais profunda a uma causa. "Muitas vezes me ocorreu", escreveu, "que alguém em busca da verdade precisa ficar em silêncio." Para Gandhi, esse ritual semanal poderia ser um evento arrebatador. Quem estivesse ao redor podia ouvir a profundidade de sua prática do "dia de silêncio" na clareza e na força das palavras que proferiria no dia seguinte.

Então, eis uma prática inspirada por Gandhi: tente ficar um dia sem falar nada.

Se as responsabilidades do trabalho ou do cuidado com filhos ou idosos tornarem isso impossível, reserve algumas poucas horas de silêncio. Nesse momento, tente entender o que Gandhi queria dizer quanto à necessidade do silêncio para a busca da verdade.

Gandhi optou pelas segundas-feiras, mas reconhecemos que para a maioria de nós o primeiro dia da semana é especialmente exigente. Por isso preferimos uma "quarta-feira sem palavras" como forma de encontrar renovação no meio da semana.

Selecionar um dia de silêncio total ou parcial é, em nosso entendimento, diferente de um retiro silencioso comum. É especificamente um dia para uma introspecção. Trata-se de verificar se pensamentos, palavras e ações estão alinhados. Avaliar os relacionamentos e a capacidade de ouvir. E é o momento de avaliar se você está suficientemente em silêncio para sintonizar sua intuição mais profunda. "A Rádio Divina está sempre cantando se estivermos preparados para ouvi-la", escreveu Gandhi. "Mas é impossível ouvir sem silêncio."

Pensamos no dia do silêncio como umas pequenas férias da responsabilidade de precisar pensar no que dizer. É uma oportunidade de usar toda essa atenção para observar o ambiente ao redor, entender necessidades e sentimentos autênticos e refletir sobre como está tratando a si mesmo e aos outros. É uma oportunidade de sair dos ciclos habituais e dos vícios de relacionamentos, ir além dos binários de quem está certo e quem está errado, para sintonizar os verdadeiros sinais da sua vida.

Embora Gandhi tenha visto essa prática simples como uma parte essencial de seu trabalho para mudar o mundo, é uma prática que pode ajudar qualquer um de nós a sintonizar.

Alguns verões atrás, Leigh quis tentar um dia sem palavras enquanto fazia uma viagem dos sonhos com a família. Eram onze dias de rafting pelos rios Tatshenshini e Alsek. Os rios passam por áreas remotas e intocadas no Alasca e no território de Yukon, no Canadá, o maior conjunto de terras protegidas do mundo.[3]

Por volta do quinto dia, Leigh se sentiu envolvida por uma onda de tristeza. Os dias de viagem estavam passando e ela ainda não se sentia conectada à vida selvagem única da região. Naquele momento, suas relações humanas não precisavam de cuidados. Sua família estava nitidamente feliz e o grupo

– composto por três guias e nove companheiros de viagem – estava integrado. Na verdade, provavelmente a folia amigável das brincadeiras tinha mantido as criaturas mais tímidas da Terra – as águias-douradas e os alces – a quilômetros de distância. Para Leigh, era sua relação com a natureza que chamava atenção.

Na tarde seguinte, quando foi anunciado um dia de escalada, Leigh ficou de frente para a cordilheira Noisy (ruidosa) – assim chamada pelo barulho das rochas e do gelo caindo que ecoa pelo vale – com a grande geleira Netland às suas costas. Ela se sentiu espremida, literal e metaforicamente, entre o ruído e o silêncio.

No jantar, Leigh contou a todos sobre seu plano de se manter em silêncio desde a sobremesa daquela noite até a sobremesa da noite seguinte. Ela sabia que não precisava de "permissão" dos outros, mas seu apoio ajudaria a evitar mal-entendidos. Leigh falou um pouco sobre este livro como um contexto adicional. Todos foram muito compreensivos e até ficaram intrigados. Fizeram perguntas como "Você vai continuar comendo com a gente?", "Vai só fazer de conta?" e "Posso fazer isso junto com você?". As respostas de Leigh foram "Sim", "Não", e "Claro que sim!".

Naquela noite, quando começaram a jogar baralho, a maioria do grupo mantinha os olhos na margem de cascalho do outro lado do rio na esperança de avistar um urso-cinzento pescador. Foi sem dúvida a noite mais tranquila que passaram juntos como grupo. Leigh ficou um pouco preocupada que seu pedido atrapalhasse o clima. Não tinha intenção de mudar o comportamento do grupo, por isso preferiu ir mais cedo para sua barraca. No caminho, ouviu alguém dizer em voz baixa "Deve ser mais difícil para o marido", o que fez Leigh sorrir. "Não exatamente!", pensou ela.

Naquela noite, os ventos mudaram de direção. Agora o ar frígido soprava direto da geleira de Netland. Leigh tremia de frio. Na barraca, virou-se para o marido, Michael. Todas as células de seu corpo enregelado queriam acordar Michael para dizer: "Está muito frio. Estou *congelando*!" Mas então lembrou-se de que estava em silêncio e que teria de esperar até a noite seguinte para falar com ele. Mas de que adiantaria? Ela voltou a dormir, só para acordar de novo com o mesmo desejo insaciável, o mesmo diálogo interior e a mesma conclusão.

O dia seguinte foi glorioso. O tempo esquentou e o céu clareou. Leigh pegou o café e posicionou sua cadeira com vista para a correnteza de cascalho abaixo da cordilheira Noisy, uma área conhecida pela atividade de ursos-cinzentos. Os guias tinham levado um telescópio poderoso. Até agora, só tinham visto ursos-negros. Todos ficaram um pouco desapontados, principalmente os fotógrafos da vida selvagem. Leigh sentiu o que só poderia definir como um "formigamento". "Acho que é a hora do urso", pensou. Pegou o binóculo e quase de imediato um grande urso-cinzento saiu da floresta do outro lado do rio. Pulou da cadeira e começou a apontar freneticamente na direção do urso. Uma mulher exclamou: "Leigh localizou um urso-cinzento!" O grupo se levantou de repente e todos ficaram observando o animal por cerca de vinte minutos: pescando, andando devagar até o outro lado da lagoa e voltando para a densa floresta de pinheiros.

Naquele dia, Leigh e a filha de 12 anos, Ava, ficaram no acampamento quando o grupo saiu para uma caminhada de um dia. Leigh notou que seu diálogo interior diminuiu na ausência do grupo. Leigh e Ava ficaram horas olhando para as nuvens brancas e fofas sem dizer uma palavra. Foi extasiante.

Foi a primeira vez de Leigh entre as geleiras, as detentoras do "grande momento" por dezenas de milhares de anos. No ambiente do próprio silêncio, ela sentiu mais conexão com o lugar. Sentiu gratidão pelo parque ter sido criado. Gostaria de saber mais sobre os povos nativos daquelas terras – como eles viajavam pelos rios e suportavam os invernos?

Quando os outros viajantes voltaram da caminhada, um grupo foi fazer o jantar, enquanto o restante se preparou na expectativa de ver outro urso-cinzento. Leigh continuou olhando para o céu até sentir aquele "formigamento" de novo. Sentou-se, pegou o binóculo e viu que, mais uma vez, havia um urso-cinzento do outro lado do rio. Nem mesmo as cinco pessoas à espreita o tinham visto. "Viu o que acontece quando você fica em silêncio?" observou uma mulher. No silêncio, Leigh se sentiu mais sintonizada.

O ensaísta e naturalista Barry Lopez define a dinâmica pela qual o urso-cinzento se torna mais visível em um dia sem palavras:

> Quando um observador não transforma imediatamente o que seus sentidos lhe transmitem em linguagem, no vocabulário e na estrutura sintática que todos empregamos ao tentar definir nossas experiências, há uma oportunidade muito maior de perceber pequenos detalhes, que a princípio podem parecer sem importância, para continuarem vivos no primeiro plano de uma impressão na qual, mais tarde, podem aprofundar o significado de uma experiência.[4]

Diferentemente de Gandhi, Leigh não fez grandes discursos nem tomou decisões importantes depois de 24 horas. Apenas degustou a sobremesa de torta de frutas e voltou às amenidades verbais com o grupo. Mas o dia de silêncio mudou um pouco o tom da viagem. Aumentou sua capacidade de observar os detalhes e mantê-los "vivos no primeiro plano". Leigh se sentiu mais centrada e aterrada. Seu dia em silêncio "aprofundou o significado" da experiência.

IDEIA 3: FLUTUANDO NA NUVEM DO NÃO SABER

Vamos dizer uma coisa sobre a teologia *apofática*: não é tão fácil aplicá-la à vida cotidiana.

A abordagem apofática da espiritualidade – a dissolução sem palavras do eu separado na totalidade do mistério cósmico – costuma ser muito menos acessível do que a abordagem *catafática*, que se concentra em práticas conceituais verbalizadas, como ler as escrituras, ouvir sermões ou mesmo a maioria dos tipos de oração ou de meditação orientada.

Já comentamos sobre *A nuvem do não saber*, o livro espiritual de mais de quinhentos anos escrito por um autor anônimo.[5] Obviamente, um antigo texto místico cristão escrito em inglês antigo inescrutável está muito longe do contexto cultural atual em que a maioria de nós vive. No entanto, o velho livro contém uma chave para tornar prático e acessível o caminho apofático, a teologia do silêncio.

A chave está na palavra "esquecer".

Já comentamos um ensinamento essencial do texto: "A primeira vez que praticar a contemplação, você só vai vivenciar uma escuridão, como uma nuvem de não saber." Em vez de tentar sentir, elaborar ou pensar sobre as coisas, a instrução é *esquecer tudo*. O autor nos aconselha a sintonizar a "agitação delicada do amor", deixando de lado quaisquer conceitos ou preocupações sobre as condições materiais da vida. Trata-se de descartar todas as histórias e narrativas sobre quem somos e o que está acontecendo na nossa vida para flutuar na essência amorosa da própria vida.

Os ensinamentos do *A nuvem do não saber* inspiraram práticas que podem ser aplicadas na vida cotidiana, inclusive em breves períodos de descanso. Por exemplo, a prática de meditação cristã da Oração Centrante diz respeito a abandonar todos os pensamentos e simplesmente retornar à consciência para se concentrar apenas em uma palavra curta e reconfortante de sua escolha. É claro que no budismo e em outras tradições de meditação você encontrará instruções semelhantes sobre como abandonar sua linha do tempo e sua análise verbal.

Nós entendemos: é difícil entrar no espaço de contemplação profunda, no qual você pode temporariamente "esquecer" todo o conteúdo de sua vida e "flutuar na nuvem do não saber". Essa profundidade de oração ou meditação requer preparação. Pensamos em como nosso amigo, o mitologista Josh Schrei, descreveu como os *rishis* da Índia antiga viviam na natureza, cantavam, seguiam uma dieta específica e uma ética rigorosa para conseguir chegar a um lugar de sintonização onde pudessem *ouvir* os Vedas. "A prática ética é necessária para um ser vivenciar o silêncio harmonioso", diz ele. Mesmo que não esteja buscando o mesmo silêncio arrebatador dos *rishis* da Índia antiga, você pode fazer algumas coisas para se preparar.

Então, eis aqui uma prática a ser considerada: reserve algumas horas para ficar em silêncio – na natureza ou em algum lugar tranquilo, sozinho. Proteja esse momento. Ponha na agenda. Faça os arranjos necessários para não ser perturbado, se possível. Nesse espaço de silêncio determinado, você pode fazer um exercício de respiração, de meditação ou oração. Se for parte da sua prática – e você tiver a adequada "postura" mental e o "cenário" ambiental apropriado –, pode optar por trabalhar conscientemente com plantas sagradas ou psicodélicas. Ou pode apenas descansar e relaxar. O que importa é deixar todos os problemas e preocupações para trás. Consagre o espaço como um refúgio seguro para *esquecer tudo*.

Como preparação para entrar nesse espaço, tente primeiro fazer algumas práticas para facilitar o silêncio interior. Não existe um jeito certo de fazer isso. A maneira específica de se preparar para encontrar o silêncio interior depende da natureza do ruído interior de cada um. Por exemplo, nos dias ou semanas antes de entrar nesse período específico de silêncio, você pode pensar nos relacionamentos importantes da sua vida. Pode dedicar algum tempo a pensar sobre quaisquer problemas persistentes e pode estar na sua esfera de controle ou na sua esfera de influência para resolvê-los. Claro que você não vai resolver problemas de décadas com um pai ou parceiro ou parceira, mas talvez estabeleça um plano viável para fortalecer um relacionamento importante e dê um ou dois pequenos passos adiante. Talvez esclareça alguns itens realmente importantes da lista de tarefas. Imediatamente antes de entrar no seu período de silêncio, pode preparar o corpo e a mente praticando exercícios, fazendo ioga, recitando, escrevendo um diário ou cantando.

Aqui vai uma dica simples: se você acha que não vai conseguir entrar no espaço do silêncio interior porque não mandou aquele e-mail, não tirou o lixo ou não limpou a geladeira, faça tudo isso antes.

Não há necessidade de ser muito ambicioso. Basta conferir o que pode fazer para eliminar algumas fontes mais imediatas de ruído interior, pelo menos no nível superficial da consciência.

A ideia é criar ativamente as condições para poder flutuar na nuvem. Trata-se de "preparar a embarcação" para o silêncio.

Uma coisa é fazer uma pausa no dia atarefado para tentar "esquecer tudo" e entrar no reino apofático, para além de quaisquer pensamentos ou conceitos. Outra coisa é dedicar algum tempo e esforço a corrigir, organizar e alinhar cuidadosamente sua vida o máximo possível para poder dizer com confiança – por um período temporário – "Boa viagem".

IDEIA 4: NAS PROFUNDEZAS

A palavra "retiro" é uma derivação regressiva do verbo "retirar", o qual possui, entre suas acepções, uma conhecida definição militar: "desistir" ou "recuar". Para nós, essas conotações se avolumam sempre que pensamos em deixar a vida normal para trás. É como se fôssemos soldados abandonando nossos companheiros aflitos na linha de frente. Sentimo-nos irresponsáveis por largar o trabalho, as responsabilidades e a cidadania em busca do que às vezes parecem interesses pessoais quixotescos.

Se você analisar a etimologia da palavra "retiro", vai descobrir que tem a mesma origem do francês antigo *retret*, um substantivo do particípio passado de *retrere*, "recuar ou retirar". Essa definição remete à abdicação dos deveres da vida. Mas, se for um pouco mais fundo, vai encontrar outra perspectiva. A raiz latina de "retirar", *retrahere*, tem dois componentes: *re* (voltar ou novamente) e *trahere* (recuar, ter tração). Essa "tração" tem um oposto: "dis-tração". Então, "retirar-se" é também recuperar a capacidade de redescobrir o que é importante para nós e tocar a vida em frente a partir desse princípio.

Quando pensamos em "retiro" nesse sentido, surgem novas possibilidades.

Talvez seja menos sobre o que você deixa para trás e mais sobre *recuperar a tração para seguir em frente*.

Retiros prolongados são rituais consagrados há milênios – fontes de iluminação para ritos de passagem indígenas, místicos sufis, mestres védicos, discípulos budistas e os Pais e Mães do Deserto. E continuam a inspirar artistas criativos e profissionais de todos os tipos nos tempos modernos.

Todo ano, o renomado autor, historiador e teórico social Yuval Noah Harari faz um retiro silencioso de sessenta dias. Às vezes por mais tempo. "Você não tem distrações, não tem televisão, não tem e-mails. Fica sem telefone, sem livros. Você não escreve", declarou ao jornalista Ezra Klein. "Você só tem cada momento para se concentrar no que realmente está acontecendo agora, no que é real. Então, depara com coisas de que não gosta em si mesmo, coisas de que não gosta no mundo e que passa tanto tempo ignorando ou suprimindo."

É difícil imaginar como um dos intelectuais mais proeminentes do mundo é capaz de passar dois meses inteiros do ano sem contato com o mundo exterior. Mas Harari afirma que esse tempo de ausência não está em desacordo com seu sucesso como escritor; na verdade, é a chave para isso.

Apesar de todos os compromissos, quando Harari opta por priorizar um retiro de dois meses por ano, é por ter o poder de fazer isso acontecer. Ou seja, ele determinou que isso está dentro da sua *esfera de controle*.

Mas o que dizer de nós mesmos?

Sheila Kappeler-Finn está em uma missão de democratizar os retiros pessoais. Seu próximo livro é um guia do tipo faça você mesmo para o que ela chama de "minirretiros" – que duram menos de uma semana e que podem durar até oito horas. Alguns exemplos de opções de baixo custo que ela recomenda incluem:

- Uma semana sendo babá de um bichinho de estimação na casa de um vizinho
- Trocar de apartamento com um amigo por dois dias
- Retiro de um dia em uma biblioteca pública
- Retiro no espaço verde de um parque ou de uma universidade

Uma mudança de cenário é sempre possível. "Se você não pode ir para outro lugar, reorganize os móveis do quarto", diz Sheila. "Troque algumas fotos de lugar, faça algo para se acalmar ou se animar. Compre uma planta ou algumas flores." Ela enumera uma série de opções, mas se apega a seu principal argumento: "Se o ambiente parecer diferente, causará um grande impacto psicológico. *Vai ser* um retiro."

Janet Frood não ousaria chamar o que faz de "retiro". Já cometeu esse erro antes. "Se eu disser 'vou tirar o mês de folga', é como se estivesse de férias", avisa. "As pessoas dizem: 'Ah, que sorte você tem!' Mas quando eu digo 'Vou tirar um período *sabático*', a reação é: 'Bom, *isso é* oficial.'" Agora que ela escolhe bem as palavras, as pessoas se interessam e respeitam a decisão de um jeito totalmente novo. Afinal, por que só os acadêmicos podem desfrutar disso?

É a segunda experiência de Janet com um negócio próprio de consultoria. Da primeira vez – já há mais de vinte anos –, ela entendeu tudo errado. Não tirava uma folga. Seu credo era: "Eu só posso ganhar *credibilidade* se estiver *disponível*." Mas, quando sua mãe adoeceu e acabou morrendo de câncer, as fissuras desse credo vieram à tona. Ela estava cuidando da mãe, criando dois filhos pequenos e construindo um negócio. "Eu me perdi na equação", diz.

Em 2000 Janet tomou a difícil decisão de encerrar o negócio. Nos cinco anos seguintes, conseguiu se sustentar trabalhando em outra empresa. Mas, no fundo, a vocação de Janet era ter a própria empresa. Então, em 2005 ela tentou de novo – só que, dessa vez, incorporou um período sabático de um mês no calendário anual. Janet considera esse mês – sem remuneração – como o custo de administrar um negócio sustentável. É inegociável. Tanto os novos quanto os potenciais clientes são informados sobre isso de antemão. Desde que assumiu esse compromisso, ela nos diz: "Nunca deixei de cumprir."

Nos períodos sabáticos de Janet não podem faltar alguns elementos essenciais, que incluem contato com água (boiar no lago Huron é um de seus favoritos), um lugar para estender uma rede (estar suspensa no ar é algo que ela associa a boiar na água) e um tempo reservado para leitura, cochilos e contemplar as nuvens. Janet quer boiar, ficar à toa em uma rede, mergulhar nos livros. Só isso. É o bastante. Ela pratica a arte esquecida de ficar em pausa. Em um bom ano, pode até se cansar de tanto descanso.

Em seu livro *Wintering: The Power of Rest and Retreat in Difficult Times* (Hibernando: O poder do descanso e do retiro em tempos difíceis), Katherine May nos lembra que às vezes vemos nossos "retiros" com má vontade.[6] Não só por terem puxado o tapete debaixo de nossos pés – como aconteceu quando a mãe de Janet foi diagnosticada com câncer. É por tentarmos adiar o inverno indefinidamente. Negamos o próprio fluxo e refluxo da vida. Katherine escreve: "Plantas e animais não lutam contra o inverno; não fingem que não está acontecendo nem tentam continuar vivendo a mesma vida que viviam no verão."

Tricia Hersey, a artista e teóloga que você conheceu no Capítulo 4, tirou um Sabbath de três semanas no verão de 2020. "Sabbath" é a palavra raiz da qual deriva "sabático". Um período sabático, se bem-feito, é "digno" de ser chamado de Sabbath – o dia sagrado de descanso. Tricia foi criada em uma congregação cristã voltada para afrodescendentes; o pai era ministro e pastor. O Sabbath semanal está gravado em seus ossos, embora seu primeiro período prolongado tenha ocorrido recentemente.

Antes de iniciá-lo, Tricia deu a todos ao redor – incluindo seu meio milhão de seguidores no Instagram – um aviso prévio de três meses. Planejou para que seu Sabbath incluísse "dormir até tarde, silêncio, cochilos diários, muitos banhos de imersão com sais de desintoxicação, leitura de livros, não falar sobre nada relacionado a trabalho/carreira/igreja, escrever um pouco, passar tempo com amigos e familiares e se aninhar totalmente em casa". Para fazer tudo isso, avisou: "Estarei fora de todas as mídias sociais e não haverá eventos, e-mails, discussões sobre os detalhes do trabalho do Ministério da Soneca (movimento liderado por ela que prega o poder libertador do descanso) nem reservas e viagens." Sua única "tarefa" seria compartilhar um pouco do que aprendeu no processo depois.

Quando voltou, ela descreveu a experiência em seu blog, dizendo que, apesar de ter avisado os clientes que estaria off-line, "na verdade, recebi mais e-mails, textos e solicitações relacionados ao trabalho nesse Sabbath do que quando estou disponível e trabalhando. Achei fascinante". Ela ficou admirada: não só nos convencemos de que não merecemos descanso como também não sabemos como oferecer apoio a quem decide folgar por algum tempo. Mas não ficou ressentida; ficou pasma. Segundo Tricia, todos nós fomos enganados. É imperativo que "deixemos de dizer que o descanso é um luxo ou um privilégio. Não é; é um direito humano. Quanto mais pensamos no descanso como um luxo, mais engolimos essas mentiras sistêmicas". Tricia vê claramente as causas principais:

> Eu sei que não é culpa de ninguém você não estar descansando. Não é sua culpa estar preso em uma cultura trituradora nem ter nascido aqui sob

um sistema tóxico que o vê como uma máquina. Nada disso é culpa sua. Mas o bom é que você pode se desprogramar e se descolonizar disso.

Nós nos desprogramamos no silêncio.
E nos descolonizamos quando descansamos.
Tricia escreve: "O descanso ajuda você a curtir o silêncio. O silêncio e o descanso removem o véu do nosso rosto para podermos realmente ver o que está acontecendo."

Então chame como quiser – retiro ou minirretiro, hibernação forçada ou programada, período sabático ou Sabbath –; é seu direito de nascença. É o que você e todas as criaturas vivas merecem.

IDEIA 5: CACHORRINHOS FOFOS LAMBENDO SEU ROSTO

No passado, Jon Lubecky costumava encontrar seus estados de fluxo no som de bandas de death metal e motos sujas.

Mas o Iraque mudou sua relação com a sonoridade.

Em 2005 e 2006, ele foi sargento de uma unidade de artilharia do Exército dos Estados Unidos na base aérea de Balad, no centro do Triângulo Sunita – em meio a um dos mais intensos conflitos sectários da guerra. A base era atingida com tanta frequência pelo fogo de morteiros que os soldados passaram a chamá-la de "Mortaritaville" – uma alusão bem-humorada à música "Margaritaville", de Jimmy Buffett. Os sons estridentes de morteiros, foguetes e helicópteros de evacuação médica eram lembretes constantes da iminente mortalidade daquelas pessoas. Todos ansiavam por algo semelhante a um silêncio. Todos estavam no limite.

Uma noite, em abril de 2006, Jon estava exausto e sentado em um banheiro químico quando um morteiro caiu a curta distância, deixando-o inconsciente por um breve momento. Os estilhaços não atingiram seu corpo, mas ele ficou com uma lesão cerebral traumática.

Voltar para casa deveria ser um retorno ao silêncio. Mas logo se tornou uma enxurrada de outros tipos de ruído. Seu casamento acabou. Ele não conseguia se concentrar o suficiente para manter um emprego. Tomava 42 comprimidos por dia – benzodiazepínicos, antidepressivos, relaxantes musculares e muito mais. Nada ajudava. O burburinho implacável de dúvidas e autocrítica azucrinava sua cabeça. Sofria da ansiedade aflitiva de pensar que qualquer sujeito comum com uma mochila na calçada era um homem-bomba.

"Não existe silêncio no transtorno de estresse pós-traumático (TEPT)", diz Jon. "Quanto mais profundo o trauma, mais alto o ruído interior – e mais disposto você fica a fazer qualquer coisa para silenciá-lo."

Na manhã de Natal de 2006, dois meses depois de voltar do Iraque, ele decidiu tirar a própria vida. Quando apertou o gatilho de sua Beretta 9mm, sentiu o que pensou ser o silêncio mais profundo que já vivenciara.

"Tudo acabado. Sem ruído nenhum. Era só paz."

Achou que estava morto por algo em torno de trinta segundos.

Mas o som que ouviu foi só da espoleta. Por um defeito de fabricação da munição, ele sobreviveu. Tentou se suicidar outras quatro vezes. Inacreditavelmente, sobreviveu a todas as tentativas.

Ele continuou vivendo.

Um dia, no hospital para veteranos de guerra, o psiquiatra habitual de Jon estava fora do consultório e ele se encontrou com uma jovem recém-formada em medicina. Ela disse que tinha lido o prontuário dele. Pôs um bilhete em cima da mesa e disse: "Gostaria que abrisse isto quando sair do hospital. Eu não deveria tocar nesse assunto, então guarde no seu bolso." O bilhete dizia: "Pesquise MDMA (metilenodioximetanfetamina) e TEPT no Google."

Jon seguiu o conselho. Localizou um estudo legalmente autorizado de psicoterapia assistida por MDMA para tratamento de pessoas com TEPT.[7] Consistia em três ciclos de tratamento em uma casa de repouso em Charleston, na Carolina do Sul, incluindo uma série de sessões de psicoterapia antes e depois de cada etapa do tratamento. O que aconteceu nas sessões, explica, não foi só uma "viagem" ou um "barato".

Ele diz que "foi como ser abraçado pela pessoa que você sabe que mais o ama no mundo e ao mesmo tempo ter cachorrinhos fofos lambendo seu rosto". Mas foi também um processo de desenterrar e desmantelar sistematicamente as fontes de ruído debilitante na consciência.

Na primeira sessão, ele lembra: "Os psiquiatras fizeram perguntas inócuas como 'E aí, como era o clima no Iraque?'"

"Então eu começava a falar e continuava falando", conta. O mecanismo fisiológico de ação da droga, explica ele, é a supressão da "resposta de luta ou fuga nas amígdalas, para você conseguir lidar com coisas que poderiam deixá-lo em pânico". Em outras palavras, o MDMA torna seguro acessar uma lembrança que de outra forma seria muito dolorosa.

Essa terapia foi muito mais do que uma incursão no "estado alterado" de uma descarga de serotonina, apesar de a liberação dessa substância ser em grande parte responsável pela sensação de "cachorrinhos fofos" que Jon descreveu e pelo sentimento de segurança que lhe permitiu se abrir. O MDMA, sob a orientação de dois conselheiros treinados, o ajudou a transcender temporariamente todo o ruído e a chegar conscientemente a lugares que de outra forma não alcançaria. Nesses lugares, pôde recodificar memórias e redefinir ansiedades. Pôde ver suas experiências com um distanciamento saudável. Isso resultou em uma mudança fundamental em sua perspectiva geral. Foi uma mudança duradoura – uma "alteração nas suas características" –, não um estado temporário.

Jon desvendou as fontes de seu ruído.

"Eu falei sobre coisas que nunca tinha falado com ninguém. E isso me curou."

Os níveis de depressão de Jon diminuíram consistentemente ao longo de seis meses. Um dia, ele constatou que conseguia ver um sujeito de mochila na rua sem ter medo. Não sentiu necessidade de tomar MDMA de novo. Conseguiu lidar com o pior do seu trauma. Sua perspectiva mudou. Agora ele tem os recursos interiores para orientar sua recuperação contínua. E – se necessário – dispõe de um dos maiores recursos de todos: a capacidade de pedir ajuda.

"Você pode subir uma montanha sem o celular e ficar em silêncio auditivo. Ou pode entrar em uma câmara de privação sensorial", diz Jon. "Mas não existe um 'tanque' para o silêncio interior", explica. *É você quem tem que fazer o trabalho.*

"O trabalho" de que estamos falando aqui é identificar e lidar com as fontes subjacentes do ruído interior.

"O trabalho" parece ser diferente para cada um de nós.

O método específico de cura de Jon – o da psicoterapia assistida com MDMA – permitiu que ele falasse sobre seus sentimentos sem desencadear sua reação de luta ou fuga. Ele se sentiu apoiado pela equipe e pelo cenário bem escolhido. Sentiu-se seguro. Calmo. Tranquilo.

Pela primeira vez em muito tempo, Jon conseguiu vivenciar o silêncio. Foi arrebatador.

IDEIA 6: BRINCAR PROFUNDO

"Existe um jeito de contemplar que é uma forma de oração."[8] Assim diz a naturalista e poeta Diane Ackerman. "A mente ou o coração não hesitam." Ela define esse estado sagrado de percepção com as seguintes palavras:

> Sem analisar ou explicar. Sem questionar a lógica. Sem promessas. Sem metas. Sem relacionamentos. Sem preocupação. A pessoa está totalmente aberta a qualquer drama que possa se desenrolar.
> Não importa o que causa o sentimento – observar o cortejo de albatrozes ou seguir o oásis ao vento de um pôr do sol tumultuado. Quando isso acontece, vivenciamos uma sensação de revelação e gratidão. Nada precisa ser dito ou pensado.

Esses momentos de contemplação – quando "nada precisa ser dito ou pensado" – nem sempre são tão acessíveis na vida adulta, verbalmente afetada e cheia de preocupações.

Mas são vivenciados com regularidade na infância.

Quando Leigh cursava o terceiro ano, seus pais já estavam divorciados havia muito tempo. Ela, o irmão, Roman, e a mãe, Rickie, mudaram-se para as Carolinas para ficar perto da família. Eles as chamavam de "Carolinas" porque tinham parentes morando nos dois lados da divisa. Quase sempre Leigh ficava encarregada de cuidar do irmão mais novo enquanto a mãe trabalhava no turno da noite no posto de gasolina, a 800 metros da estrada rural onde moravam. O auge da semana era a "viagem" que o trio fazia. Qualquer lugar servia, como meia hora de carro para ver a construção da Peachoid, a gigantesca torre de água em forma de pêssego na Interestadual 85.[9]

Como em muitas famílias monoparentais, a batalha dos irmãos pelo banco do passageiro era feroz. O banco da frente era onde as coisas aconteciam – a visão livre da paisagem, mais espaço para as pernas, o rádio, o toca-fitas e, o mais importante, a oportunidade de fazer algo útil, como limpar o para-brisa com um trapo velho durante uma chuva torrencial.

Na metade das vezes, porém, Leigh se via relegada ao banco de trás. Era como estar exilada em um cofre hermeticamente fechado. O Chevy Vega era uma lata-velha enferrujada e barulhenta. O silenciador e o escapamento estavam sempre furados, o chassi cedia sob a tapeçaria e o automóvel roncava como um carro de corrida. O estrondo mecânico não permitia qualquer comunicação entre os bancos dianteiros e o traseiro. Leigh ficava isolada pelo som em um universo só dela.

E foi aí que ela encontrou o silêncio – ou, mais precisamente, o silêncio encontrou Leigh.

Quando o calor do meio-dia dava lugar à chuva, Leigh ficava olhando as gotículas dançando na janela lateral e atribuindo traços de caráter, motivações e até aspirações a cada uma. O objetivo delas, imaginou, era deslizar pela superfície externa da janela do carro antes de se lançar no cosmo. As mais sábias teriam sucesso, em geral unindo forças com outras. Algumas lutavam e paravam. Outras desapareciam totalmente.

Era uma espécie de transe prazeroso. O indesejado burburinho interior sobre finanças e adaptação na escola evaporava. Em meio aos altos decibéis do ruído do motor, Leigh encontrava um requintado espaço de silêncio.

Em casa, encontrava essa mesma profundidade de atenção extasiada na natureza. Muitas vezes ia até "o pântano" atrás da casa por um caminho estreito entre as árvores cobertas por kudzu. O lugar lhe lembrava Dagobah, a casa de Yoda. De um poleiro seco, ficava olhando minúsculas criaturas se movimentando em suas vidas fugazes. A maioria se locomovia com sussurros ou sem fazer qualquer som. Seus dramas eram hipnóticos. As formigas eram muito amigáveis, sempre parando para um papinho. O besouro, sempre esperando pacientemente. A aranha-de-água era uma exibida, mas o que se podia esperar de uma criatura que podia andar sobre a água? Leigh se lembra de ficar imóvel – em um estado de consciência elevado – às vezes por horas.

Certa vez, viu as larvas de uma típula sendo comidas por uma rã-touro, que depois foi devorada por uma serpente – ou foi o que imaginou. Correu para casa para consultar a *Enciclopédia Britânica*, só para descobrir que a serpente podia ter sido facilmente comida pela rã-touro se a rã não estivesse tão interessada nas suculentas larvas. No silêncio do pântano, Leigh percebeu a precariedade da vida e como ela oscilava entre o estranho e o maravilhoso em momentos como esses.

Não é que o mundo estivesse totalmente silencioso. Às vezes suas temerosas lucubrações interiores interrompiam o zumbido dos grilos. Às vezes voltava correndo para a casa. Mas quase sempre ficava o máximo que podia, mesmo na escuridão, observando os mistérios da vida se desenrolarem.

Era um jeito particular de contemplação na infância.

Olhando para trás, era de fato uma espécie de oração.

Neste capítulo e no anterior, exploramos maneiras de um indivíduo encontrar o silêncio em grandes e pequenas doses, integrados à vida cotidiana ou em "ocasiões especiais". Mas alguns dos silêncios mais profundos são os mais simples – nos momentos em que, como disse Diane Ackerman, "nada precisa ser dito ou pensado" – ou quando assumimos o ponto de vista de uma criança.

Em seu livro *Deep Play* (Brincar profundo), Diane escreve sobre "brincar" como "um refúgio da vida comum, um santuário da mente, onde ficamos isentos dos costumes, métodos e decretos da vida". E "brincar profundo" é o que ela chama de uma forma extática de brincar. É o tipo de experiência que nos leva a um estado de contemplação semelhante à oração.

Enquanto Ackerman diz que "brincar profundo" é classificado mais pelo humor do que pela atividade, há alguns tipos de atividade especialmente propensos a induzi-lo: "A arte, a religião, correr riscos e alguns esportes – especialmente os que se dão em ambientes relativamente remotos, silenciosos e flutuantes, como mergulho, paraquedismo, asa-delta, alpinismo."

Embora possamos pensar na recreação extática como o oposto da ordem, muitas vezes há um forte senso de ordem no brincar profundo. Há a demarcação de um tempo especial ou de um lugar singular.

É preciso primeiro dominar as regras de um brincar com música ou montanhismo antes de nos entregarmos. É como Matt Heafy falou sobre ensaiar tanto que toda a música fica codificada na memória muscular, tornando possível "tocar sem pensar" em um profundo estado de silêncio no palco. Ou, parafraseando o falecido e grande saxofonista Charlie Parker: "Aprenda tudo, depois esqueça toda essa merda e toque."

As outras práticas que descrevemos nas páginas anteriores – por exemplo, retiros curtos – podem facilitar o brincar profundo. Às vezes é necessário isolar outras responsabilidades, abrir espaço para o esquecimento, para entrar em uma consciência infantil com atenção absorta.

Jon Lubecky encontrou uma forma de tornar acessíveis as profundezas até então emparedadas de sua psique. Teve que encontrar um meio de eliminar o trauma que distorcia sua percepção e impossibilitava sua presença. Jon ingeriu uma substância psicoativa sob um conjunto estrito de protocolos médicos, mas o uso sincero e responsável de substâncias que abrem a mente e o coração também pode ser um caminho para o êxtase. O que é um uso sincero? Na nossa experiência, tem como intuito buscar mudanças duradouras relacionadas à empatia e à ética. É diferente de buscar emoções baratas com experiências inócuas.

A prática abrangente do que estamos descrevendo aqui é o trabalho de entrar em alinhamento com o pulso da vida – como éramos antes de vestir os uniformes e as perspectivas de "adultos muito sérios".

Então pense em como você migra do ruído dos nomes e das distinções para o silêncio da pura clareza sensorial.

O que o aproxima mais de um jeito infantil de perceber o mundo?

Quais atividades, pessoas ou estados de espírito o apoiam?

Como transportar essas formas contemplativas para a vida cotidiana?

CARACTERÍSTICAS ALTERADAS

Skylar Bixby passou o dia todo em sua barraca ouvindo os sons alternados de respingos de chuva e neve caindo. Perto do anoitecer, a precipitação parou. Ele e seus companheiros de barraca saíram do abrigo e andaram até o topo de uma montanha próxima. O céu se encheu de uma luz dourada quando o sol se pôs sobre os pinheiros de casca branca e os picos de granito.

Normalmente, pareceria estranho – e até hilário – um grupo de doze adolescentes sem celular e em silêncio total. Mas lá parecia natural. Depois dos primeiros treze dias de uma expedição de três meses pelo deserto iniciada em Wind River Range, no Wyoming, os sentidos de todos estavam sintonizados com um momento como aquele – um momento que evocava respeito.

Skylar continuou no topo da montanha depois do pôr do sol, quando todos os outros voltaram ao acampamento. Ficou observando a mudança de cores do céu no início da noite e ouvindo o ar. Naquele momento, notou algo sobre si mesmo: sua mente não se parecia em nada com aquela de algumas semanas atrás.

"Eu andava preocupado com a escola, preocupado com quais memes enviar para os amigos, preocupado em como ser eu mesmo", conta, descrevendo sua realidade típica do ensino médio. Depois de meses e meses de videoaulas impessoais, incertezas sobre a admissão na faculdade e da estranha socialização no período da quarentena, era compreensível. Mas toda aquela ansiedade tinha se tornado uma tênue lembrança. A vontade de jogar videogame sumiu. "Percebi como minhas prioridades mudaram lá. Minha lista de prioridades era totalmente diferente daquela que eu tinha na vida normal."

Durante os três meses na natureza, Skylar percebeu pela primeira vez como o ruído auditivo e informacional da vida cotidiana diminuiu. Em seguida, o ruído interior mais sutil de projeções futuras, de preocupações e análises também arrefeceu. Ele estava diante de um novo conjunto de propósitos para fixar sua atenção: encontrar água, calcular as rações, orientar-se, manter-se aquecido, fugir dos ursos.

Quando conversamos com Skylar, várias semanas depois de terminada a excursão, ele se sentia grato e quase surpreso por esse sentimento subjacente ter permanecido – apesar de ter voltado à vida de adolescente do século XXI. "Agora eu consigo ter um momento de silêncio sem precisar de distração", diz, acrescentando: "Ficar sem fazer nada é uma *habilidade*, e agora eu tenho essa habilidade."

Não foi tão fácil para Skylar adquiri-la. Ele precisou trocar o conforto e a familiaridade da rotina diária pelos rigores físicos de meses nas montanhas. Como Matt Heafy e Jon Lubecky, Skylar descobriu que *precisava passar por isso*. Percebeu que valia a pena suportar o desconforto e a inconveniência pela chance de usufruir de uma experiência como aquele pôr do sol no alto da montanha. Naquele silêncio radiante, percebeu que havia reconfigurado sua mente. E mudou não apenas seus *estados*, mas suas *características*.

Diane Ackerman usa a palavra "arrebatadora" para definir tal experiência. É uma palavra, diz, que significa literalmente "agarrado à força", como se alguém estivesse sendo levado por uma poderosa ave de rapina, um raptor.

É uma justaposição engraçada ao significado convencional do silêncio.

Mas se aceitarmos o verdadeiro silêncio como um encontro direto com o que é *real*, trata-se de uma ruptura profunda com a vida comum no século XXI. É um contraste radical com o artifício das mídias sociais e da sociedade da informação em alta velocidade.

É uma força transformadora. É natural usar a palavra "arrebatadora" para defini-la.

Nos próximos capítulos continuaremos a explorar o silêncio – tanto o cotidiano quanto o rarefeito –, não só individualmente, mas em ambientes onde o silêncio é compartilhado.

PARTE 5
JUNTOS EM SILÊNCIO

CAPÍTULO 12

TRABALHANDO O SILÊNCIO

Se você estivesse andando pela Filadélfia no verão de 1787 e deparasse com o Independence Hall, teria visto algo estranho. Na rua em frente ao salão de reuniões – onde muitos dos patriarcas fundadores do país se reuniram para redigir a Constituição dos Estados Unidos – havia um gigantesco monte de terra.[1] Os delegados da Convenção Constitucional tinham mandado erguer uma barreira de isolamento acústico. Acreditavam que os sons de carruagens, vendedores ambulantes e conversas lá fora perturbariam as deliberações acerca da redação do texto. Ninguém lá estava querendo um silêncio monástico. Como mostram os registros históricos, houve muitas discussões acaloradas. Dados os costumes sociais da época, pode ter havido momentos ocasionais de acessos emotivos, com gritos e objetos arremessados – talvez papel amassado ou pedaços de frutas – de parte a parte. Mesmo assim, havia um reconhecimento subjacente da necessidade de um recinto silencioso para facilitar o pensamento em grupo. O monte de terra era para tornar isso possível.

Avance 235 anos e você encontrará uma realidade radicalmente diferente no Legislativo dos Estados Unidos. Durante seu tempo como assessor legislativo de três membros do Congresso, Justin sempre achou difícil pensar em meio ao barulho do Capitólio. Com as TVs transmitindo programas da Fox News ou da MSNBC (dependendo da filiação partidária do gabinete), alarmes sinalizando as votações em plenário e lobistas tagarelando e dando tapinhas nas costas dos congressistas em recepções regadas a drinques, o ambiente acústico do Congresso de hoje é muito diferente daquele em que os formuladores da Constituição trabalhavam.

E isso para não falar do ruído informacional com que os legisladores modernos convivem: infindáveis e-mails urgentes de grupos ativistas, reuniões com o eleitorado, discussões sobre estratégias de campanha, sessões para angariar fundos, eventos de imprensa e pressão generalizada causada por articulações, politicagens e gerenciamento de mídia. O nível de distração no Congresso de hoje é várias ordens de magnitude maior do que qualquer coisa que alguns vendedores de rua da Filadélfia do século XVIII pudessem produzir. Em comparação com a Convenção Constitucional, o Congresso atual não vê necessidade de silêncio para pensar com clareza. Fazer barulho é um distintivo de honra.

Muitos anos atrás, Justin participou de um pequeno experimento para tentar mudar a cultura do Capitólio. Por meio de um novo programa de atenção plena lançado pelo deputado Tim Ryan e alguns parceiros, Justin começou a ensinar meditação aos formuladores de políticas do Capitólio. Ele se lembra da primeira vez que organizou um evento, em uma tarde particularmente tensa de segunda-feira no edifício Rayburn House, em meio a batalhas orçamentárias e um debate acirrado sobre o controverso acordo comercial da Parceria Transpacífica. Havia cerca de quarenta funcionários de políticas e comunicações presentes. Alguns eram democratas progressistas da Costa Oeste, experientes em práticas de ioga, e alguns eram republicanos do Sul e do Centro-Oeste que trabalham em finanças ou direito e já tinham percebido a necessidade prática da meditação para lidar com o estresse no local de trabalho. Em um edifício geralmente segregado por tendências ideológicas e claques sociais, o espaço estava surpreendentemente diversificado.

À medida que a plateia se acomodava, Justin sentiu a energia típica do Capitólio no ar – pessoas no limite, cabeças agitadas com pensamentos sobre disputas políticas, de carreira e os votos contenciosos que viriam no fim do dia. Muitos provavelmente estavam se perguntando: "O que estou fazendo aqui?"

Enquanto isso, Justin dava boas-vindas a todos e algumas breves orientações sobre a prática da meditação. Ele estava diante de uma cena impressionante: em uma pequena sala de reuniões com carpete azul e aparência oficial, móveis de madeira escura sob luzes de neon e uma bandeira americana, diversos funcionários do governo, tensos e em trajes formais, sentados lado a lado – principalmente nas cadeiras, mas uns poucos no chão com as pernas cruzadas.

Quando recomendou uma meditação sentada de vinte minutos, o silêncio envolveu a sala e algo mudou. Aquelas amígdalas turbinadas de Washington começaram a desacelerar. Na opinião de Justin, não foi resultado de nenhuma técnica específica de atenção plena; foi o resultado de o grupo reunido estar simplesmente sentado sem nada a dizer.

Não temos a ilusão de que reunir um pequeno grupo do governo federal para vinte minutos fugazes de silêncio possa propiciar a clareza necessária para transformar "o Sistema". Mas, para nós, o valor desse pequeno experimento foi o de demonstrar o que é possível nos cenários mais improváveis.

É possível ficarmos *juntos em silêncio*.

○

É compreensível que às vezes as palavras "silêncio" e "isolamento" se confundam. Sons e estímulos são coisas comuns no relacionamento humano. Na presença de outras pessoas, nós fazemos o que fazemos: brincadeiras, risadinhas, discussões, autocomiseração.

Assim, alguns dos momentos de silêncio mais pungentes que já vivenciamos foram na presença de outras pessoas: momentos de pesar em comum ou de uma beleza de tirar o fôlego, momentos de choque ou admiração. Nesses momentos, em geral abandonamos a obrigação social de verbalizar, racionalizar, considerar e analisar.

Mas o valor do silêncio em conjunto não se resume a esses raros momentos que nos deixam sem palavras.

Existe uma razão para as pessoas se reunirem regularmente para meditar em silêncio, mesmo que seja muito mais conveniente sentar-se sozinho em casa. Simplificando, há uma alquimia em vivenciar o silêncio com outros. Do tom cinzento do mundano pode surgir algo dourado. Quando duas ou mais pessoas entram juntas em modos de percepção mais profundos e refinados, ocorre uma sensação única de expansão.

O poder do silêncio é ampliado quando compartilhado.

Nos capítulos anteriores exploramos estratégias focadas em encontrar e criar silêncio como uma prática solitária. Aqui abordaremos como lidar com o ruído em grupo para ficarmos juntos em silêncio.

Como veremos nas estratégias a seguir, o trabalho essencial para ficarmos "juntos em silêncio" é entender e refinar nossas normas e a nossa cultura. Quando usamos a palavra "cultura", tendemos a pensar em como as sociedades criam arte, culinária ou literatura diferenciadas. Mas a cultura também pode se referir às normas comuns e cotidianas: regras, costumes, estilos, rituais, ritmos, padrões, preferências e expectativas ditas e não ditas que se manifestam quando interagimos regularmente com outras pessoas. Na área do desenvolvimento organizacional costuma-se dizer que a cultura de uma empresa está sempre presente e se expressando, sejam seus membros aderentes ou alheios a ela. O mesmo pode ser dito da cultura de um grupo de amigos, de uma família ou de um casal. Como as normas costumam emergir e evoluir de maneira orgânica e inconsciente, vale a pena revisá-las periodicamente a fim de obter maior consciência sobre sua criação e suas manifestações. É sempre bom questionar o padrão.

O Congresso americano de hoje, como local de trabalho, é claramente governado por normas de ruído. É socialmente aceitável ficar com a TV ligada o tempo todo. É aceitável falar alto enquanto alguém está escrevendo ou continuar lendo um texto enquanto alguém lhe diz alguma coisa. É procedimento operacional padrão enviar mensagens depois do expediente com a expectativa de uma resposta imediata. Em geral as pessoas estão muito ocupadas pensando em suas causas ou carreiras para dar um passo para trás e considerar as distorções e distrações causadas pelas paisagens sonoras e informacionais. A sessão experimental de Justin pareceu tão incomum porque o silêncio compartilhado está muito distante da cultura dominante no Capitólio.

Os participantes da Convenção Constitucional de 1787, em comparação, tinham normas para deliberar em silêncio. Facilitar a atenção pura era um objetivo em comum. Aquele grande monte de terra era um lembrete – para eles e para o público – de que o propósito da reunião era ir além da distração para fazer um trabalho importante.

Normas ruidosas como as vigentes no Capitólio são o padrão em toda a sociedade hoje. No entanto, ainda existem culturas que cultivam o silêncio. Pense em um mosteiro, uma biblioteca ou uma pequena fazenda mais afastada. Nesses contextos, as pessoas adotam regras e expectativas claras em torno do ruído, que refletem os propósitos e os valores do local específico. Essas normas não toleram comentários sobre notícias de TV a cabo e acessos compulsivos ao TikTok. Mas, para vivenciar um silêncio compartilhado, você não precisa aderir a uma austera ordem religiosa nem ficar entre pilhas de livros ou se mudar para um ambiente rural isolado. Você pode ajudar a moldar regras e expectativas que criem elementos de silêncio nas condições atuais da sua vida – no trabalho, em casa, entre amigos. Entretanto, fazer isso requer alguma criatividade. Talvez o mais importante seja ter coragem para identificar o que não está funcionando e facilitar uma conversa construtiva sobre a melhor forma de avançar.

COMO FALAR SOBRE SILÊNCIO

Todos já previam aquela mudança havia anos. A mãe de Leigh, Rickie, e sua companheira Betty iam se mudar do centro de Ohio para o norte da Califórnia. O plano era ficar com Leigh e família enquanto procuravam uma moradia para idosos a um preço acessível. Na área da baía de São Francisco, isso seria um milagre de Natal, mas elas imaginaram que as vantagens valeriam a pena – entre elas, o convívio com os netos.

Não demorou muito para que todos estabelecessem uma rotina. "Minha mãe" e "minha Betty", como Leigh as chama carinhosamente, foram hóspedes impecáveis. Cuidavam das refeições e limpavam a casa. Revezavam-se para levar a neta Ava para a escola e a ajudavam com a lição de casa. Enchiam a casa de risadas e com o doce aroma de bolo de chocolate. Com uma proporção de quatro adultos para uma criança em casa, Leigh percebeu que finalmente teria o tempo necessário para trabalhar neste livro.

Além da deliciosa gargalhada de Betty, tanto ela quanto Rickie se situam no lado "tranquilo" do espectro de personalidades. Costumam se manter reservadas e gostam de ler, montar quebra-cabeças e fazer palavras cruzadas. Não usam o viva-voz dos celulares nem ditam mensagens de texto nos ambientes em comum. Jamais sonhariam em aumentar o volume da música sem um voto unânime para fazer uma "festa dançante". Rickie e Betty são muito atenciosas. Mas os dispositivos eletrônicos são outra história.

Em quase qualquer lugar da casa, Leigh agora podia ouvir toques, pingues, bipes e – o mais enlouquecedor de todos – sons imitando cliques de teclado. Em nome da própria sanidade, Leigh sabia que precisava dizer alguma coisa, mas hesitava em fazer isso. Queria que suas convidadas se sentissem totalmente bem-vindas – oferecendo a hospitalidade sulista com que fora educada. As duas semanas da viagem para atravessar o país tinham se transformado em seis semanas épicas por causa de uma inesperada parada no Arizona para Betty se recuperar de uma cirurgia oftalmológica de emergência. Elas mereciam se sentir à vontade. Leigh decidiu guardar seus problemas para si mesma.

Mas o ruído foi ficando cada vez pior. A maior dificuldade de Leigh eram os toques personalizados dos celulares no volume máximo – o solo de guitarra heavy metal dos anos 1980 (da mãe) e a melodia de harpa açucarada (de Betty) – soando a cada trinta minutos ou menos. Em geral, ligações de operadores de telemarketing ou robôs.

Leigh viu uma abertura. Ela conhecia o funcionamento de vários aplicativos de bloqueio de chamadas robóticas ou números já registrados e se ofereceu para ajudar. Mas elas disseram que não se incomodavam com aquelas interrupções. "Por que tanta confusão? Por que simplesmente não desligar quando são ligações de operadores de telemarketing?"

Leigh procurou manter a tranquilidade. Respirou fundo. Disse a Rickie e Betty que respeitava que gostassem dos pingues, dos cliques e bipes dos celulares e que não se incomodassem com as chamadas robóticas. Ela respeitava suas preferências e escolhas. Mas, explicou, estava ficando difícil se concentrar, trabalhar, conversar ou desfrutar de uma refeição em paz.

"Vocês não estariam dispostas a redefinir as configurações dos seus celulares?", perguntou Leigh em tom afetuoso. As duas pararam para pensar por um momento.

"Claro. Se isso é tão importante para *você*, querida."

Era importante.

○

É um paradoxo, nós sabemos. Mas o trabalho de encontrar um silêncio em conjunto em geral começa com mais conversa. Às vezes requer muita conversa.

O cuidado com a comunicação é importante porque as pessoas podem ter experiências radicalmente diferentes em relação ao ruído e à necessidade de silêncio. As normas de Rickie e Betty funcionavam muito bem para elas. Os problemas só surgiram quando a cultura do relacionamento entre elas conflitou com a cultura existente na casa de Leigh. O ideal é que as conversas sobre ruído e silêncio respeitem as diferenças entre nós e não pressuponham só haver um caminho certo.

Essas conversas nos dão oportunidades de trazer nossos respectivos valores para o primeiro plano. No pequeno exemplo doméstico de Leigh, Rickie e Betty nunca haviam falado entre si sobre barulho ou necessidade de silêncio. Não havia uma norma estabelecida no relacionamento porque nunca houve necessidade de uma norma. Mas, como a estada das duas em outra casa era indefinida, a conversa se tornou necessária.

Para Rickie e Betty, ajustar-se a uma nova norma exigia algumas pequenas mudanças de comportamento com as quais elas tiveram a gentileza de concordar. Leigh também achou importante avaliar com elas o impacto de seu pedido – para cuidar do relacionamento. Leigh fez questão de que as duas entendessem suas razões. Os ajustes fizeram uma diferença substancial para ela. Agora poderia se concentrar mais no trabalho. Ficou menos agitada. Com o tempo, todas reconheceram que a qualidade da vida em comum, como família, ficou um pouco melhor.

Sabemos que essas conversas nem sempre são tão tranquilas quanto as de Leigh. As intervenções, em alguns cenários, podem ser desajeitadas ou de confronto. Podem até pôr carreiras em risco. Tentar mudar os padrões ruidosos de um gabinete no Capitólio, por exemplo, pode ser uma tarefa complexa e arriscada. Pode envolver mudanças em processos de trabalho de longa data ou mexer com egos sensíveis. Com as determinações de confinamento durante a pandemia de covid-19, as casas passaram a funcionar como escritórios e até como escolas, e muitos tivemos que ter esse tipo de conversa sobre normas na esfera doméstica. Mesmo entre entes queridos – ou, talvez, principalmente por isso –, essas conversas foram difíceis. Mas o resultado é que agora estamos preparados para falar sobre ruído – tanto auditivo quanto informacional – em uma gama mais ampla de configurações.

Essas conversas às vezes difíceis sobre normas e cultura assumem características diferentes em contextos diversos. Na vida profissional, geralmente dependem de expectativas em torno de tópicos como conectividade constante, momentos em que é permitido estar off-line e quando é aceitável reservar períodos de atenção ininterrupta. Na vida doméstica, entre familiares e amigos, as questões em geral giram em torno de momentos em que é permitido ter smartphones por perto ou ligar a TV durante as refeições. Em quaisquer desses contextos, essas conversas podem entrar em questões culturais mais profundas, como se é possível se sentir confortável em silêncio juntos em vez de estar sempre tentando preencher o espaço, ou se não há problema em ser multitarefa quando alguém mais está compartilhando algo com você.

Descobrimos que em todos esses cenários e situações existem alguns princípios gerais a serem aplicados ao pensar sobre como ficar juntos em silêncio.

Primeiro: *olhar para dentro*.

Iniciar uma conversa sobre o silêncio compartilhado não significa apenas aproveitar a oportunidade para apontar o dedo para hábitos ruidosos dos outros. O melhor ponto de partida para uma conversa sobre as normas de um grupo é uma autoavaliação. Como você está contribuindo para as paisagens sonoras auditivas, informacionais e até interiores do coletivo maior? Você pode se perguntar: "De que maneiras *eu* crio ruídos que impactam negativamente os outros?"

Talvez, sem se dar conta, você deixe os toques e notificações do seu celular no máximo, como Rickie e Betty faziam. Talvez "pense em voz alta" ou tenha o costume de interromper os outros. Talvez publique impulsivamente nas mídias sociais ou envie e-mails e mensagens de texto excessivos que exigem respostas imediatas. Talvez ouça música ou podcasts em espaços comuns sem conversar com os outros, ou participe de ligações importantes de trabalho enquanto sua filha está ao lado fazendo a lição de casa. Todos já cometemos transgressões desse tipo. Simplesmente observe como você cria ruído para si mesmo e para as pessoas ao redor. Tire algum tempo para questionar se algum hábito que está gerando ruído é realmente necessário ou se é apenas um impulso distraído – um padrão a ser redefinido. Se sua autoavaliação não for esclarecedora, peça conselhos a alguém de confiança sobre como você poderia agir melhor.

Segundo: *identificar suas "regras de ouro"*.

Pense na própria esfera de controle e em como você pode aproveitá-la para minimizar o ruído no ambiente comunitário. Comece criando normas pessoais para determinar como você gera som e estímulo em casa, no local de trabalho ou em outros contextos da vida. Uma forma de pensar sobre essas normas pessoais é considerá-las regras de ouro para mitigar o ruído ou estabelecer mais silêncio. Pense no que você gostaria de ver mais no mundo. Isso pode começar como experimentos pessoais em pequena escala. Se funcionarem, você pode considerar torná-los princípios orientadores da conduta cotidiana.

Susan Griffin-Black, codiretora executiva da EO Products, uma empresa de produtos naturais para cuidados pessoais, diz que anos atrás fez uma promessa de "nunca ficar no telefone ou no computador quando alguém está falando comigo, nada de multitarefa quando estou com outra pessoa". Ela mantém essa regra de ouro, apesar de ter mais de 150 funcionários, família e muitos compromissos sociais.

Portanto, considere o que você mais valoriza quando se trata de mitigar o ruído e encontrar silêncio. Que regra de ouro pessoal reflete isso? Ou, por outro lado, considere quais os hábitos ruidosos que mais o incomodam. Que regra de ouro resolveria isso?

Tendo trabalhado em suas normas pessoais, você estará em melhor posição para iniciar conversas sobre as normas do grupo. Terá credibilidade para iniciar o processo de mudança da cultura na família ou na equipe de trabalho.

Terceiro: *prestar atenção nos outros.*

Quando for apropriado e quando estiver dentro de sua esfera de influência, considere como você pode ser um defensor do silêncio – não apenas em toda a organização, mas especificamente com pessoas que não têm poder ou autonomia para estruturar as próprias circunstâncias. Talvez você ocupe um cargo na empresa em que possa chamar a atenção para a situação de um engenheiro ou redator, que obviamente precisa de um refúgio do ruído no local de trabalho. Talvez perceba que um sobrinho introvertido gostaria de ter uma pausa ocasional de eventos familiares barulhentos e possa delicadamente abordar o assunto com seu irmão. Em especial se estiver em uma posição de algum modo privilegiada – digamos, como adulto ou na chefia de um ambiente de trabalho –, use sua influência, quando for possível e sensato, para ser um guardião de um espaço cognitivo e emocional compartilhado. Ainda que não possa definir as normas e a cultura geral do grupo unilateralmente, com base no que acha certo, você pode ficar atento para propor novas ideias ou novas possibilidades para gerenciar a paisagem sonora ou melhorar o ambiente, sobretudo as que atendam aos interesses dos que não têm influência.

Mantenha esses três princípios orientadores em mente – olhar para dentro, identificar suas regras de ouro e prestar atenção nos outros – enquanto oferecemos vários exemplos para explorarmos o processo de ficarmos juntos em silêncio. Começaremos neste capítulo analisando cinco ideias para conviver com ruído coletivo e construir uma cultura de clareza silenciosa na vida profissional. Embora os ambientes sejam diferentes entre si, considere as estratégias empregadas por esses defensores do silêncio no local de trabalho e pense em como pode adaptá-las para a sua situação específica.

IDEIA 1: FAÇA EXPERIMENTOS

Michael Barton esteve presente na criação do moderno escritório sem divisórias. Como executivo de negócios e consultor de longa data focado em otimizar a cultura e as operações das organizações, ele se lembra da aspiração sonhadora que acompanhava o conceito: fomentar a colaboração derrubando paredes e promovendo uma "mentalidade anti-isolamento". Embora tenha observado alguns desses benefícios de tempos em tempos, Michael acredita que o som e a distração inerentes aos escritórios sem divisórias têm seu custo. "Houve momentos em que eu estava no telefone com alguém que disse: 'Você não quer me ligar de novo quando não estiver mais no aeroporto?' E eu disse que não estava no aeroporto, que estava no escritório!"

Nos anos 1990, como executivo da Citysearch (agora uma divisão da Ticketmaster), Michael notou que os funcionários – principalmente programadores e desenvolvedores – lutavam contra ruídos e interrupções frequentes. E resolveu ajudar a defender a necessidade deles de silêncio. Um jovem analista da empresa deu uma ideia: dar a cada membro da equipe uma "faixa vermelha" – uma tira de 1 metro de tecido vermelho brilhante – para usar como um sinal de "Não perturbe". Ninguém seria estigmatizado por isso, pois todos poderiam simplesmente abrir a gaveta, tirar a faixa vermelha, enrolar no pescoço e ser considerados "fora do escritório". Michael teve uma conversa com a gerência e eles concordaram em tentar.

A faixa vermelha não era uma panaceia. Não eliminava muitos dos problemas de ruído e interrupções. Mas foi um começo. E levou a vários outros experimentos, incluindo miniestações de trabalho silenciosas do tamanho de cabines telefônicas e uma "caverna tecnológica" hermética para trabalhos de codificação. Mais importante, no entanto, a intervenção da faixa vermelha levantou a questão do ruído e da distração, inaugurando uma conversa importante. Vendedores que nunca haviam considerado problemas de ruído de repente notaram as dificuldades de analistas, redatores e engenheiros. Ficou claro que o acordo tácito em um escritório sem divisórias – no qual qualquer um poderia ser interrompido a qualquer momento – não era do interesse de todos. O experimento da faixa vermelha e as discussões que se seguiram alteraram as normas problemáticas da empresa.

É difícil imaginar isso agora, mas Michael nos diz que o escritório sem divisórias já foi visto como utópico. Seus defensores diziam que o espaço aberto "melhora a comunicação, a abertura, a transparência; melhora o fluxo livre entre os departamentos". Argumentavam que colocar a mesa do CEO no centro de um mar de mesas – ou de as mesas serem ocupadas pela ordem de chegada ao local – criaria uma estrutura organizacional horizontalizada e uma cultura igualitária.

Em retrospecto, podemos ver que a visão tecnoutópica dos anos 1990 não considerou os danos colaterais da concentração humana. Na época, porém, era difícil ir contra a corrente e defender um empenho maior pelo silêncio em oposição a prioridades como "interação ideal" e "colisão criativa". Resistir a essa tendência era como não ter espírito de equipe. Por mais tolo que um pedaço de tecido vermelho possa parecer, foi preciso alguma coragem para aquele jovem analista levantar a questão e para Michael trazê-la à tona.

Qualquer que seja o futuro dos escritórios sem divisórias, a lição aqui é simples: considere o que você realmente quer ou precisa. Inicie uma conversa. Visualize um experimento. Implante-o, aperfeiçoe-o, meça seus efeitos. Em algumas organizações, é "sem e-mail às sextas-feiras" ou "sem reuniões às quartas". Em outras, eliminou-se a expectativa de funcionários disponíveis em seus dispositivos eletrônicos nos fins de semana ou depois do expediente. Para alguns locais de trabalho, um redesenho da planta baixa pode ajudar funcionários específicos a desenvolver a concentração necessária. Uma solução pode ser autorizar períodos sem interrupções durante o dia de trabalho. Outra pode ser desistir da ausência de divisórias e mudar o escritório para outro prédio. Para algumas empresas, a solução está sendo eliminar o e-mail como o principal meio de comunicação e organizar reuniões de atualização da equipe duas vezes ao dia, ou um sistema de comunicação eletrônico que mantenha o silêncio no local de trabalho.

A boa notícia é que, com um pouco de criatividade e experimentação, normas de ruído aparentemente intratáveis podem ser transformadas.

IDEIA 2: *MA* NO TRABALHO

Desde 1939, quando o executivo de publicidade de Nova York Alex F. Osborn foi pioneiro ao realizar reuniões de geração de ideias em grupo, ou "sessões de brainstorming", as pessoas duvidam de sua eficácia. Agora, décadas de pesquisas acadêmicas mostram como as pressões sociais – como favorecer um acordo apesar das discordâncias e se submeter a vozes mais altas ou a indivíduos de mais alto escalão – matam a criatividade. Sessões de criação de ideias em alta velocidade e alta pressão podem ser boas para gerar pensamentos convencionais, mas são terríveis para estimular ideias novas e disruptivas necessárias para enfrentar desafios mais complexos.

Apesar da crescente conscientização sobre essas questões, a maioria das equipes continua organizando brainstormings da mesma forma que nos tempos de Osborn. Com pouco espaço para reflexão ou introspecção. Com pouco tempo e espaço.

Já discorremos sobre o valor cultural japonês de *Ma* – a reverência pelos espaços vazios "intersticiais". Trata-se de um princípio e um valor que permeiam as artes e a cultura tradicional, da música à cerimônia do chá, do teatro ao arranjo de flores. O valor de *Ma* também é perceptível como parte da cultura profissional do país. No Japão é comum ver pessoas fazendo momentos de silêncio em reuniões e em conversas e, no processo, abrindo espaço para o que deixou de ser dito.

Imagine por um momento o que significaria imbuir nossos processos padrão de brainstorming de um pouquinho de *Ma*.

Poderia abrir lugar para um período sancionado para reflexão silenciosa, mesmo em meio a uma discussão em grupo.

Poderia salvaguardar a opção de "pensar no assunto" até o dia seguinte.

Pode significar relatórios não verbais, incluindo, por exemplo, a criação de uma galeria de ideias em post-its nas paredes para as pessoas lerem em silêncio e votar anonimamente.

Quase certamente significa *abrir espaço* para vozes mais tímidas e perspectivas mais marginalizadas chegarem ao centro. Como Gandhi acreditava firmemente, pelo menos um pouco de silêncio é necessário para a busca da verdade.

Claro que isso não se aplica somente a brainstormings. Pense nas agendas semanais de muita gente ou de organizações que costumam promover reuniões consecutivas. Na maioria das culturas profissionais, há pouca consideração pelo espaço "intersticial". Trazer *Ma* para o trabalho significa consagrar os espaços vazios – como uma *preparação* para o que está por vir, para uma *integração* do que acabou de ocorrer e para uma *reflexão* sobre o momento presente.

Mais do que qualquer outra razão, porém, precisamos de *Ma* no trabalho para desenvolvermos a capacidade de ouvir.

○

A médica Rupa Marya conta sobre um estudo que constatou que os médicos interrompem seus pacientes, em média, nos primeiros onze segundos da consulta. "Nossa formação nos ensina a *não* ficar em silêncio", reflete, "a examinar o paciente com um bocado de ruído na cabeça sobre o que pressupomos estar acontecendo."

Ela conhece bem essa tendência.

"Quando estou falando com um paciente, percebo quantas vezes tenho vontade de interrompê-lo – para ir direto ao ponto ou ao que estou interessada em saber", explica. "Mas você não consegue ouvir o que está acontecendo com alguém se não estiver ativamente em silêncio."

Os moradores da reserva de Standing Rock alertaram Rupa sobre o potencial destrutivo desse hábito. Ela foi a Dakota do Sul para cuidar da saúde das comunidades nativas que se organizaram para impedir a construção do gasoduto Dakota Access. Durante o trabalho, uma avó oglala lakota perguntou se Rupa estaria aberta a um feedback. A mulher explicou que a "abordagem do colonizador" não funcionaria em sua comunidade. Nas palavras dela:

> Você fica esperando que alguém fique em silêncio para expor seus pensamentos e provar como é inteligente ou direcionar a conversa de certa maneira, mas não fica em silêncio depois que essa pessoa fala.

A franqueza da mulher a princípio a pegou de surpresa, mas Rupa reconheceu o peso daquelas palavras. "Ficar em silêncio depois que alguém fala", continuou a mulher, "transmite uma humildade essencial para uma comunicação respeitosa."

Rupa levou o conselho a sério e as avós lakota do acampamento perceberam. Pediram sua ajuda para montar uma clínica com elas e agora, quatro anos depois, Rupa continua apoiando o trabalho.

Rupa começou a prestar muita atenção nos momentos em que seus pacientes lakota "se fechavam" e se refugiavam em si mesmos. Começou a ver essa ruptura no vínculo com os pacientes como "a antítese da cura". "Tive que ser mais humilde para estar sempre 'aprendendo' ao trabalhar com povos nativos, pois preciso reeducar minha mente para não ser tão 'inteligente', e sim mais aberta, receptiva e silenciosa." Rupa nos fala dessa percepção com entusiasmo; ela está pronta para a tarefa – para "desaprender", como chama. Recentemente fez uma parceria com o autor best-seller Raj Patel para analisar o "desaprender" necessário na medicina ocidental no livro *Inflamed: Deep Medicine and the Anatomy of Injustice* (Inflamados: A medicina profunda e a anatomia da injustiça).[2] Para Rupa, diminuir o próprio ritmo e abrir espaço para ouvir *é* a medicina profunda. Ela já viu pessoalmente que isso cura.

Rupa não é a única a ter recebido um alerta para incorporar *Ma* em seu trabalho a fim de ouvir de forma mais ativa. Leigh recebeu uma mensagem semelhante em um contexto radicalmente diferente: um programa-piloto de treinamento para a equipe climática do Centro de Voo Espacial Goddard, da Nasa.

Goddard é o centro operacional do Telescópio Espacial Hubble e do Telescópio Espacial James Webb. Seus cientistas e engenheiros também monitoram mais de cinquenta naves espaciais menos conhecidas, encarregadas de estudar o Sol, o sistema solar, o Universo como um todo e as mudanças climáticas da Terra. Para seu crédito, a Nasa se empenha em desenvolver as "competências interpessoais" das equipes altamente técnicas que lá trabalham.

A força de trabalho da Nasa é incomum, constituída por *quatro* gerações de operadores. A razão para isso é simples: ninguém nunca se aposenta. O treinamento pretendia abordar questões de comunicação comuns a equipes multigeracionais. Na primeira turma, Leigh e seu colíder jogaram tudo que tinham – um treinamento de duas semanas compactado em dois dias. Não havia um momento para refletir, digerir ou mesmo protestar. Não havia *Ma*. Era cada um por si sem *Ma*.

Essa foi uma grande oportunidade para Leigh. Ela se sentiu prestigiada e paralisada em partes iguais. Infelizmente, é provável que tenha sido a parte "paralisada" de Leigh que fez a maior parte do planejamento da agenda, e ela sentiu necessidade de demonstrar seu valor, e o valor do conteúdo, por meio da proverbial metralhadora giratória.

Leigh ignorou o óbvio: a sala estava cheia de introvertidos – mais de 75%, de acordo com a estimativa interna da Nasa. No fim do primeiro dia, os participantes pareciam cansados e abatidos, como se atingidos por um furacão. O Furacão Leigh – com fortes rajadas de síndrome da impostora, amplificadas por uma extroversão desenfreada.

Depois de uma revisão quase total, tudo deu certo. Eles reduziram o conteúdo. Programaram mais pausas. Acrescentaram intervalos para reflexões silenciosas. Em suma, acrescentaram *Ma*. Leigh continuou o trabalho por anos, grata pela lição e pela paciência que lhe permitiram aprender – ou "desaprender", como diria Rupa.

Apesar de a palavra *Ma* ser exclusivamente japonesa, podemos encontrar pelo menos algum elemento desse mesmo valor em praticamente todas as culturas. Nas ocidentais, o provérbio "O silêncio é de ouro" é um dos exemplos. Algumas culturas – inclusive as de muitos povos nativos e aborígenes do mundo, bem como de povos da Escandinávia e do Sudeste Asiático – tendem a cultivar os fundamentos desse princípio. Alguns grupos, como os engenheiros introvertidos da Nasa, só precisam do espaço e do silêncio adequados. Mas, se você atentar para os obstáculos dos protocolos e dos processos modernos – de brainstormings empresariais a agendamentos de reuniões e consultas médicas –, fica evidente que praticamente todo mundo precisa de mais *Ma*.

IDEIA 3: TRABALHO PROFUNDO EM CONJUNTO

Marie Skłodowska, hoje conhecida como Madame Marie Curie, nasceu em uma amorosa família polonesa de educadores que logo reconheceu seu intelecto incomum. Depois da morte precoce da mãe, Marie prometeu fazer sua irmã mais velha, Bronya, ingressar na Faculdade de Medicina da Universidade de Paris. Fez isso trabalhando como governanta, ensinando uma variedade de assuntos e idiomas. Nas horas vagas, Marie continuava seus estudos, conduzindo experimentos de química e decifrando equações matemáticas, orientada por instruções que o pai mandava por carta.

Quando concluiu a faculdade, Bronya retribuiu o favor ao hospedar Marie enquanto ela estudava na Sorbonne.

Além de todas as barreiras que enfrentou como uma das poucas mulheres em uma das universidades mais prestigiosas do mundo, Marie precisou recuperar os anos de estudos científicos perdidos. Também precisou de maior domínio do francês. Percebeu que precisaria estudar ainda mais do que o previsto. Em suas palavras, precisava "encontrar a concentração perfeita".

A casa de Bronya vivia cheia de visitantes, música e pacientes que apareciam a qualquer hora em busca de tratamento. Marie não conseguia "encontrar a concentração perfeita", por isso saiu em busca de um lugar para morar e encontrou um apartamento em um sótão. Quase morreu de fome e de frio, pois priorizava a compra de óleo de lamparina para estudar em vez de comida para o próprio sustento ou carvão para se aquecer. Mas os sacrifícios valeram a pena. Ela se equiparou e depois superou seus pares. Na biografia de Marie, sua filha Ève Curie escreve: "Ela tinha um amor apaixonado pela atmosfera de atenção e silêncio, o 'clima' do laboratório, seu lugar preferido até o último dia de sua vida."[3]

Na Sorbonne, Marie conheceu e se casou com Pierre Curie, professor e físico. A base do casamento deles era esse amor em comum pelo "clima" do laboratório – um espaço compartilhado de "atenção e silêncio" no qual os dois realizaram pesquisas inovadoras no campo da radioatividade. Em 1903 receberam o Prêmio Nobel de Física. Acadêmicos franceses sugeriram de início que a distinção coubesse somente a Pierre. Mas Pierre insistiu que Marie também fosse laureada. Os dois realizaram o trabalho juntos, sempre focados.

Alguns anos depois de o Nobel ser concedido, Pierre foi morto tragicamente, atropelado por uma carruagem. Apesar do trauma afetivo, Marie continuou o trabalho por mais de duas décadas. Foi designada para o cargo do marido, tornando-se a primeira mulher professora da Sorbonne. O sogro ajudou a criar suas filhas, Irène e Ève, permitindo a Marie "encontrar a concentração perfeita" e continuar o trabalho de sua vida. Notoriamente, ela não só foi a primeira mulher a receber um Prêmio Nobel como também a primeira *pessoa* a receber dois prêmios Nobel em duas categorias científicas – física e química.

A filha mais velha de Curie, Irène, mostrou-se promissora como cientista e logo foi trabalhar com a mãe no laboratório. Durante a Primeira Guerra Mundial, ainda adolescente, Irène acompanhava a mãe quando ela transportava suas unidades móveis de raios X para cirurgiões de campo nas linhas de frente, que as usavam para localizar balas, estilhaços e ossos quebrados. Essas ambulâncias ficaram conhecidas como Les Petites Curies. Estima-se que tenham examinado mais de 1 milhão de soldados feridos – com duzentos veículos e 150 mulheres treinadas.

Mais tarde Marie fundou o Instituto do Radium, no qual Irène ensinou a colegas pesquisadores, entre eles Frédéric Joliot. Irène e Frédéric se apaixonariam, se casariam e trabalhariam lado a lado – como Marie e Pierre –, no "clima" de atenção extasiada do laboratório que dividiam.

Em 1935, Irène e Frédéric Joliot-Curie receberam o Prêmio Nobel de Química – 24 anos depois do segundo Nobel da mãe e 32 anos depois do Nobel conjunto dos pais de Irène.

A família Curie ganhou cinco prêmios Nobel – mais do que qualquer outra família até hoje. Enfrentaram obstáculos, incluindo pobreza, guerra, preconceitos de gênero na educação e normas sociais envolvendo mulheres na esfera profissional. Mas a família Curie tinha em comum uma norma envolvendo o poder da "concentração perfeita". Não apenas sozinhos, mas juntos; não só os homens, mas também as mulheres e as meninas.

É um exemplo do que uma cultura de clareza silenciosa pode gerar.

○

No livro *Trabalho focado: Como ter sucesso em um mundo distraído*, publicado em 2016, Cal Newport lamenta a perda da atenção imersiva – como o trabalho da família Curie – e aconselha os leitores sobre como recuperá-la.[4] Newport define "trabalho focado" como "atividades profissionais realizadas em estado de concentração, sem distrações, que leva suas capacidades cognitivas ao limite. Esses esforços criam novo valor, aperfeiçoam suas habilidades e são difíceis de replicar". Ao analisar essa estrela-guia do "trabalho focado", Newport avalia os verdadeiros custos dos projetos de escritórios sem divisórias e nossas expectativas de conectividade constante. Recorre a figuras históricas, importantes pensadores atuais e tomadores de decisões criativos para apontar exemplos de por que o "trabalho focado" é a essência de um trabalho importante e eficaz. Newport enfatiza que o objetivo do "trabalho focado" não é só o aumento da produtividade. É sobre o poder da atenção imersiva como forma de superar sentimentos generalizados de ansiedade e mal-estar em um mundo on-line cada vez mais superficial.

Newport escreveu recentemente sobre a história de Tom, funcionário de uma empresa de tecnologia com uma cultura particularmente ruidosa. Segundo Tom, todos os e-mails e mensagens instantâneas no trabalho pareciam insistir em uma resposta imediata – mesmo que ele estivesse no meio de outra tarefa. "Se você não respondesse logo, todos presumiriam que você estava relaxando", explicou ele.

Depois de semanas de dúvidas, Tom reuniu coragem para falar com a chefe sobre o assunto. Ele perguntou: "Quanto tempo você espera que eu passe por dia pesquisando e escrevendo, e quanto tempo espera que eu passe me comunicando com os membros da equipe por e-mail e mensagens de texto?" Para a chefe de Tom, a resposta era óbvia. O trabalho de Tom era pesquisar e escrever; ele era pago para fazer isso. Tom recebeu permissão para dedicar de noventa minutos a duas horas a pesquisas ininterruptas e à atividade de redação todas as manhãs e tardes. Outros integrantes da equipe ficaram sabendo e requisitaram os mesmos privilégios. As velhas normas começaram a mudar. Como lembra Tom: "A única razão de isso ter se tornado um problema é nunca termos conversado sobre estabelecer as expectativas."

A empresa de Tom, como tantas outras, está passando por uma reformulação. Ainda não sabemos como será o próximo local de trabalho, mas sabemos que a possibilidade de "encontrar a concentração perfeita" e de desempenhar um "trabalho focado" terá que fazer parte de qualquer futuro positivo. Embora o termo "trabalho focado" evoque uma atividade solitária, acreditamos ser essencial pensar nas dimensões sociais desse tipo de atenção pura. Os Curie montaram juntos seu espaço mais criativo de imersão silenciosa – o que Cal Newport chama de "trabalho focado". O monte de terra em frente à Convenção Constitucional indica que havia pelo menos algum grau de trabalho focado acontecendo dentro daquele espaço compartilhado. Hoje o desafio não é só o de que muitos de nós, como indivíduos, carecem de disciplina ou de interesse na atenção pura do trabalho focado. É também descobrir como equipes, organizações e sociedades inteiras podem formular valores em comum e sistemas operacionais que o consagrem.

IDEIA 4: SENTADO NO FOGO

Durante cinco anos Pádraig Ó Tuama liderou a histórica Comunidade Corrymeela, a mais antiga organização em prol da paz da Irlanda do Norte. O papel colocou Pádraig no centro do trabalho de cura de um violento conflito multigeracional. Era um cargo prático com sérios deveres administrativos, além da carga de responsabilidade de ajudar na cura de sua comunidade de décadas de trauma de guerra.

Mas Pádraig não assumiu o trabalho como um típico líder de ONG, terapeuta ou mediador.

Ele conduziu o trabalho como poeta.

Pádraig trabalhou para encontrar as palavras e as narrativas certas para fazer as pessoas se abrirem. E, além de encontrar uma linguagem e histórias fortalecedoras, ele tentou propiciar espaços de silêncio, brechas silenciosas nas quais as pessoas pudessem realmente ouvir umas às outras – nas quais poderiam até reconsiderar posições firmemente arraigadas ou ódios calcificados.

Pádraig chamou as pessoas para a "fronteira do eu" pedindo que sondassem as histórias que contavam com perguntas como "Eu já considerei isso a partir de um ponto de vista diferente?". Ele pedia que examinassem mais de perto suas boas intenções: "Será que se confirmaram em termos de um bom impacto?"

"Acho que todos precisamos de uma pitada de anarquismo para perguntar: 'Será que estou *realmente* fazendo o bem?'" Ele abre um leve sorriso e diz: "Podemos até precisar perguntar: 'E se *nós* formos os vilões?'"

Para Pádraig o "silêncio" é um elemento essencial para esse tipo de trabalho de reconciliação, com suas dimensões interiores e exteriores. "O silêncio é ter espaço suficiente em si mesmo para fazer perguntas estranhas."

Como ele escreve, "A qualidade de contar uma história estará relacionada à qualidade da atenção dos ouvintes". Não se trata apenas de contar histórias, mas também de *assimilar as histórias*. É quando a transformação acontece. Está na capacidade receptiva.

No livro *Sorry for Your Troubles* (Desculpe pelos seus problemas), refletindo sobre seu trabalho em Corrymeela, Pádraig formata os títulos de seus poemas com espaços entre cada letra "como forma de indicar a importância do silêncio, de ouvir, do pesar e das coisas além das palavras".[5] É nos pequenos espaços que a cura se torna possível.

Somos os primeiros a admitir: em tempos de crise ou de indignação moral, nosso primeiro impulso muitas vezes foi *falar alto*. Chamar atenção. Apontar os culpados. Cobrar pesado por mudanças. Esse impulso subjacente é válido. É preciso conscientizar as pessoas. Muitas vezes precisamos agir rapidamente para lidar com perseguições, guerras ou destruição ambiental. Da mesma forma, muitas vezes precisamos agir de forma ágil e decisiva para lidar com as injustiças e as indignidades de menor escala que acontecem no local de trabalho ou em uma comunidade.

No entanto, diz Pádraig, há um nível de resolução e cura que só pode acontecer no espaço aberto – por meio de uma profundidade de atenção e escuta. Já contamos a história de como Sheena Malhotra, acadêmica e ativista feminista, ficou nove minutos em silêncio com milhares de pessoas em uma manifestação do Black Lives Matter em Los Angeles no verão de 2020. Naquele espaço estático, Sheena mergulhou fundo na dor e na indignação que ela e outros sentiam. "O silêncio é um pouco como um oceano", afirma. "Pode mudar de forma. O silêncio dá espaço para uma mudança na forma das emoções. Dá espaço para absorver a energia de outros ao seu redor."

Cyrus Habib conta como o processo de reparações dos jesuítas é inédito. Um diálogo entre os "descendentes dos escravizados e os descendentes dos escravizadores" está orientando o desembolso de mais de 100 milhões de dólares. E está acontecendo, Cyrus nos diz, por meio de "muito silêncio". Com isso, ele quer dizer espaço para ouvir, para oração e contemplação em conjunto e um discernimento profundo do curso de ação correto. Práticas de "justiça compensatória", como os esforços de reconciliação na Irlanda do Norte e o processo de reparações dos jesuítas, são cada vez mais prevalentes em escolas, comunidades e até em sistemas judiciais convencionais. Muitas vezes inspirada pelas práticas dos conselhos de povos nativos do mundo todo, a essência da justiça compensatória é *ouvir*. Em vez de focar na punição, trata-se de garantir que todos os envolvidos entendam todas as causas e os possíveis impactos de uma transgressão. Em vez de se concentrar em "lados" opostos, trata-se, em última análise, de restaurar a integridade. Um pré-requisito para o bom resultado é a capacidade de estar juntos em silêncio.

Rob Lippincott, o quacre de nascimento que você conheceu no Capítulo 4, descreve como o silêncio é a força que equilibra a raiva e as divisões em reuniões contenciosas. Quando fica claro que os participantes de uma sessão não estão ouvindo uns aos outros – que estão ficando entrincheirados ou agitados –, o secretário, o presidente de um procedimento quacre, pede um período de silêncio. Conforme Rob relata, ele encontra seu próprio centro, respira fundo algumas vezes e se conecta ao propósito mais elevado da reunião. O silêncio não está forçando uma resolução antes de o grupo estar de fato pronto: simplesmente garante que todos estejam presentes e ouvindo. O silêncio do grupo força todos a um lugar no qual eles precisam abandonar suas posições e argumentos verbalizados e se conectar à energia subjacente do espaço em comum. É como a sabedoria de abandonar a "sobreposição conceitual" e encontrar a "clareza sensorial", mas aplicado ao trabalho de conversa e deliberação.

Embora a palavra "silêncio" às vezes possa implicar retirada, aqui ela conota a essência do engajamento total. O silêncio, nesse sentido, é a coragem de enfrentar o maior desconforto. É sentar-se no fogo. Quer estejamos envolvidos em um grande conflito ou em uma discussão trivial no local de trabalho, precisamos ser capazes de ficar "juntos em silêncio" – encarando a nudez assustadora do silêncio compartilhado – para encontrar soluções diretas e duradouras.

IDEIA 5: DEVAGAR, NÃO TEMOS MUITO TEMPO

As sequoias costeiras da Califórnia são o cenário ideal para ponderar sobre um problema importante e desconcertante. A casca macia e a folhagem caída das gigantes gentis são como guardiões do silêncio. É um lugar que emana calma e clareza. Você pode sentir isso, mesmo se estiver criando estratégias envolvendo um dos nossos desafios ambientais mais urgentes.

Desde 2013, a alpinista e química biofísica Arlene Blum vem escolhendo a dedo um pequeno grupo de cientistas, reguladores governamentais, ONGs, varejistas e fabricantes para ir até o local a fim de analisar problemas e vislumbrar soluções para a crise global dos produtos químicos tóxicos. Arlene pediu a Leigh para projetar e organizar esses retiros anuais de quatro dias.

Vale a pena dedicar um momento a explicar *por que* resolver o problema das substâncias químicas tóxicas pode tornar todos mais saudáveis. Nos Estados Unidos, dezenas de milhares de produtos químicos não testados e não regulamentados são adicionados a produtos de uso diário.

Impermeabilizantes, retardantes de chamas, bisfenóis e outras substâncias químicas em produtos de consumo estão causando câncer, obesidade, queda na contagem de espermatozoides e problemas neurológicos, reprodutivos e imunológicos. Crianças americanas perderam uma média de cinco pontos de QI por exposição a um produto químico retardante de chamas, custando aos Estados Unidos uma perda de produtividade anual estimada em 266 bilhões de dólares.

As empresas produtoras não precisam provar a segurança de seus produtos químicos antes de serem usados em itens de consumo. As substâncias são consideradas seguras até que os cientistas provem que não são, um processo custoso e demorado.

O problema persiste mesmo quando o sistema regulatório funciona: os cientistas colhem dados, demonstram os prejuízos e por fim conseguem a eliminação gradual de um produto químico – como foi recentemente o caso do BPA (bisfenol A) em garrafas de água. E depois?

A maioria dos fabricantes procura um substituto imediato para essa substância química – algo semelhante em estrutura e função – como a solução mais rápida e menos dispendiosa. No entanto, em geral os produtos químicos substitutos têm as mesmas características nocivas das substâncias originais. No caso em questão: o BPS (bisfenol S), o substituto do BPA, é tão prejudicial quanto seu antecessor. Você elimina um produto químico, mas fica com o primo-irmão. Se conseguir fazer o mesmo com o primo, o próximo da fila será outro substituto, talvez tão ruim ou pior. A metáfora utilizada por Arlene para definir esse processo é enxugar gelo.

A maioria das conferências sobre esses assuntos é dominada por dados cataclísmicos e disseminação de pânico. Arlene e Leigh tentam estabelecer um tom calmo e racional. O lema delas é: "Devagar, não temos muito tempo."

Cada retiro oferece sessões matinais e vespertinas intensamente focadas, dedicadas à estratégia e resolução de problemas. Mas todas as tardes Leigh e Arlene evocam um pouco de tranquilidade com propostas como caminhadas cênicas e idas à praia – e sempre há a opção de tirar uma soneca. As sessões de trabalho são temperadas com pausas de três minutos para dançar, leitura de poemas, improvisação criativa e tempo para reflexão silenciosa. Esses interlúdios de atividades lúdicas e tranquilas destinam-se a preparar o grupo para a complexa e difícil jornada iminente. A princípio, os participantes parecem surpresos com essa programação. Alguns viajaram meio mundo para enfrentar esse problema global – *não deveria ser um trabalho exaustivo?*

Às vezes, *sim*, será.

Mas a melhor maneira de chegar a soluções transformadoras é criar uma atmosfera geral de espaço e silêncio – um ambiente onde os participantes possam acalmar as amígdalas e superar a mentalidade frenética da rede do modo padrão. É preciso ser receptivo e deixar as respostas surgirem em vez de "forçar a barra".

Na última manhã, Leigh manda os participantes ficarem trinta minutos sozinhos na natureza, dando algumas instruções simples: (1) *Lembre-se de por que você está aqui* e (2) *Ouça*.

Alguns lutam com a falta de estímulo mental durante esse breve período. Mas, à medida que os minutos passam, a maioria *entra em sintonia* e volta a se conectar com o "porquê" de estarem ali. Muitos obtêm informações sobre o que está dentro de suas *esferas de controle* e *influência* para operar mudanças. Um deles, Mike, um engenheiro decididamente racional sem nenhum interesse anterior por experiências místicas ou consciência de Gaia, saiu de um retiro afirmando que "as sequoias disseram" para ele escrever um livro documentando a história do uso de produtos químicos tóxicos na indústria. A sala explodiu em aplausos e gritos de "Sim! Nós *precisamos* desse livro!".

O resultado do primeiro retiro foi classificar os produtos químicos em seis "famílias", com estrutura ou função semelhante, agora conhecidas como "as Seis Classes".[6] Um exemplo – o pior dos piores – são as substâncias químicas PFAS, usadas na fabricação de produtos impermeáveis e antiaderentes. Elas nunca se decompõem no meio ambiente e as poucas que foram estudadas são tóxicas. Ao falar sobre PFAS, você não pode se concentrar em um único produto químico, pois existem *milhares*. É preciso considerar a classe como um todo. "Quando bolamos esse conceito em 2013, nós o chamamos de 'a Grande Ideia' – era algo tão novo. Mas agora o conceito de classe é amplamente aceito", observa Arlene. "Por exemplo", continua, "a [rede de lojas de artigos para casa] IKEA soube dos aspectos nocivos do PFAS e decidiu eliminar essa classe de produtos químicos de todos os seus produtos no mundo todo." Nove meses depois, eles ligaram para Arlene para dizer: "Conseguimos!" Analisaram suas cadeias de suprimentos e identificaram todos os produtos que continham PFAS. Encontraram substitutos não tóxicos para tornar suas cortinas de chuveiro e guarda-chuvas impermeáveis. Não conseguiram encontrar um substituto para as toalhas de mesa que não retinham gordura e disseram a Arlene: "Então não vamos mais vender toalhas de mesa." E cumpriram a palavra.

Para Arlene, que se identifica como "uma extrovertida absoluta", o silêncio no retiro era antinatural. Mas ela é também extraordinariamente focada em resultados e descobriu que, ao desacelerar e assimilar o silêncio, o grupo obtinha resultados além do que havia imaginado. A cientista gregária, cética e orientada por resultados passou a valorizar o poder do silêncio para gerar novos pensamentos e estratégias inovadores.

MONTES DE TERRA MODERNOS

À medida que continuava suas aulas de atenção plena no Capitólio, Justin começou a perceber o ruído do lugar de forma mais intensa. Havia muito pouco trabalho focado acontecendo. Não existiam intervenções como a da faixa vermelha para ajudar os que sofriam para lidar com a quantidade de som e estímulos. A ideia de reunir as partes prejudicadas em busca de cura e reconciliação em encontros conscientes e silenciosos era mirabolante.

Mas por quê? Se havia, de fato, uma tradição de atenção silenciosa e concentrada remontando ao governo americano no século XVIII, por que ninguém contestava as normas modernas de ruído?

Um dia, enquanto conduzia uma das sessões de atenção plena com aquele grupo, Justin resolveu falar sobre o que poderia ser o "pior palavrão que se pode dizer no Capitólio".

"Renúncia."

O objetivo de praticamente tudo no Congresso é vencer: *ganhar uma discussão, prevalecer na eleição, provar que é mais capaz e astuto que os concorrentes*. Mudar as normas do ruído exigirá mais do que simples conversas.

Mas naquele dia Justin falou sobre como a palavra "renúncia" poderia realmente ser um remédio para muito do que aflige os funcionários do Poder Legislativo dos Estados Unidos. "Reservem um momento para renunciar às preocupações e aos 'e se...' e atentem à própria respiração e ao momento presente", disse. "Vamos ver se conseguimos renunciar à rigidez das identidades combativas e das complicadas relações de poder para nos atermos à simplicidade de apenas ser."

No Congresso, a exemplo de vários outros locais de trabalho, as normas e as necessidades ainda não foram avaliadas sistematicamente. Fazer aflorar valores em comum e se alinhar em torno de algumas normas pode ser uma questão relativamente simples – como no caso de Rickie e Betty, de Michael Barton e a jovem analista Rupa, das avós lakota e Leigh, dos engenheiros da Nasa e da chefe de Tom, entre outros.

Pode levar algum tempo e muita conversa para identificar essas preocupações em comum e as normas e a cultura que apontem um caminho a seguir.

Mas em algumas situações, como no Capitólio, os problemas são ainda mais profundos.

Não estamos afirmando que temos uma ideia clara sobre como mudar os valores hipercompetitivos de um lugar tão ruidoso como o Congresso dos Estados Unidos. Mas as ideias que apresentamos neste capítulo representam alguns pequenos passos.

Venha conosco. Tenha uma conversa honesta sobre o ruído e o silêncio.

Experimente. Compare. *Ouça.*

CAPÍTULO 13
VIVENDO EM SILÊNCIO

Em raros momentos, Jarvis consegue compartilhar algum silêncio com os outros detentos do corredor da morte de San Quentin. Uma noite, anos atrás, isso aconteceu por causa da lua.

Jarvis estava no Centro de Reeducação quando seus vizinhos começaram a comentar a lua cheia nascendo. Era a época do ano em que a lua estava baixa o suficiente para ser vista pela janela oposta às celas. "Estava tão perto", conta Jarvis. "Nunca pensei que a lua pudesse chegar tão perto."

Todo mundo sabia que Jarvis adorava astronomia. Então começaram a fazer perguntas: "Por que parece tão grande? Para onde vai depois?" Jarvis percebeu a oportunidade e a aproveitou. "Eu disse a eles: 'Ah, sim, é a lua, mas está cinco minutos atrasada', e continuei a partir dali." Jarvis fingiu saber sua velocidade exata e sua órbita. Disse para prestarem atenção nas sombras na face lunar e descreveu, em termos floreados, as características que deveriam observar. Depois explicou o aspecto mais importante do protocolo correto de observação do satélite: "*Vocês precisam ficar em silêncio.* Toda vez que me fazem uma pergunta, arruínam o protocolo!"

Os homens ficaram em silêncio, como em uma sala de aula de alunos obedientes da escola paroquial.

Foi extraordinário, lembra Jarvis. Ele fez com que todos – quinze homens encarcerados – ficassem olhando para o céu em silêncio por quase vinte minutos. Em geral, segundo ele, ninguém em San Quentin fica calado por mais de dez segundos.

Um dos guardas, impressionado com a cena, também começou a olhar para cima. E lá estavam todos: um bando de homens no corredor da morte e um funcionário do sistema prisional do estado cujo trabalho era manter todos na linha.

Olhando para a lua.

Juntos.

Em silêncio.

O transe poderia ter continuado se um deles não tivesse se cansado daquilo.

"Mas essa filha da puta não escuta nada!", exclamou, afirmando que a lua não tem ouvidos. Ele percebeu que tinha sido enganado para ficar tanto tempo em silêncio. "Então o sossego acabou", concluiu Jarvis, "mas eu arranquei vinte minutos de silêncio deles!"

○

O antigo texto budista chamado Sutra do Lótus conta uma parábola sobre um homem rico cuja casa está pegando fogo. Na casa há muitas crianças que não percebem o perigo. Na verdade, elas não sabem o que é fogo, nem mesmo o que é uma casa. O homem não pode levar todas as crianças para um local seguro nem as convencer a sair por conta própria, por isso diz a elas que há três brinquedos do lado de fora – uma carroça puxada por uma cabra, uma carroça puxada por uma rena e uma carroça puxada por um boi. As crianças saem correndo da casa. Quando saem, as três carroças não estão lá. Elas só veem uma carruagem cravejada de joias, puxada por um boi branco, esperando para salvá-las.

A moral da história não é promover meias verdades nem o suborno de crianças. A parábola costuma ser usada para explicar que algumas práticas não ilustram a verdadeira realidade, mas são meios convenientes para salvar uma pessoa do sofrimento e ajudá-la se iluminar. No budismo, isso é chamado de *upaya*, ou "meios habilidosos". Muitas vezes pensamos em *upaya* como a importância de respeitar o ponto da jornada em que cada pessoa está – o que é capaz de entender ou está disposta a ouvir – e usar a linguagem apropriada para ela.

Apesar de recomendarmos conversas diretas sobre a necessidade de mais silêncio sempre que possível – como a que Leigh teve com a mãe e com Betty –, reconhecemos que em situações da vida real, com crianças pequenas, adolescentes, parceiros, pessoas que moram conosco, amigos e parentes, nem sempre é plausível encarar as normas ruidosas de frente. Em um mundo no qual a maioria de nós vive em constantes conversas e sob estimulação eletrônica, muitas vezes precisamos encontrar meios habilidosos para fazer com que amigos e entes queridos baixem o volume e se sintam confortáveis com o silêncio. Como dissemos antes, nossa *esfera de controle* parece um pouco diferente quando estamos lidando com relacionamentos. Em geral, nesses casos nós temos mais *influência* do que controle.

Jarvis usou *upaya* com seus vizinhos de San Quentin. Utilizou a ideia de que algo fantástico estava acontecendo com a lua nascente para conseguir uma rara oportunidade de silêncio e contemplação. Nem Jarvis nem nós recomendamos que você invente coisas para ganhar a atenção fugaz de amigos, vizinhos ou entes queridos. Mas recomendamos que seja criativo.

Às vezes, quando Justin está andando nas montanhas com a filha de 5 anos, ele diz: "Tem alguma coisa especial no vento hoje. Vamos parar para ouvir. Você consegue ouvir a dança do vento na copa dos álamos?" Eles param por um momento e ficam ouvindo juntos. Às vezes Justin percebe que a filha usa a mesma estratégia. Ele pode estar falando em uma caminhada e a filha aponta um oco no tronco de um choupo. "Olha lá uma casa de fadas, papai. É onde elas moram. Você precisa ficar em silêncio para não perturbar as fadas." Justin obedece e fecha a boca.

Muitas vezes usamos "meios habilidosos" para encontrar o silêncio em *nós mesmos* também. Às vezes criamos maneiras de nos distanciarmos da atração gravitacional do trabalho ou de comunicações não essenciais. Dizemos a nós mesmos que essa é a época perfeita do ano para ver os bordos mudarem de cor ou que o computador deve estar com algum defeito. Talvez Mercúrio esteja retrógrado, determinando o momento de cortar nossos vínculos eletrônicos por um período. Leigh costuma dizer brincando que o seu *eu do presente* costuma ser pego de surpresa ao perceber que seu *eu do passado* programou um retiro para o seu *eu do futuro* no fim de semana. Então, sim, às vezes precisamos ser criativos para descobrir como superar nossas próprias tendências ruidosas. As menores partes de nós mesmos sabem que as partes maiores guardam no coração o que é melhor para nós.

○

Quando começamos a perguntar às pessoas sobre o silêncio mais profundo que já tinham vivenciado, esperávamos ouvir sobre experiências solitárias. Não previmos que a maioria dos momentos mais profundos seria com mais gente. Percebemos também, com o tempo, que a maioria dos nossos momentos pessoais mais profundos igualmente tinha sido em conjunto – como a primeira vez de Justin com seus gêmeos recém-nascidos pele com pele no peito. Esses encontros puros, íntimos e às vezes arrebatadores são a inspiração para o próximo capítulo.

Nas páginas que se seguem, continuaremos a explorar como diminuir o dial do ruído auditivo, informacional e interior em termos coletivos, focando no significado de encontrar silêncio compartilhado em casa, no tempo livre e na vida em família e com amigos. Vamos considerar questões mais profundas sobre o que significa preparar juntos o solo para estarmos juntos em silêncio, incluindo como decidimos conscientemente sobre normas e culturas compartilhadas que respeitam nossas necessidades autênticas e em evolução. Vamos avaliar sete ideias diferentes para cultivar o espaço em casa e na vida que possibilite um silêncio arrebatador.

IDEIA 1: *PUMPERNICKEL!*

Rosin Coven é uma trupe musical de "infinitas peças" que desafia classificações. Quando pressionada, porém, Midnight Rose, sua vocalista e fundadora, dá a seguinte definição: "Nós somos o melhor grupo de lounge pagão do mundo." Embora essa classificação de gênero seja questionável, sua musicalidade não é. A maioria dos integrantes tem formação musical sólida e vários já tocaram em grandes orquestras. Eles dominam um sem-número de instrumentos, incluindo violoncelo, contrabaixo, trombone, violino, acordeão, trompete, vibrafone, bateria, harpa, guitarra, percussão, vocais e algumas bugigangas que você pode encontrar na cozinha ou em um ferro-velho. Como qualquer membro do grupo dirá, não é possível exibir todo esse talento de uma só vez. Na verdade, dividir o espaço é um pré-requisito para o sucesso. "Isso é uma parte muito importante do que faz a banda soar bem", nos diz Midnight Rose. "Ninguém precisa estar na frente e no centro o tempo todo."

Em seus 25 anos de composições e arranjos como grupo, a Rosin Coven criou um termo abreviado para quando a harmonia em conjunto sai dos trilhos e a paisagem sonora fica muito congestionada. Alguém grita: "*Pumpernickel!*" – o nome alemão para o mais escuro dos pães integrais.

Gritar "Pumpernickel!" é como abrir um paraquedas. "Significa que precisamos de um processo subtrativo para criar espaço e silêncio", explica Midnight Rose. O compositor francês Claude Debussy afirmou certa vez: "A música está no silêncio entre as notas." Consta que o lendário baixista Bootsy Collins, da banda Parliament, declarou que esse mesmo espaço intermediário é "onde está o funk". Ambos falam sobre a premissa subjacente do Mecanismo Pumpernickel. É um chamado para "pisar no freio" quando a musicalidade se perde. É o início de um processo de aparar o excesso de som, acalmando o sistema nervoso e aguçando as percepções.

Depois de algum tempo pensando sobre isso, nós dois percebemos que nosso propósito ao escrever este livro é bradar "Pumpernickel!" para o mundo todo.

O que nos traz de volta à questão das normas e da cultura. "Pumpernickel!" é a norma excêntrica da Rosin Coven, reflexo de sua cultura excêntrica. Eles a adotaram para atender à necessidade de dar um nome aos obstáculos que se interpõem em seu caminho.

Isso nos leva a uma pergunta pertinente: *Como podemos bradar "Pumpernickel!" quando a orquestra da nossa vida fica dissonante e aumenta demais de volume?*

Em muitas famílias, dizer "Vocês estão falando alto demais" é um grande tabu. Costuma ser visto mais como um ataque pessoal do que como um chamado à realidade. Por essa razão, transmitir a necessidade de silêncio pode parecer assustador; aparentemente não há como parar o filme no meio, interromper agendas hiperativas ou o exagero do processamento verbal. Não existe um jeito aceitável de bradar "Pumpernickel!".

Mas é aqui que alguns experimentos como o da faixa vermelha podem ser úteis. Você e seus familiares podem tentar seu próprio experimento. Talvez você também possa bolar uma palavra boba como "Pumpernickel!" Não importa o que for, uma mentalidade experimental e um pouco de diversão podem ser de grande ajuda para expandir as normas de um grupo a fim de adotar uma gama maior de possibilidades, inclusive o silêncio compartilhado.

IDEIA 2: LEMBRE-SE DO DIA DO SABBATH

Na casa dos 20 e 30 anos, Marilyn Paul vivia atolada em um estado de urgência debilitante, uma sensação incômoda de estar sempre "atrasada". Do ponto de vista da maioria, porém, ela estava "adiantada" – fazia cursos avançados em universidades de prestígio, tinha um bom emprego e uma vida social vibrante. Com o passar do tempo, Marilyn começou a se sentir tão cansada que era fisicamente incapaz de sair da cama. Foi diagnosticada com uma síndrome de deficiência imunológica, desencadeada por seu estilo de vida workaholic, sem pausas. Logo após o diagnóstico, um amigo convidou Marilyn a tirar uma noite de folga para um jantar de Shabat com ele e alguns amigos. Como judia não praticante, ela não ficou muito interessada. Demorou meses para aceitar o convite, mas acabou se rendendo. A decisão mudou sua vida.

Com o tempo, Marilyn adotou a prática semanal de observar o Shabat, o sábado judaico, desde o anoitecer de sexta-feira até o pôr do sol de sábado. Décadas depois, a prática tornou-se uma peça central em sua vida. Guardar o Shabat é uma declaração semanal de "Pumpernickel!" – mesmo que seu pão preferido seja o judaico *chalá*.

"Um dos custos do ruído é o de não saber o que é realmente importante na vida", diz ela. O Shabat, explica, é sua maneira de se reunir com os entes queridos, ir além do ruído e se conectar com o que é realmente importante.

O Shabat tem a ver com silêncio em relação a *determinadas* coisas, mas pode ser bem animado em relação a outras. Entre amigos e familiares, Marilyn pode passar horas em conversas barulhentas, risos e até discussões acaloradas. Juntos em volta da mesa, os participantes costumam cantar, recitar orações e contar histórias.

Mas há muito pouco espaço para as obrigações cotidianas comuns da vida. Marilyn e a família desligam os telefones celulares, computadores e aparelhos de televisão. Não trabalham nem discutem sobre a vida profissional. "Falar sobre trabalho ativa um conjunto de neurônios que não queremos mobilizar no Shabat. Isso reacende o sentido de urgência", afirma Marilyn. "Sabemos que o trabalho continua, sem parar... É claro que precisamos cumprir nossas obrigações profissionais, mas também precisamos *parar*, pois se não pararmos *não poderemos continuar*."

Se bem organizado, o Shabat funciona como um campo de força. "Quando você se reconecta com o que é importante, boa parte da agitação simplesmente desaparece", explica Marilyn. "Para mim, a prática do Shabat, embora possa não ser 'silenciosa' no sentido exterior, gera muita paz de espírito e alegria interior." Por estar o Shabat tão na contramão da cultura, muitas vezes as pessoas resistem à ideia. Elas podem dizer: "Eu preciso de oito dias por semana pra fazer tudo, não seis." Marilyn diz a elas que um bom descanso põe as coisas em perspectiva, aumenta a satisfação e aprofunda a criatividade. É um bom método para reduzir a sempre presente lista de afazeres.

Marilyn é uma autora best-seller que viu tanto valor no Shabat que escreveu um segundo livro, *An Oasis in Time* (Um oásis no tempo), para ajudar qualquer indivíduo, judeu ou não judeu, praticante ou secular, a inserir um pouco de Shabat em sua semana.[1]

IDEIA 3: INTENÇÃO E ATENÇÃO

Zach Taylor tinha grandes planos para o verão.

Sua esposa, Mara, estaria dando aulas e ele planejava tirar uma folga do emprego de professor e cuidar das filhas de 5 anos e de 6 meses enquanto tocava uma impressionante lista de melhorias na casa. Quando começou o verão, Zach estava jogando futebol. Foi derrubado e fraturou o tornozelo. Como disse John Lennon: "Vida é o que acontece enquanto você está ocupado fazendo outros planos." Zach precisou desistir de todas as ambiciosas reformas na casa. Estava de muletas. Só poderia se sentar no chão e brincar com as meninas o verão inteiro.

Um dia, eles estavam todos se divertindo empilhando blocos. Uma música suave tocava ao fundo, ele lembra. Sua atenção estava concentrada nos blocos coloridos. Zach refletia sobre o doce momento que estavam vivendo quando, por acaso, a música de John Mayer "Daughters", sobre a importância dos relacionamentos entre pais e filhas, soou na caixa. "Essa música é linda", disse a filha de 5 anos. Ficaram ouvindo em silêncio. Então, de repente ela exclamou: "Papai, eu quero te mostrar toda a beleza do mundo! Vamos levantar." Quando Zach conseguiu se levantar, a filha o levou ao quintal, onde começou a mostrar para ele as formas espiraladas das plantas, as trilhas das formigas andando em zigue-zague e como as agulhas dos pinheiros brilhavam à luz.

"Foi um momento que me marcou", afirma Zach. "E isso não teria acontecido se eu não tivesse fraturado o tornozelo. Não teria acontecido se estivesse ocupado com os projetos da casa, se não estivesse presente."

Hoje Zach é uma figura reconhecida no campo da aprendizagem social e emocional, cujo objetivo é introduzir a atenção plena em escolas. Ele estuda como os jovens atingem estados de silêncio interior e envolvimento profundo, e assessora distritos e diretores escolares sobre como implantar as condições adequadas para permitir esses modos de atenção.

Perguntamos a Zach sobre o silêncio mais profundo que vivenciou entre as crianças. Ele nos levou à cena de uma sala de aula de quinze alunos do jardim de infância que visitou um dia. "Quando você entra, vê todas aquelas cores brilhantes e espera que os decibéis audíveis correspondam ao visual. Mas a atmosfera era de silêncio." As crianças estavam envolvidas em várias atividades, desenhando cenas da natureza, fazendo exercícios de aritmética com contas e trabalhando com objetos 3-D. "Não era 100% silencioso, por causa das instruções e discussões, mas havia um silêncio interior. Havia um aprendizado profundo acontecendo."

"O que mais notei em meu trabalho com silêncio e atenção plena é que as crianças ficam mais engajadas quando têm algo para criar", conta Zach. "O silêncio que vem de um estado focado de criação – quando elas têm os materiais certos, a atmosfera certa, o recinto certo para brincadeiras paralelas – é uma maravilha." Hoje, ressalta Zach, cada vez mais a sociedade reconhece os riscos de engajar as crianças em muitos entretenimentos intensos – com superestimulação, muitas telas, sinos e apitos. O engajamento mais profundo é quando há *presença*, como o daquele dia de verão quando ele estava de muletas. Ou a imersão no momento presente ao pintar um belo quadro ou construir um castelo com blocos. Embora o movimento de introdução da meditação da atenção plena nas escolas seja um desenvolvimento positivo, Zach ressalta que isso deve acompanhar a natureza das crianças. Nem sempre se pode pedir a elas que fechem os olhos e fiquem em silêncio. Algumas simplesmente não conseguem. Outras, por causa de situações traumáticas em casa, não se sentem seguras de olhos fechados. Assim, o trabalho é tentar cultivar a consciência e a presença no que elas já estão fazendo: se mexendo, rabiscando, respirando. Uma valorização básica do silêncio.

Comentando o silêncio na vida doméstica, Zach nos fala sobre a importância de "intenção e atenção". Uma coisa é desligar os dispositivos e criar uma paisagem sonora auditiva e informacional silenciosa, outra é conseguir tudo isso e também parar de fazer suas tarefas e multitarefas e dar a seus filhos alguma atenção focada.

Zach descreve a oportunidade que aproveita todas as noites à mesa de jantar. Enquanto comem, ele gosta fazer perguntas às filhas, como "Pelo que devemos ser gratos? Qual foi uma escolha que fizemos recentemente que levou a um bom resultado? Em que nós erramos recentemente? O que demos aos outros hoje?" Trata-se de fazer a pergunta e depois permitir o silêncio, lidar com o constrangimento de não falar e dar o tempo necessário para processar. "Quando paira um silêncio depois de uma pergunta, a tendência é muitas vezes pensar: 'Ah, elas não entenderam. Vou dar uma dica.' Mas você precisa deixar o silêncio pairar." Nesse espaço, diz Zach, as crianças podem "ouvir a vozinha". Para os mais novos, "essa vozinha está muito mais na superfície. A espontaneidade das crianças é ligada à intuição. Se você permitir o silêncio, a criança quieta no fundo da sala ou a criança mais quieta ainda à mesa de jantar podem encontrar espaço para falar. E quando isso acontece", continua, "é algo importante – como a transmissão de alguma coisa que precisava entrar na sala, algo profundo que só estava esperando o momento e o espaço certos para vir à tona."

IDEIA 4: A BELEZA DO PEQUENO

Vamos fazer uma revelação importante. Apesar da linguagem poética que usamos para descrever as experiências de silêncio com amigos e entes queridos, na verdade não temos tanta facilidade para criar esses momentos. Se você não for uma monja budista ou um monge beneditino, provavelmente não está acostumado a socializar em silêncio total. A simples ideia de convidar alguém para uma caminhada ou refeição sem palavras já parece algo estranho e constrangedor.

Em geral, a pungência de um silêncio compartilhado resulta de sua espontaneidade. Um silêncio compartilhado implica que aconteceu algo profundo que tornou a fala inadequada. É um momento de reflexão, de tristeza ou de arrebatamento. Nem sempre é possível programá-lo.

No entanto, com base em nossa experiência, temos uma recomendação simples para cultivar espaços de silêncio compartilhado importantes com amigos e entes queridos.

Que seja pequeno. Na verdade, diminuto.

Quando Justin e sua esposa Meredy fazem caminhadas nas montanhas perto da casa deles, normalmente é uma oportunidade especial para pôr a conversa em dia, sem as distrações do trabalho ou as demandas do papel de pai e mãe de três filhos, e longe de dispositivos eletrônicos. Eles falam muito, contam histórias, expõem pontos de vista e resolvem detalhes da vida. Mas, quando possível, reservam um tempo em uma parte mais alta ou com a melhor vista para se sentarem em uma pedra e ficarem juntos em silêncio. Ouvindo os passarinhos e a agitação do ar. Podem ser apenas cinco minutos. Talvez só três. Mas é a peça central de todo o passeio.

No ensino médio, Justin e seu amigo Rob costumavam se deitar na calçada em frente de casa e ficar olhando o céu noturno. Faziam piadas sem sentido e contavam histórias, refletiam sobre o que tinha acontecido na semana anterior na escola. Mas havia um entendimento de ficar em silêncio por pelo menos alguns minutos. Era uma norma tácita sobre a qual não precisavam falar. Era o espaço em que a amizade dos dois mais florescia.

Às vezes essa prática de compartilhar um breve silêncio em meio à conversa pode fazer parte de um processo criativo coletivo. Quando nós dois nos encontramos na área da baía de São Francisco há alguns anos para começar a escrever este livro, fizemos um pequeno passeio pelas colinas e ravinas cercadas de eucaliptos a leste de Berkeley. Passamos metade do tempo planejando e a outra metade em silêncio. Foram só uns vinte minutos sem falar, mas foi um momento em que parte da nossa visão em comum sobre este projeto realmente começou a se cristalizar.

Seja planejado ou espontâneo, um breve período de silêncio com alguém pode agregar profundidade e textura a uma conexão ou a um trabalho em conjunto. Nesses pequenos espaços, o silêncio não é só um interlúdio entre as falas. É um equilíbrio. Uma simbiose. Como prata e ouro. O conteúdo da conversa e o tom do discurso alimentam a qualidade do silêncio. Da mesma forma, a clareza do silêncio pode melhorar a qualidade da conversa ao redor. Manter espaço tanto para o silêncio quanto para o discurso torna a prática do silêncio compartilhado gerenciável e acessível.

IDEIA 5: EFERVESCÊNCIA COLETIVA

Alguns anos atrás fizemos um passeio pelo norte da Califórnia para falar com Bob Jesse na porta de sua cabana de um cômodo sob as imponentes sequoias. Bob é um homem cujo horizonte temporal está vinte ou trinta anos adiante do convencional. Formado em engenharia, foi um dos pioneiros do Vale do Silício. Décadas atrás, como alto executivo da Oracle, convenceu a gigante do software a liderar a relação de empresas da Fortune 500 na oferta de benefícios a parceiros do mesmo sexo – algo quase inédito na época. No início dos anos 1990, convocou o Conselho de Práticas Espirituais (CPE), cuja missão é tornar "a experiência direta do sagrado mais acessível a mais pessoas". Foi como representante do CPE que, no fim dos anos 1990, Bob procurou o psicofarmacologista Roland Griffiths, da Universidade Johns Hopkins, com a ideia de estudar experiências místicas como as discutidas no Capítulo 6.

Bob também teve papel importante na formação e no desenvolvimento de um experimento inovador em silêncio compartilhado: uma igreja baseada em dança na área da baía de São Francisco.

"Não gosto da palavra 'fundador' por várias razões – ela é muito carregada de seriedade e autoridade –, mas nós fomos os primeiros à mesa, por assim dizer." Essa mesa foi posta em 1996, quando uma igreja de São Francisco concordou em deixar que Bob e o músico da igreja, Charles Rus, usassem seu santuário, a biblioteca e o jardim para um evento de dança orientada para o êxtase que duraria uma noite inteira – desde que o local estivesse em ordem no dia seguinte. Bob e Charles reuniram mais dez amigos para conceber a primeira de muitas celebrações como aquela, para as quais convidariam outros amigos. Uma comunidade nasceu.

Embora o local tenha mudado e a comunidade tenha se organizado como igreja independente, as reuniões sazonais – realizadas perto dos solstícios e equinócios – continuam. "Não perdemos uma celebração trimestral nos nossos 25 anos", diz Bob.

As raízes do grupo podem ser atribuídas à música eletrônica, criada na Inglaterra nos anos 1980. Se você já esteve em uma rave ou em um grande festival, certamente notou alguns elementos sonoros característicos, como pilhas de alto-falantes e uma batida *unnn-cha, unnn-cha*. É um cenário dos mais ruidosos, assim como as celebrações dessa igreja. No entanto, essa comunidade espiritual é singular nas muitas precauções que toma para diminuir outros tipos de "ruído" em suas celebrações. O grupo passou mais de duas décadas aprimorando acordos, em constante evolução, em que os participantes devem estar "a bordo" para participar. São diretrizes que promovem "um ambiente seguro para a exploração do espírito em todas as suas formas", de maneira a não interferir na experiência de outros.

Por exemplo, as celebrações noturnas da comunidade ocorrem sem bebidas alcoólicas e são "silenciosas" em relação ao ruído associado à embriaguez. A sobriedade fortalece outros acordos, como: "O consentimento é fundamental [...] sejam respeitosos com os limites dos outros." A sofisticada decoração do local, shows de luzes e instalações de arte são uma festa para os olhos; porém outro acordo determina que as únicas fotos permitidas são as que ficarem na mente.

Como frequentadora ocasional da igreja, Leigh viveu na pele esses acordos meticulosamente elaborados. Constatou que eles reduzem de modo radical as fontes exteriores de ruído e, com isso, também suas fontes interiores. Ela pode chegar lá com uma multidão ou sozinha, com roupa de ioga ou um vestido deslumbrante. Mais importante, a experiência é isenta do "fator cafajestice". Ela sabe que não haverá olhares insinuantes, assédio ou ameaça de violência – tudo que inibia sua vontade de dançar livremente no passado. Leigh adora toda essa liberdade. Na verdade, a "Leigh" costuma desaparecer. Ela transcende o eu preocupado com esses temores cotidianos e nos momentos mais extraordinários se mistura com o todo, em um estado de fluxo grupal – o que o sociólogo francês Émile Durkheim chamou de "efervescência coletiva". É uma experiência também encapsulada no lema do grupo, talvez até o seu único dogma: "Na dança somos um só."

O objetivo desse ritual sonoro, ruidoso e meticulosamente orquestrado é facilitar ao máximo o silêncio interior.

No início da formação do que se tornou uma comunidade, Bob buscou uma fonte improvável de orientação: a doutrina quacre, a religião do silêncio. Queria que as tomadas de decisão do grupo fossem colaborativas e que as decisões fossem sábias e duradouras. Ele também estava interessado em romper alguns comportamentos pessoais. Bob conta que no passado, antes de apresentar uma proposta em uma reunião, ele a mostrava a alguns amigos e colegas – submetendo a ideia a um "test drive". Pensava consigo mesmo: "Trabalhei nisso mais do que qualquer um que for à reunião.

Examinei a fundo os entraves e as possibilidades. E o meu trabalho é convencer as pessoas." Agora, brinca: "Isso é totalmente antiquacre! Não é colaborativo; é presunçoso. E, se você for pragmático, pode não perceber uma solução melhor."

Então, seguindo o conselho de Bob, o grupo nascente adotou alguns princípios inspirados nos quacres. Ainda hoje, com uma comunidade de quinhentos membros, eles se referem uns aos outros como "Amigos" – no estilo quacre – e se revezam falando, ouvindo e mantendo silêncio para trazer à tona ideias, preocupações e resoluções. Essencialmente, buscam sua versão do que Rob Lippincott define como "unidade".

"Usamos um conceito, 'concordância razoável da comunidade'." Bob explica: "'Concordância' é um termo contrastante de 'discordância'. 'Comunidade' significa toda a comunidade... e 'razoável' implica perguntar: estamos *razoavelmente* perto de uma concordância total? Isso permite que, se necessário, as decisões sejam tomadas mesmo se houver alguns dissidentes." Quando uma proposta é apresentada à comunidade, os Amigos podem comentar e ela pode ser revisada iterativamente. Quando um pequeno grupo de supervisão, o conselho, conclui que se chegou a um acordo comunitário razoável, a proposta é ratificada. O processo pode ser demorado – talvez não seja possível administrar um negócio mais ágil dessa maneira –, mas parece ter servido muito bem a essa comunidade religiosa.

"Antes, quando uma decisão era tomada dessa forma, muitas vezes eu saía desiludido porque minha ótima ideia era a melhor", afirma Bob. "Hoje vejo que não apenas surgiu uma ideia muito melhor como também há uma forma silenciosa de efervescência coletiva. Quando funciona, é unificador e profundo."

É bem provável que as práticas inspiradas nos quacres preservem o costume do grupo de, a cada evento – mesmo que haja muitos decibéis –, criar espaços para se refugiar em momentos de silêncio. Há um altar que costuma ser visitado em silêncio. A maioria dos locais inclui um ambiente de cura tranquilo, bem como pelo menos um "espaço de relaxamento" para descansar e conversar calmamente. Pouco antes da meia-noite, a música e a dança param e todos se reúnem em um só local designado para o silêncio compartilhado. Depois de um ritual de abertura, os participantes se dispersam pelo lugar até o amanhecer, quando uma cerimônia de encerramento e o trabalho de limpeza concluem a celebração. Como o conceito de Debussy de a música estar entre as notas ou a afirmação zen de Bootsy Collins sobre o princípio amorfo fundamental do funk, essas celebrações intencionalmente turbulentas surgem do silêncio e retornam ao silêncio.

IDEIA 6: SINTONIZANDO JUNTOS

No Capítulo 11 descrevemos alguns momentos rarefeitos nos quais nos encontramos em espaços de profundo silêncio – momentos de arrebatamento, quando estamos "flutuando na nuvem do não saber".

Embora esses momentos em geral não sejam planejados, muitas pessoas com quem conversamos ressaltaram a importância da *preparação* para chegar a essas alturas arrebatadoras. A preparação pode implicar a adoção de algumas diretrizes e limites previamente estabelecidos para iniciar o silêncio, como o limite de treze páginas de Gordon Hempton para sua lista de tarefas ou os sinais de exaustão e necessidade de descanso de Tricia Hersey. Porém, ainda mais crucial, a preparação significa práticas e rituais para "preparar a embarcação", como os *rishis* da Índia antiga faziam por meio de cânticos, dietas alimentares e rígido código de ética.

Quando "preparamos a embarcação", estamos dispostos a nos tornar um diapasão – permitindo que a mente e o corpo percebam a vibração mais sutil. Podemos fazer isso individualmente, como dissemos em capítulos anteriores, mas em geral é mais intenso nos engajarmos na *preparação* e, já preparados, iniciarmos uma espécie de *sincronização* – juntos.

Por quase seis décadas, Ralph Metzner, psicólogo nascido na Alemanha e formado em Harvard, viajou pelo mundo estudando, pesquisando e orientando grupos de pessoas por meio de estados expandidos de consciência. Em uma entrevista de 2015, Metzner desmistificou o significado do termo "estados expandidos de consciência". Em suas palavras: "Sua consciência se expande todas as manhãs quando você acorda." Descrevendo a própria paisagem matinal, ele entra em detalhes: "'Ah, estes são o meu quarto, minha cama, minha mulher, minha família, meu cachorro, meu trabalho.' Trata-se de uma série de expansões de consciência. E todas as noites, quando vai dormir, você meio que se fecha." E acrescenta: "E isso é perfeitamente normal."

Até sua morte em 2019, aos 82 anos, Metzner estudou, praticou e ensinou diversos modos de expandir e focar a consciência. No entanto, sua maior contribuição foi no que chamou de psicoterapia enteogênica: o uso de substâncias psicoativas em contextos psicoespirituais em prol da transformação pessoal, coletiva e planetária.

Metzner acreditava que, para fazer isso com responsabilidade, cabia a cada participante "preparar sua embarcação" pessoal. Via seu papel como o de condutor, preparando a embarcação coletiva maior: *o recipiente cerimonial*.

Para começar, Metzner selecionava os participantes considerando questões clínicas e psicológicas contraindicadas. Em seguida, exigia que cada candidato escrevesse uma "autobiografia espiritual" detalhando suas origens religiosas e espirituais e experiências passadas com enteógenos, mesmo as negativas. Em alguns casos, trabalhou individualmente por anos antes de liberar alguém para o trabalho em grupo. Metzner limitou um bocado de "ruído" com suas expectativas e seus parâmetros bem definidos, semelhantes aos acordos formalizados entre os participantes da igreja baseada na dança.

As pessoas entravam em uma fila de meses, às vezes anos, para se candidatar à centena de vagas disponíveis anualmente na Europa e na América do Norte, onde ele dirigia seus círculos enteogênicos. Uma vez juntos, o grupo de doze a vinte participantes adotava comportamentos monásticos e se comprometia com uma confidencialidade inflexível.

O grupo mantinha uma programação de seis dias extremamente exigente – com oficinas de preparação para aprendizado, meditação e exercícios diários; cerimônias ritualizadas à noite; e sessões de integração pela manhã.

Metzner também ajudava as pessoas a preparar suas "embarcações" individuais por meio de atividades reflexivas pessoais, como escrever um diário, desenhar e passar um tempo na natureza. Os participantes compartilhavam suas obras de arte e sintetizavam seus pensamentos com relatórios em grupos grandes e pequenos que se concentravam no tema do dia. Podiam explorar estruturas psicológicas, como fases da vida, arquétipos junguianos ou constelações familiares. Os temas tratados no dia eram revisados na cerimônia da noite, com uma camada adicional de enteógenos, música e a orientação verbal de Metzner.

Metzner era um grande orador, professor, conferencista, um homem de muitas palavras. Escreveu mais de vinte livros. Confiava muito em instruções verbais, especialmente no início da semana, antes de relaxar no campo cerimonial que ele e o grupo criavam juntos.

Mas o objetivo de tudo era se prepararem para entrarem *juntos* no silêncio arrebatador. Não se pode esperar que essa experiência aconteça espontaneamente. É preciso se empenhar.

A preparação de Metzner se estendia ao espaço físico da cerimônia. Como disse uma de suas alunas de longa data, Carla Detchon: "Ele era *muito* es-pe-cí-fico." Quando arrumava a sala para a cerimônia de todas as noites, precisava das coisas "exatamente" no lugar. "Era extremamente atento ao alinhamento energético do recinto", conta Carla. "E isso se manifestava na maneira como montava o altar e no círculo que deveríamos formar." Boa parte de seus refinamentos era manifestada com um "não" muito claro: "Não, a toalha do altar não está totalmente lisa e alinhada. Não, eu não gosto daqueles ramos ou daquelas flores ali. Não, você não pode ficar com os pés apontando para o altar." Mas Metzner era exigente por uma razão, como diz Carla: "Ele entendeu que quando tudo se alinha as energias podem fluir melhor. E quando Ralph e o grupo estavam totalmente preparados, alinhados e em fluxo, o resultado era absolutamente transcendente."

"Ele tinha um lindo senso para a música", continua Carla. Gostava particularmente de ritmos que promoviam o *entranhamento*, que, nas palavras de Metzner, é quando "todos os ritmos passam a ser harmônicos entre si". Na física, o termo "entranhamento" significa "o processo pelo qual dois sistemas oscilantes e interativos assumem o mesmo período". É uma metáfora para o que pode acontecer entre humanos que, com uma preparação adequada, entram em um estado de *sincronização*.

No filme *Entheogen: Awakening the Divine Within* (Enteógeno: Despertando o divino interior), Metzner descreve como o entranhamento acontece em grupos de pessoas com sons de tambor, cantos e dança.[2] É como os grupos corais funcionam. O objetivo não é cantar exatamente a mesma nota, explica Metzner. "Elas são harmônicas e, portanto, ressonantes umas com as outras." Ele adorava trazer essa tecnologia antiga para seus círculos enteogênicos. "Eles podem ter pensamentos diferentes e imagens diferentes na mente", explica, mas quando o grupo entra em um estado coletivo de entranhamento, "surge uma tremenda sensação de unidade e comunhão".

Essa sincronicidade é a mesma sensação de "Na dança nós somos um" de Leigh na celebração que dura a noite toda. É o que Justin vivenciou quando abraçou seus gêmeos recém-nascidos pela primeira vez, batimentos cardíacos sincronizados, pele com pele.

Como em vários outros eventos que destacamos, o silêncio auditivo não é o objetivo. Metzner passava horas fazendo elaboradas invocações, orientando visualizações e contando histórias míticas nórdicas das terras de seus ancestrais – como a das três Nornas, que criam e determinam o destino de cada um, e a de Mímir, a cabeça desencarnada que guarda a sabedoria. Por meio de uma preparação rigorosa, do uso da música e da narrativa mítica, Metzner guiava os grupos para além do ruído interior, para a sincronização, para o entranhamento – a experiência de autotranscendência *juntos*.

IDEIA 7: A PRESENÇA QUE CURA

"Presença", diz Don St. John, "é ter toda a sua energia e atenção a seu dispor, e não inacessível por causa de preocupações, distrações, ansiedade ou tensão crônica." Ao longo da juventude, nunca pensou que esse estado de consciência fosse realmente alcançável. "Não me lembro quando as surras se tornaram uma ocorrência diária", diz, recordando o abuso sofrido nas mãos da mãe ressentida e de olhar feroz. "Se eu tentasse me defender dos golpes, ela ficava ainda mais irritada, gritava mais alto e continuava batendo."

Atualmente um psicoterapeuta na casa dos 70 anos, Don está em uma jornada de várias décadas de superação de traumas da primeira infância. Quando conversamos, ele explicou que os silêncios da infância em geral são "silêncios altissonantes". Podem incluir a raiva estrondosa do autoisolamento, a dor de nunca se sentir ouvido e a ferroada da negligência. Don afirmou que, normalmente, o lar amoroso de uma criança é ruidoso; é aquele em que você ouve risos e conversas. Está cheio de calor e da presença de outros, e da inquestionável sensação de pertencimento da criança.

No entanto, o silêncio – de um tipo compartilhado – foi, para ele, um caminho crucial para a cura dessas feridas da infância. Em particular, foi o espaço de silêncio afetuoso com sua parceira de vida que possibilitou a cura mais preciosa.

A palavra "silêncio" evoca sentimentos complexos no âmbito de relacionamentos afetivos. Como acontece com os silêncios da infância, muitas vezes vemos a quietude do parceiro ou da parceira como sinal de desatenção ou rejeição. Ninguém gosta do "tratamento silencioso". Autoisolamento é a forma de opressão emocional capaz de criar uma parede invisível atrás da qual podemos nos esconder. Podemos nos calar, nos ocupar ou nos recusar a responder. Os gurus de relacionamentos John e Julie Gottman o definem como um dos quatro comportamentos tóxicos comuns nos relacionamentos.[3] Os outros três – a culpa, a atitude defensiva e o desdém – podem ser igualmente familiares. Embora ostensivamente silencioso, o autoisolamento nasce do mundo do ruído.

Mas o silêncio intencional pode ser a ferramenta para criar um vínculo profundo em uma relação. Don nos conta sobre uma prática desenvolvida por ele e a esposa, Diane. Embora tenhamos dito anteriormente que é melhor manter breves os períodos de silêncio planejado, para não incorrer em excesso de ambição, Don e Diane sugerem algo na linha "quarta-feira sem palavras", porém ampliado.

"Uma das coisas que fizemos nos últimos dez anos foi escolher um fim de semana para simplesmente ficar em silêncio", diz Don. Eles preparam as refeições com antecedência e evitam usar o celular, mandar e-mails ou fazer qualquer outra coisa que possa distraí-los do descanso na pura presença. Passam os dias refletindo, movimentando o corpo, lendo e fazendo caminhadas nas montanhas perto da casa onde moram, em Salt Lake City. Logo após iniciar essa prática, encontraram uma forma de sinalização útil para encontros ocasionais com outras pessoas. Eles levam uma prancheta dizendo: "Estamos em silêncio. Se tiverem algo a nos dizer, escrevam aqui." Raramente alguém se dá ao trabalho de escrever na prancheta. Quando você pede às pessoas que limitem suas comunicações apenas ao que for importante, o que resta é muito pouco. Foi o que Leigh também constatou em sua "quarta-feira sem palavras" no Tatshenshini.

No capítulo sobre o silêncio arrebatador analisamos os elementos essenciais de um retiro pessoal. Como Sheila explicou, uma prática simples como reorganizar os móveis da casa pode criar um recipiente para o sagrado – uma das muitas maneiras de estabelecer um "templo". Em um retiro compartilhado com um parceiro ou amigo, o próprio silêncio pode ser um dos pilares do templo. Quando duas pessoas estão juntas observando um compromisso com o silêncio, ela explica, surge um ambiente raro. É uma tecnologia antiga que podemos sentir no nível celular. "O silêncio altera a sensação do espaço entre duas pessoas", diz Sheila. "Isso aumenta a força de tensão."

Para Don, interromper a enxurrada diária de estímulos permite o descanso emocional. É, em si, uma ajuda para o seu trabalho de metabolizar os traumas – tanto seu trauma pessoal quanto os que ele ajuda os clientes a superarem. Mas o silêncio compartilhado com Diane é mais do que isso. Trata-se de aprofundar o santuário doméstico e os laços do casamento. Como programam seus "acordos operacionais" com antecedência, eles podem cruzar o limite para chegar aonde toda a energia e a atenção estão presentes.

CONFIANÇA SILENCIOSA

Existem formas de silêncio compartilhado sobre as quais não há muito que dizer. Não podemos falar, por exemplo, sobre o silêncio compartilhado na mais profunda de todas as intimidades. Não podemos falar sobre o silêncio que duas pessoas encontram juntas em um momento de tristeza impensável. Essas experiências são, por sua natureza, profundamente pessoais. Há apenas duas palavras que ousamos oferecer como recomendação sobre como se portar nesse tipo de espaço: "Preste atenção." Observe como o significado surge, tanto no silêncio quanto nas palavras.

Somos apenas iniciantes no trabalho de compartilhar o silêncio com entes queridos. Trata-se de um processo vitalício de melhoria contínua. Para nós, ainda é basicamente a prática de *upaya*, de encontrar os "meios convenientes" de cultivar pequenas experiências de união silenciosa, como Jarvis vivenciou naquele momento impensável olhando para a lua com seus colegas de bloco no Centro de Reeducação.

Quando introduzimos esta parte do livro, "Juntos em silêncio", fizemos uma observação: *o poder do silêncio é ampliado quando compartilhado*.

Ao longo deste capítulo também analisamos um corolário: *o silêncio amplifica o poder da conexão humana*. Expande nossa consciência em comum, o que aprofunda nosso sentimento de união. Em última análise, traz cada vez mais generosidade e atenção aos nossos relacionamentos.

O silêncio compartilhado é uma ideia contraintuitiva em uma cultura que associa o silêncio à solidão e a conexão humana ao conteúdo da conversação. Ainda assim, pelo menos em algum nível, todos sabemos que precisamos deixar a conversação de lado e transcender o ruído para estarmos realmente presentes com alguém – para conseguirmos *confiar* plenamente.

Em uma época de isolamento crescente e de erosão da confiança social, reivindicar o silêncio genuíno deve ser uma prioridade – não só para indivíduos, famílias, locais de trabalho ou grupos de amigos, mas também para a sociedade como um todo. Concordamos com a premissa básica de Blaise Pascal de que os problemas da humanidade derivam da "incapacidade do homem de ficar em silêncio sozinho em uma sala". Mas acrescentaríamos que os problemas pioram com a incapacidade de ficar em silêncio em uma sala *com outra pessoa*.

A seguir vamos ampliar o foco para grupos maiores, examinando como o poder do silêncio na política, na diplomacia, na cultura e na sociedade global pode ser uma força transformadora de longo alcance.

PARTE 6

UMA SOCIEDADE QUE RESPEITA O SILÊNCIO

CAPÍTULO 14

MA VAI A WASHINGTON

Richard Nixon era um péssimo quacre. Como documentam dezenas de fitas vazadas da Casa Branca, ele praguejava como um marinheiro. Embora o aspecto pacifista da fé quacre o tivesse poupado de combater na linha de frente durante a Segunda Guerra Mundial, mais tarde, como 37º presidente dos Estados Unidos, ele ampliou a Guerra do Vietnã e determinou um bombardeio devastador e ilegal ao Camboja. A investigação de Watergate revelou que Nixon mantinha um registro meticuloso de seus adversários políticos e dos podres que poderia usar contra eles. Parecia não ligar para o princípio ético da religião em que fora criado: "Amar seus inimigos."

Ainda assim, como um dos dois presidentes quacres na história dos EUA (Herbert Hoover foi o outro), Richard Nixon tomou uma providência condizente com um adepto de uma religião que reverencia o silêncio: lançou o primeiro regime político do país dedicado à gestão do ruído.

A Lei de Controle de Ruídos, de 1972, tentou proporcionar aos americanos o direito a um ambiente razoavelmente silencioso.[1] Ela criou o Gabinete de Redução e Controle de Ruído (Onac, na sigla em inglês), com a função de coordenar pesquisas sobre o controle do ruído, promulgar padrões federais de emissão auditiva de produtos e fornecer subsídios e assistência técnica a governos estaduais e locais – particularmente em centros urbanos – para reduzir a poluição sonora.[2] Embora não tivesse autoridade para regular o ruído de aeronaves ou ferrovias, o gabinete liderou uma campanha de educação pública que alertou sobre esses problemas, fazendo com que aeroportos, companhias aéreas e empresas de frete levassem o assunto mais a sério.

Nos anos 1970 ainda havia algumas discordâncias sobre os impactos do ruído na saúde. Indústrias e autoridades de transporte público se opuseram a regulamentos obrigatórios dos níveis de ruído, mas o governo seguiu em frente. Falando em apoio ao movimento pela redução do ruído em 1968, o secretário da Saúde William H. Stewart questionou: "Devemos esperar até provarmos todos os elos da cadeia de causalidade?" E continuou: "Na proteção da saúde, a prova absoluta chega tarde demais. Esperar por isso é aceitar o desastre ou prolongar o sofrimento desnecessário."

Em 1982 o governo de Ronald Reagan cortou o financiamento e desmantelou os programas federais de controle do ruído como parte de sua agenda de antirregulamentação.[3] Mesmo assim, o ONAC continua sendo um exemplo admirável de política pública de precaução que prioriza o genuíno bem-estar humano.

O regime de controle do ruído da era Nixon baseou-se em uma noção que ainda é desconhecida no governo americano e na maioria dos governos: *existe um valor inerente na atenção humana pura, e a sociedade tem motivos convincentes para manter e defender esse valor.*

A história das reformas relacionadas ao ruído de Nixon continua extremamente relevante. À medida que as plataformas on-line e seus algoritmos assumem um papel cada vez maior na economia e no discurso público, agora os debates são sobre as políticas de atenção humana. Em particular, os formuladores de políticas vêm lutando para decidir como defender a privacidade, garantir a liberdade de expressão, combater a desinformação e confrontar o poder crescente do monopólio das grandes empresas de tecnologia.

São questões cruciais. Mas acreditamos que há uma questão maior e mais abrangente que também devemos abordar: *Como podemos estruturar nossa sociedade para preservar a pureza da atenção humana?*

Foi na época das reformas de Nixon que o ganhador do Prêmio Nobel Herbert Simon escreveu as palavras que citamos no início deste livro: "Uma riqueza de informações cria uma pobreza de atenção." Nas próximas páginas veremos o que significa orientar a arquitetura econômica e política em prol do objetivo de minimizar ou pelo menos administrar o ruído auditivo, informacional e interior do mundo moderno por meio de leis, regulamentos, investimentos, transparência empresarial e mobilização social. Examinaremos como sociedades inteiras podem priorizar o cultivo da atenção focada como um elemento-chave do bem comum.

Certamente não é possível regular totalmente ou legislar sobre todos os aspectos do problema do ruído. Por isso, neste capítulo e no seguinte vamos imaginar algo mais amplo e profundo: *uma sociedade que respeite o silêncio.*

Vamos imaginar como seria, por exemplo, ter um discurso público que seguisse a lógica de uma reunião dos Amigos Quacre, na qual o prudente é falar quando se acredita que as palavras aperfeiçoam o silêncio.

Vamos analisar uma série de possibilidades: e se as legislações e as salas de reuniões valorizassem preservar a atenção pura? E se a sociedade reconhecesse que a solução de problemas complexos e assustadores – como as mudanças climáticas e a desigualdade – exigisse não apenas engenharia, análise e debate, mas também o espaço para uma visão contemplativa sobre o futuro que realmente desejamos?

E se o princípio de *Ma* – a palavra japonesa que remete ao poder dos espaços silenciosos "intersticiais" – tivesse um lugar no discurso público?

Embora tudo isso possa parecer surreal, há algumas mudanças plausíveis nos sistemas existentes – incluindo como calculamos as "externalidades" econômicas, avaliamos os custos e benefícios de novas regulamentações, examinamos investimentos públicos preventivos e deliberamos sobre problemas difíceis – que poderiam ajudar a despertar esse tipo de transformação.

As cinco ideias apresentadas a seguir baseiam-se em um contexto de política pública dos Estados Unidos. No entanto, são princípios relevantes e podem ser adaptados para uma variedade de países e realidades políticas. O ruído – auditivo, informacional e interior – é um problema global. Cada país precisa imaginar e testar os próprios métodos de abordagem.

IDEIA 1: INVESTIR EM SANTUÁRIOS PÚBLICOS

Muitos anos atrás, o escritor nova-iorquino George Prochnik estava em um retiro de meditação silenciosa "observando um grupo de pessoas espalhadas por uma encosta gramada como pássaros empoleirados – todos concentrados em não fazer nada além de ficar em silêncio e ouvir o mundo natural". No livro *In Pursuit of Silence* (Em busca do silêncio), publicado em 2010, ele escreve sobre como valorizou esse momento.[4]

Contudo, enquanto observava aquelas pessoas, Prochnik teve um pensamento perturbador. Ele afirma: "Como eu, eles tinham dinheiro, tempo ou simplesmente o contexto social que permitiu que acordassem um dia e dissessem a si mesmos: 'Quer saber? Vou fazer um retiro de silêncio.' Eu me preocupo com todos que, por um motivo ou outro, não têm recursos para descobrir o que o silêncio pode fazer."

Prochnik está certo em se preocupar. Hoje grande parte da humanidade não tem oportunidade – ou o que ele chamou de "contexto social" – de buscar o silêncio. Nas densas áreas urbanas, ou entre pessoas que precisam trabalhar em vários empregos para sobreviver, o silêncio pode parecer inatingível. Em um mundo com cada vez menos lugares silvestres e os quase onipresentes smartphones com conexão à internet, o silêncio mais arrebatador está fora do alcance da maioria das pessoas.

Então, como podemos expandir e democratizar o acesso ao silêncio?

Ao longo deste livro ressaltamos a importância de cultivar nossa valorização pessoal do silêncio e fazer escolhas dentro de nossas *esferas de controle* e *influência* para encontrá-lo. No entanto, a sociedade mais ampla, incluindo o setor público, tem um papel a cumprir. Uma das coisas mais importantes que podemos fazer como grupo social é investir em espaços públicos de refúgio silencioso. Como escreve Prochnik: "Devemos encorajar projetos de planejamento urbano que evoquem o valor do silêncio. Precisamos de mais miniparques" – pequenos espaços verdes, mesmo entre os arranha-céus de uma populosa metrópole. "E parques maiores, quando houver dinheiro para isso."

Algumas sociedades arranjam dinheiro para investir nesses espaços. Em 2018, a populosa cidade-Estado de Singapura atingiu sua meta de garantir que 80% das residências estivessem a 400 metros de um parque.[5] Singapura estabeleceu sua visão de ser uma "cidade-jardim" no fim dos anos 1960.[6] Nos anos 1980, a cobertura verde da cidade-Estado era estimada em 36%; hoje está em 47% e não para de crescer. Para efeito de comparação, a cobertura verde do Rio de Janeiro é de 29% e a da cidade de Nova York não passa de 14%.[7] O governo de Singapura estabeleceu e implementou um plano estratégico de longo prazo para investir em espaços verdes cinquenta anos atrás. Hoje o país continua sendo criativo para avançar nessa missão – investindo em paredes verticais vivas e telhados com plantas, em avenidas arborizadas e calçadões para pedestres, bem como em parques e reservas naturais mais tradicionais.

Durante uma viagem a Singapura, a jornalista Florence Williams decidiu visitar um hospital comunitário que Florence Nightingale teria apreciado.[8] Ela escreve que "muitos quartos estão voltados para o luxuriante jardim do pátio interno, repleto de árvores e arbustos selecionados para atrair pássaros e borboletas". Na UTI, "todos os pacientes têm vista para as árvores através das janelas de 1,80 metro". Florence constatou que "em muitos pontos, corredores e patamares são ao ar livre" e também visitou uma "horta orgânica no telhado". Florence não sugere que os espaços verdes urbanos sejam um substituto para a natureza selvagem. Mas, com o aumento da densidade urbana, soluções como essas promovem uma sensação de silêncio e, com isso, um sono melhor, menos ansiedade e depressão e comportamentos mais pró-sociais.

"Os espaços silenciosos que criamos não deveriam se limitar ao ar livre", escreve Prochnik. E pergunta: "Por que não pegar parte do dinheiro apreendido de traficantes de drogas, de contrabandistas de armas e estelionatários e usar esses fundos para comprar algumas dezenas de [imóveis de] franquias de fast-food que possam ser transformadas em casas silenciosas?" A pergunta dele nos fez pensar. E quanto a todos os shoppings e centros comerciais abandonados – não poderiam também ser reaproveitados como áreas comuns de silêncio? Outros lotes vazios não poderiam virar hortas comunitárias em bairros ou escolas? E os centros comunitários, residenciais para idosos e locais de culto? Será que não poderiam ser incentivados a prover um tempo de silêncio programado semanalmente para quem precisa? Prochnik sugere preencher alguns espaços públicos com cadeiras confortáveis, canetas e blocos de papel gratuitos e simplesmente deixar as pessoas relaxarem, escreverem um diário, lerem, rabiscarem, refletirem. Como já expusemos em detalhes, nem sempre o silêncio precisa ser auditivo. As pessoas podem se reunir para disputar partidas de jogos de tabuleiro ou fazer artesanato. O importante é conseguir se livrar do ruído informacional de smartphones e computadores – por algum tempo.

Tricia Hersey, a monja do Ministério da Soneca que você já conheceu, organizou mais de cinquenta "eventos públicos de soneca" para incentivar o descanso como um ato revolucionário. Isso mesmo: ela cria espaços convidativos, cheios de travesseiros confortáveis, para tirar as pessoas da rotina. Além de ser valioso por oferecer a oportunidade de uma pausa necessária, também ajuda a *normalizar a atividade de simplesmente descansar em silêncio*.

Governos locais e organizações comunitárias poderiam apoiar maneiras criativas como essa de reunir pessoas para um silêncio compartilhado. Ao criar belos espaços cheios de arte, as comunidades podem convidar os cidadãos para relaxar sem fazer nada. Talvez tirar um cochilo. Estar em um espaço não convencional com gente diferente. Aproveitar a novidade do silêncio.

IDEIA 2: INOVAR COMO OS AMISH

No livro *What Technology Wants* (O que a tecnologia quer), publicado em 2010, Kevin Kelly descreve seus anos como jovem adulto: abandonou a faculdade, vagou pela Ásia para depois voltar aos Estados Unidos e fazer uma viagem de bicicleta de 8 mil quilômetros pelo país.[9] De todas as surpresas que encontrou nessa viagem de vários anos, por diversos continentes e centenas de comunidades diferentes, talvez o que mais tenha impressionado Kelly foi o que viu nas terras agrícolas do leste da Pensilvânia.

Praticamente tudo que ele achava que sabia sobre os amish estava errado.

Ao contrário da crença popular de que os adeptos desse grupo religioso – que usam carroças como meio de transporte e batem a própria manteiga – são contra todas as tecnologias industriais, Kelly considera que "a vida dos amish é tudo, menos antitecnológica". Por exemplo, ele conheceu uma família que opera uma fresadora de 400 mil dólares, controlada por computador, que atende à comunidade. Sim, as mulheres amish cobrem a cabeça com gorros e as famílias empregam muitas técnicas agrícolas centenárias e de trabalho intensivo. Mas Kelly define as pessoas que conheceu como "improvisadores inventivos e engenhosos, os melhores exemplos do 'faça você mesmo' e muitas vezes surpreendentemente pró-tecnologia".

Ao estudar a relação dos amish com a tecnologia, Kelly constatou que eles têm um método incomum e ponderado para avaliar se aderem ou não a uma inovação. Geralmente é mais ou menos assim: alguém na comunidade pede permissão aos anciãos (os "bispos") de uma área para experimentar uma nova tecnologia, seja um dispositivo pessoal ou uma ferramenta agrícola. Normalmente o solicitante recebe essa permissão. Então toda a comunidade presta muita atenção em como a nova tecnologia está afetando a vida desse primeiro usuário. Está tornando o trabalho dele mais eficiente? É saudável? Ele está se tornando mais egocêntrico? Está impactando negativamente a personalidade ou a ética no trabalho? Quando a comunidade tiver contribuído com suas avaliações, os bispos fazem uma avaliação final.

Em suma, os amish geralmente *partem de seus próprios valores culturais*, como coesão da comunidade, humildade, uma forte ética do trabalho e, sim, o silêncio. Em seguida *avaliam se a nova tecnologia pode produzir benefícios para a comunidade sem prejudicar esses valores*.

Se a resposta for sim, eles a adotam.

Ficamos sabendo sobre o trabalho de Kelly e o modelo amish de avaliação de tecnologia pelos textos de Cal Newport afirmando que todos podem aplicar elementos da abordagem dos amish na vida individual. Como parte da filosofia de "minimalismo digital", Newport sugere sabiamente que cada um de nós identifique os próprios valores pessoais e trabalhe para garantir que qualquer tecnologia adotada na vida realmente melhore nosso bem-estar e esteja de acordo com esses valores. Adoramos essa recomendação.[10] E também podemos aplicar a mesma lógica em nível social.

Acreditamos que os governos podem se inspirar na abordagem amish da regulamentação e começar a priorizar o bem-estar físico e psicológico em detrimento da deferência geral ao que é "novo em folha". Em algumas esferas da política de ciência e tecnologia já temos processos de avaliação formal de inovações. Por exemplo, a Food and Drug Administration (FDA) exige ensaios clínicos de medicamentos para avaliar não só sua eficácia, mas também seus efeitos colaterais. Os reguladores de medicamentos fazem uma análise de custo-benefício de longo prazo e os aprovam ou não.

No entanto, não fazemos nada semelhante em relação às decisões tecnológicas mais importantes. Não houve ensaio clínico rigoroso nem uma avaliação independente de custo-benefício antes de o Facebook inaugurar o botão "Curtir". Não houve estudos obrigatórios sobre seus potenciais impactos na memória de trabalho, os possíveis efeitos na ansiedade dos adolescentes, seu potencial para campanhas de desinformação por governos estrangeiros ou um aumento na mortalidade resultante de tentativas de tirar a "selfie perfeita" (259 casos registrados entre 2011 e 2017).

Precisamos de uma versão do FDA para ser aplicada à tecnologia a fim de monitorar e potencialmente regular tecnologias que impactam de maneira significativa a saúde social, emocional e intelectual. Não estamos pedindo que um grupo fechado como o dos bispos amish decida o que é bom para nós. Por outro lado, um corpo de especialistas tecnicamente capaz e bem financiado poderia fazer com que os formuladores de políticas públicas e a sociedade entendessem e agissem amparados nos custos e benefícios concretos.

Essa não é uma ideia totalmente nova. O governo dos Estados Unidos já teve o Gabinete de Avaliação de Tecnologia (OTA, na sigla em inglês) – uma equipe de cerca de 140 analistas, em sua maioria com doutorado, cuja função era orientar legisladores e realizar pesquisas aprofundadas sobre leis relacionadas à tecnologia.[11] Em meados dos anos 1990, esse departamento foi dissolvido para economizar míseros 20 milhões de dólares dos contribuintes. Hoje as agências de pesquisa do Legislativo, que deveriam avaliar as implicações da tecnologia e de outras grandes tendências sociais, têm cerca de 20% menos funcionários do que em 1979. Como Justin e seu colega Sridhar Kota explicaram em um artigo para a *Wired* em 2017, o fechamento do OTA foi um dos fatores que contribuíram para as leis de segurança cibernética impraticáveis e a supervisão inepta dos programas de vigilância da Agência de Segurança Nacional.[12] Também contribuiu para a incapacidade do governo de rastrear e entender importantes tendências tecnológicas e defender o interesse público das consequências decorrentes. Sem um órgão para avaliar os impactos das tecnologias, não há como saber se as escolhas tecnológicas que estamos fazendo refletem nossos verdadeiros valores.

O argumento para uma abordagem semelhante à dos amish na governança da tecnologia fica mais forte a cada ano. Os avanços da inteligência artificial (IA), a expansão da Internet das Coisas e o surgimento de tecnologias informáticas no vestuário (e até implantáveis) deverão mudar nossas paisagens sonoras, tanto interiores quanto exteriores, de maneiras difíceis de prever. Não há nada radical ou excessivamente intervencionista em submeter nossas decisões tecnológicas mais importantes a uma revisão rigorosa. Devemos avaliar essas decisões não apenas com base em seus impactos no crescimento econômico ou na criação de empregos, mas também considerando seus impactos sobre o que a maioria de nós valoriza – como manter uma conversa ininterrupta com um ente querido ou saborear um simples momento de paz e silêncio.

IDEIA 3: MENSURAR O QUE FOR IMPORTANTE

Em 1930 o lendário economista John Maynard Keynes publicou um pequeno ensaio intitulado *Economic Possibilities for Our Grandchildren*

(Possibilidades econômicas para os nossos netos).[13] No artigo, Keynes imaginava que até o ano de 2030, por conta das melhorias tecnológicas e da produtividade, ninguém precisaria trabalhar mais de quinze horas por semana. Poderíamos dedicar o restante do tempo ao lazer e à cultura. Em certo sentido, a visão otimista de Keynes era de "um mundo além do ruído", no qual os avanços tecnológicos da economia do trabalho nos permitiriam transcender distrações grandes e pequenas e nos liberar para atividades que promovem o desenvolvimento humano. Poderíamos, na visão de Keynes, passar a maior parte do tempo com nossos entes queridos, apreciando a natureza, criando arte e música, talvez encontrando o caminho para o silêncio interior do estado de fluxo – a imersão em fazer o que gostamos.

Cerca de cem anos depois do ensaio de Keynes, aconteceu praticamente o contrário.

A maioria de nós trabalha – ou pensa em trabalho – mais do que nunca. "Lazer e cultura" – no sentido da busca de uma realização profunda e não necessariamente economicamente produtiva – não parecem fazer parte da nossa realidade. A tecnologia não está nos libertando do ruído. Está criando ainda mais ruído.

Por que estamos tão longe da visão de 2030 de Keynes?

Uma resposta é que estamos medindo as coisas erradas. Temos dirigido a economia segundo objetivos de quantidade em vez de qualidade, de produtividade máxima em vez de bem-estar ideal.

Nas páginas iniciais deste livro analisamos como o produto interno bruto se tornou a referência dominante com a qual os países medem seu sucesso. Embora seja apenas um indicador da produção econômica bruta – o valor monetário dos bens e serviços finais produzidos em determinado período –, o PIB se tornou o parâmetro numérico mais importante para a tomada de decisões de políticas públicas e empresariais na maioria dos países. No entanto, como descrevemos no Capítulo 2, o aumento do PIB muitas vezes contraria o que é bom para nós. Em geral, ele vem acompanhado de crescimento de desastres naturais, degradação ambiental, criminalidade e internações hospitalares. O PIB aumenta quando um algoritmo sequestra o seu tempo de silêncio, elevando as estatísticas de aproveitamento, ou quando seu empregador descobre como fazer você trabalhar mais pedindo alguma coisa por e-mail tarde da noite (e recebendo sua resposta). O número diz muito pouco sobre o verdadeiro bem-estar humano.

Se nós "administramos o que medimos" – como diz o axioma comum dos negócios –, estamos atualmente gerenciando as economias e as sociedades para maximizar a produção de bens materiais e mentais. Estamos medindo o "sucesso" pelo rugido das máquinas industriais, pelo número de horas que os gerentes podem manter os funcionários grudados no computador e pela eficácia dos anúncios e dos algoritmos em desviar a atenção do que pretendemos fazer para a compra de produtos e serviços.

Então, aqui vai uma ideia: *melhorar o sistema de mensuração para refletir melhor o que nos faz crescer.*

Essa é uma mudança sistêmica que pode nos aproximar do sonho otimista de John Maynard Keynes e ajudar a desmontar o "altar do ruído".

Nos últimos anos houve alguns movimentos nesse sentido. Esther Duflo e Abhijit Banerjee, ganhadores do Prêmio Nobel de Economia de 2019, escreveram recentemente que pode ser "o momento de abandonar a obsessão pelo crescimento". Vários países, incluindo Alemanha, França e Reino Unido, começaram a trabalhar em indicadores de progresso nacional mais abrangentes. Enquanto isso, pesquisadores de Vermont, Oregon, Maryland e Utah testaram novos indicadores que contabilizam custos como tráfego e benefícios como tempo para a família. O reino do Butão, no Himalaia, ganhou notoriedade por passar décadas desenvolvendo mensurações do que chama de "felicidade nacional bruta". Embora o trabalho sobre esses indicadores ainda não esteja completo, os avanços nas estatísticas e na computação tornam cada vez mais viáveis abordagens alternativas para a mensuração da economia.

Há cerca de uma década, Justin e seu colega Ben Beachy, diretor do Programa de Economia Viva do Sierra Club, vêm pensando sobre possíveis mudanças políticas práticas capazes de transformar o PIB. No início de 2021 os dois publicaram um artigo na *Harvard Business Review* propondo como o governo americano poderia reformular os indicadores nacionais.[14]

Eis como funcionaria: dado que a medida-padrão do PIB ainda tem seus usos práticos, não podemos abandoná-la por completo. Mas os governos podem isentar a mensuração econômica da dependência de um único indicador (PIB) e trabalhar com um *conjunto de indicadores*. Sistemas semelhantes já estão em vigor para medir o desemprego (que é calculado como D1 a D6), o índice de preços ao consumidor e a política monetária.

Sob essa abordagem, os indicadores poderiam ser como segue:

- P1 seria o PIB tradicional – uma medida-padrão da renda nacional.
- P2 teria a fórmula do PIB como base, mas com um panorama mais amplo da economia, calculando, por exemplo, quão equitativamente a renda é distribuída e levando em conta o valor de serviços não remunerados, como cuidar dos filhos, que atualmente são ignorados.
- P3 se concentraria no futuro a longo prazo e nos custos associados, por exemplo, da poluição ou do esgotamento de recursos, considerando os benefícios de investimentos de longo prazo em educação e conservação.
- P4 mediria algo como a felicidade nacional bruta, como no Butão, integrando indicadores mais abrangentes do bem-estar humano, como estatísticas de saúde pública e conexão social.

O objetivo de transformar um único número bruto (PIB) em um conjunto de indicadores mais segmentados (P1-P4) não é ressaltar problemas como poluição e desigualdade, embora ajude a esclarecer essas questões. Seria enfatizar aspectos importantes do progresso que normalmente não estão representados nas avaliações da produção econômica – como preservação ambiental, inovação e resultados educacionais, que exigem a observação de horizontes de mais longo prazo.

Ao transformar o PIB em um conjunto de indicadores – incorporando fundamentos mais abrangentes e essenciais do verdadeiro bem-estar humano –, poderíamos começar a medir e, portanto, administrar os custos do ruído e o valor positivo da atenção integral. Poderíamos, por exemplo, estimar e atribuir custos às "externalidades econômicas" da distração e do negacionismo da concentração – os danos causados por anúncios pop-up, TVs estridentes em espaços públicos e pela exigência de disponibilidade 24 horas por dia. Se levarmos em conta como as práticas ruidosas prejudicam o bem-estar e a produtividade a longo prazo, vamos deixar de valorizá-las como algo positivo do ponto de vista econômico.

Indicadores de PIB mais refinados podem até atribuir valor a fatores como descanso, acesso à natureza e resultados positivos de saúde mental, como a ausência de ansiedade.

Em suma, poderíamos estruturar a economia para finalmente reconhecer que a atenção humana não monetizada é algo mais do que mera "inutilidade". Poderíamos fazer com que nossas métricas de sucesso reflitam a importância do silêncio auditivo, informacional e interior para nossa saúde, cognição e felicidade.

Claro que isso levanta uma grande questão: *Como atribuir um valor quantitativo a algo tão pessoal e subjetivo quanto o tempo em silêncio?*

Há décadas economistas e ambientalistas vêm debatendo se seria desejável atribuir um valor monetário a, digamos, uma floresta de sequoias cuja perda Robert F. Kennedy lamentou em um discurso visionário sobre os problemas da contabilidade econômica nacional. Muitos diriam que as sequoias não têm preço. Tendemos a concordar. No entanto, o fato é que, sob o atual paradigma econômico do PIB, o valor de uma floresta que não seja explorada para qualquer finalidade monetária é implicitamente definido como *zero*. Na verdade, o valor de qualquer coisa ou atividade que não contribua para a produção econômica de maneira óbvia e facilmente mensurável é zero. Então, em um sistema político e econômico organizado para aumentar o crescimento, não há incentivo estrutural para defender esses recursos ou atividades.

Parte do trabalho necessário para construir um sistema de medição mais refinado é a tarefa imperfeita de definir um preço para algo que o sistema econômico atualmente considera sem valor. Hoje diversas organizações intergovernamentais, instituições acadêmicas e empresas estão desenvolvendo modelos de "custo real", ou o cálculo do "custo total" – atribuindo valores quantitativos a externalidades negativas, como a poluição, e a benefícios positivos, como ativos ambientais e sociais, para determinar referências melhores para o progresso. Como parte desse esforço, pesquisadores e profissionais precisam considerar como contabilizar os custos do ruído e da distração, bem como atribuir valor à atenção humana pura e até ao tempo em silêncio. À medida que os países aprovarem legislações para modernizar o PIB, será essencial a criação de novos painéis de discussão para acordos sobre esses valores contábeis. Apesar de serem questões técnicas, são vitais para integrar nossos valores às medições do progresso. São decisões necessárias para estabelecer prioridades e referências mais humanas.

IDEIA 4: CONSAGRAR O DIREITO À ATENÇÃO

No início da sua presidência, em 1981, Ronald Reagan assinou uma ordem executiva dando poderes a uma agência governamental pouco conhecida para avaliar possíveis regulamentações novas com base em um processo chamado análise de custo-benefício. Seria um método para determinar se "os benefícios potenciais da regulamentação para a sociedade superam os custos potenciais para a sociedade".

Parecia um procedimento sensato. Na prática, tornou-se a personificação de quase tudo que há de errado no paradigma ruidoso do crescimento do PIB.

Logo ficou claro que as grandes empresas poderiam vencer essas batalhas regulatórias contratando advogados para mostrar como os regulamentos seriam onerosos para os clientes. Despesas com redução do ruído, como isolamento acústico de edifícios ou pesquisas para desenvolver motores de combustão interna mais silenciosos, eram imediata e facilmente quantificáveis. Por outro lado, os "benefícios" de uma legislação sobre o ruído – como o valor emocional de *não ver* um ente querido adoecer e morrer em decorrência de poluição tóxica ou dos efeitos de longo prazo de uma paisagem sonora razoável em uma sala de aula do ensino fundamental de Nova York – são mais difíceis de colocar no papel.

Com isso, os cruzados antirregulamentação da era Reagan cortaram o orçamento de iniciativas de mitigação do ruído da era Nixon, entre outros programas.

Uma verdadeira contabilidade de custos e benefícios quase certamente justificaria a existência do Gabinete de Redução e Controle de Ruído de Nixon. As medidas concretas do governo nos anos 1970 para reduzir o ruído auditivo – pesquisas sobre tecnologias industriais mais silenciosas, padrões para produtos e concessões a governos locais e estaduais para fazer cumprir esses padrões – continuam necessárias até hoje.

Mas também precisamos olhar além do ruído auditivo. Temos que levar em conta o aumento da intensidade e da complexidade de todos os tipos de ruído na atualidade.

Com isso em mente, imaginamos como seria ter um Gabinete de Redução e Controle de Ruído focado não só no ruído auditivo, mas também no ruído informacional e interior.

Na campanha para a indicação presidencial do Partido Democrata de 2020, Andrew Yang propôs a criação de um novo "Departamento de Economia da Atenção" em nível ministerial. Embora de início parecesse um slogan de campanha enigmático, ele levantou um ponto importante. Se a maioria das pessoas passa a maior parte da vida acordada diante de computadores, telefones ou TVs (ou outras mídias nas quais anunciantes e mineradores de dados competem para capturar sua consciência), por que um aparato político regulador da atenção não poderia fazer isso – como acontece em assuntos de defesa, relações exteriores e transporte?

Herbert Simon – famoso pela formulação sobre a "pobreza da atenção" – também cunhou o termo "economia da atenção". Simon considerava a multitarefa um mito, chamando nossa atenção para o "gargalo do pensamento humano". Décadas atrás, percebeu que nossa escassa atenção poderia ser transformada em mercadoria, manipulada e negociada. E entendeu que, quando se tratava de atenção, não havia um aparato regulatório eficaz para manter os mercados funcionando de maneira justa ou defender o interesse público, como os existentes para regular outros recursos, como água e madeira. Até hoje ainda não existe tal aparato.

Nos últimos anos uma vanguarda de ex-engenheiros e designers do Vale do Silício, incluindo a equipe do Centro para a Tecnologia Humana (CHT, na sigla em inglês), vem avaliando as consequências da falta de atenção causada pelo setor em que trabalharam. O "Livro Contábil de Danos" do CHT é um esforço para fazer uma verdadeira contabilidade dos custos que os sistemas de governança negligenciam atualmente. O centro cataloga evidências do que chama de "danos on-line". Um dos malefícios, por exemplo, é o fato de a mídia digital ter sido projetada para estimular a maioria das pessoas a desviar a atenção de um conteúdo visual para outro a cada dezenove segundos. Essa mudança produz um "pico neurológico" comprovadamente viciante e prejudicial à capacidade de concentração. Outro é a evidência de que a simples presença de um smartphone em uma sala drena os recursos de atenção das pessoas.

Muitos de nós, como indivíduos, estamos cada vez mais conscientes de danos como esses. Então como podemos tratá-los como uma questão política e lidar coletivamente com eles?

Tivemos uma conversa recente com Nicole Wong, que atuou como consultora geral da Google de 2004 a 2011 e como vice-diretora de tecnologia da Casa Branca no governo Obama. Nicole é hoje uma defensora dos direitos de privacidade e da preservação da atenção humana. Em nossa conversa apresentamos algumas ideias relativamente simples, como proibir recursos como páginas de rolagem infinita e reprodução automática de vídeos, projetados explicitamente para maximizar o tempo de tela. "Em geral não gosto de regulamentações voltadas para o design técnico", ela nos diz. "Os tecnólogos criam soluções alternativas com muita rapidez antes de a legislação entrar em vigor." Em outras palavras, proibir tecnologias específicas pode se transformar em outro exercício de "enxugar gelo".

Nicole defende a análise dos prejuízos causados, sobretudo quando se trata de uma "criação de danos intencional". E dá um exemplo: "'Vou instalar a reprodução automática porque sei que isso vai aumentar o engajamento, principalmente entre o público de 13 a 18 anos.' É esse tipo de coisa que podemos coibir." Para ela, isso gera outra ideia: "Eu poderia orientar a Comissão Federal de Comércio (FTC, na sigla em inglês) sobre práticas insalubres", ressalta. Nos Estados Unidos, as áreas de influência da FTC incluem proteção ao consumidor, segurança cibernética e privacidade, em particular no que se refere a crianças. Os reguladores têm a responsabilidade de nos defender de "práticas enganosas ou desleais". Nicole propõe o conceito de "roubo de atenção" – um termo intencionalmente provocativo – como um meio de dar à comissão autoridade para investigar danos causados por tecnologias projetadas para capturar e monetizar a atenção humana. "Ao investigar esses prejuízos", prossegue, a FTC "vai mandar um sinal para o restante da comunidade."

David Jay, diretor de mobilização do Centro para a Tecnologia Humana, define a tarefa hercúlea de gerenciar esses danos em termos claros e simples: "Articular o que estiver fora dos limites." Identificar e tentar regulamentar práticas e algoritmos projetados com a intenção de sequestrar a atenção e, sobretudo, recursos que fazem as pessoas "caírem em tocas de coelho" – como a interminável rolagem de feeds de notícias e as maratonas de seriados na TV até altas horas da noite quando se tem que ir à escola na manhã seguinte. Um objetivo importante de qualquer tentativa de formular políticas nesse espaço, observa, deve ser "dar aos usuários mais arbítrio sobre como os algoritmos estão operando". Ainda assim, Jay afirma que uma regulamentação formal do governo é apenas uma parte limitada da solução. "A tecnologia avança mais rápido do que a regulamentação é capaz de acompanhar." Em última análise, conclui, nós precisamos de uma "discussão pública responsável sobre o que os algoritmos *deveriam* estar fazendo".

Em uma conversa recente, a cofundadora e diretora executiva do CHT, Randima Fernando, definiu o desafio fundamental: "Todo o sistema é construído sobre incentivos para *não* ficar em silêncio. Se estiver em silêncio na economia da atenção, você perde." O fato é que a defesa da atenção humana esbarra no objetivo central de ganhar dinheiro de algumas das corporações mais poderosas do planeta. Recursos de design para avaliações sociais – como o botão "Curtir" no Facebook – são essenciais para os modelos de negócios das empresas justamente por serem particularmente eficazes para sequestrar nossos receptores de dopamina e, portanto, nossa atenção consciente. Uma das razões por que um smartphone por perto é tão prejudicial à atenção é que o cérebro começa a ansiar pelo impacto bioquímico que vem com a avaliação social. Por mais flagrantes que possam ser essas manipulações neurobiológicas, continua sendo difícil imaginar como desmontar todo um mercado construído sobre a poderosa motivação do lucro.

Em um mundo no qual as plataformas têm fortes incentivos para atrair atenção, bem como a capacidade de se adaptar com rapidez às restrições de regulamentos, é lógico que quaisquer novas políticas públicas para lidar com os danos da economia da atenção devem se concentrar principalmente na conscientização e na mudança de comportamento do usuário. Isso significa enfatizar a transparência. Pense por um momento no hábito de fumar. O declínio maciço nas taxas de tabagismo nas últimas décadas não aconteceu porque os governos proibiram o tabaco. Imagine um aviso do Departamento da Saúde do tipo "Este produto causa câncer" – como os de maços de cigarros – em uma página de login do Facebook alertando que o produto usa ferramentas sofisticadas para manipular a química do cérebro com o objetivo de vender anúncios. Os governos podem dar um primeiro passo em direção a uma transparência genuína exigindo que as grandes empresas de tecnologia divulguem publicamente suas descobertas e pesquisas sobre os impactos de suas plataformas na atenção humana. Elas teriam que divulgar seu próprio e honesto "Livro Contábil de Danos" para podermos entender melhor o que está acontecendo com nosso cérebro. A transparência e a pressão adequadas podem mudar a preferência do consumidor e, em última análise, forçar uma mudança no comportamento das empresas.

Nicole acha que isso é possível. "A comunidade de tecnologia está começando a acordar e, mais importante, sua base de usuários também começa a acordar", explicou. Foi a publicidade negativa – e todas as consequências econômicas que a acompanham – que recentemente levou algumas plataformas a experimentar, de forma limitada, ocultar recursos de avaliação social como o botão "Curtir", ou informar que os usuários estão "em dia" com as postagens dos amigos no lugar do feed com sugestões de rolagem ilimitada. São passos muito pequenos, mas demonstram que a mudança é possível.

Um advogado de Los Angeles, Jasper Tran, publicou há pouco tempo um artigo propondo o "direito à atenção" como um direito estatutário que deveria existir como legislação ou direito comum. Esse "direito", segundo Tran, na verdade é um "pacote de direitos" que inclui, por exemplo, "o de negar atenção quando solicitado, o de ser deixado em paz, o de não receber spam, o de não receber anúncios quando estes forem indesejados ou não solicitados [...] e o direito de não ser obrigado a receber informações contra a própria vontade".

Quando pensamos no que significaria de fato concretizar o direito à atenção, pensamos em salvaguardar a consciência humana do ruído implacável da era da informação. Pensamos nas questões complexas da regulamentação da tecnologia, como as regras e os requisitos de transparência que acabamos de descrever.

Mas algumas das formas mais importantes de defender a atenção humana esbarram em questões antiquadas de poder político. Têm mais a ver com a organização clássica e as negociações coletivas do que com o "enxugar gelo" da alta tecnologia.

Em *Resista – Não faça nada,* Jenny Odell conta como, em 1886, o movimento trabalhista dos Estados Unidos lançou uma campanha de várias décadas por uma jornada de trabalho de oito horas. A Federação dos Sindicatos Organizados do Comércio e do Trabalho defendia o lema agora famoso: "Oito horas para trabalhar, oito horas para descansar e oito horas para o que quisermos." O sindicato criou um gráfico que representava visualmente as três seções do dia. Mostrava uma operária trabalhando em uma fábrica de roupas, uma pessoa dormindo com os pés saindo do cobertor e um casal em um barco na água, lendo o jornal do sindicato. O período de "oito horas para o que quisermos" não foi definido como "tempo de lazer", tempo para "responsabilidades domésticas" ou qualquer outra coisa. Como diz Odell, "a maneira mais humana de definir esse período é se recusar a defini-lo". É um período em que todos podem estar livres de estímulos mentais impostos pelo empregador – o ruído de alguém ocupando sua atenção contra a sua vontade.

Hoje, 135 anos após o lançamento desse lema trabalhista e mais de um século depois da implantação da jornada de oito horas, precisamos renovar essa mobilização pela atenção humana. O ruído das obrigações do excesso de trabalho é agora um problema grave para a maioria das pessoas. A conectividade on-line deixou o trabalho se infiltrar no tempo e no espaço pessoais, corroendo as "oito horas para o que quisermos" e, aliás, muitas vezes corroendo também as "oito horas de descanso". A revolução do "trabalhar de casa" apenas acelerou essa erosão.

Felizmente, existem opções políticas para lidar com esse aspecto do roubo da atenção humana. Em 2017 a França promulgou uma lei que dá aos trabalhadores o "direito de se desconectar" de e-mails, laptops, celulares e outras "coleiras eletrônicas" ao fim do dia de trabalho. Durante anos os sindicatos franceses lamentaram uma "explosão de trabalho não declarado", com exigências não expressas de os trabalhadores continuarem on-line depois do expediente. Essa recente regulamentação exige que as empresas com cinquenta ou mais funcionários negociem as diretrizes de comunicação fora do escritório com seu pessoal, garantindo que haja uma pausa. Como disse o ministro do Trabalho da França: "Essas medidas são destinadas a garantir o respeito aos períodos de descanso e [...] o equilíbrio entre trabalho, família e vida pessoal."

O "direito à atenção" remonta ao que o filósofo francês do século XX Gilles Deleuze chamou de "direito de não dizer nada" – a noção de que todos temos direito à nossa "interioridade" imperturbável e a noção que a acompanha de que a sociedade deve respeitar esse aspecto fundamental do ser humano. Apesar de ser uma ideia abrangente, com implicações na política, na lei, na economia, na cultura, na psicologia e até na espiritualidade, a premissa básica é simples: *ninguém deveria precisar se submeter a um insustentável fardo de ruído.*

IDEIA 5: DELIBERAR COMO OS QUACRES

Michael J. Sheeran é um padre jesuíta e cientista político. Enquanto cursava o doutorado em Princeton, nos anos 1970, ficou fascinado por um tópico com implicações importantes, tanto para organizações religiosas quanto para instituições políticas seculares: a tomada de decisões baseada no consenso.

Sheeran observa que alguns dos órgãos deliberativos mais famosos do mundo usam o consenso como forma de tomar decisões. O Senado dos Estados Unidos, por exemplo, normalmente conduz sua agenda sob as regras do "consentimento unânime". Segundo essas regras, um único senador discordante tem o poder de vetar parte dos procedimentos do órgão. A Assembleia Geral da ONU também opera por consenso em muitas situações. E muitos conselhos corporativos tomam decisões basicamente por unanimidade.

No entanto, como Sheeran destaca, falta algo no espírito de um verdadeiro consenso nessas situações. No Senado, por exemplo, o consentimento unânime pode ser a regra operacional padrão, mas só é usado hoje para administrar com eficiência assuntos mais rotineiros e incontroversos. Coisas mais sérias estão sujeitas a batalhas de obstrução e votos contenciosos. Na ONU, a norma da unanimidade costuma ser uma forma de os países não se posicionarem oficialmente sobre alguma questão, evitando controvérsias ao negociarem nos bastidores. Nos conselhos corporativos, a unanimidade muitas vezes reflete a aprovação geral das decisões tomadas pelos executivos superiores postas em prática pelo conselho. Exemplos como esses são em grande parte a razão da baixa reputação dos consensos.

Sheeran estudou uma organização que praticava a tomada de decisões baseada em um consenso profundo – que não só evita ou encobre a dissidência, mas a incorpora para criar soluções mais duradouras. Foram os quacres. Sheeran participou da Reunião Anual da Filadélfia, uma grande reunião deliberativa na Cidade do Amor Fraternal. Depois passou dois anos fazendo centenas de entrevistas com quacres ativos para entender melhor como eles tomam suas decisões.

No livro *Beyond Majority Rule* (Além da regra da maioria), de 1983, Sheeran descreve como o "Meeting for Business" dos quacres opera com decisões unânimes, sem votação.[15] O mais notável é que nessas reuniões os quacres costumam abordar questões muito controversas. Ele apresenta um exemplo: a deliberação de uma comunidade sobre o aumento da área de um cemitério. De um lado, os proponentes do aumento estavam convencidos de que todos mereciam sepulturas perto de seus entes queridos, dos antepassados e do restante da comunidade. Por outro lado, os opositores argumentavam que a ampliação diminuiria o tamanho da área onde as crianças podiam brincar. As emoções se acaloraram na reunião. Quando ficou claro que a unanimidade não seria possível, o secretário que presidia a reunião decidiu que o problema deveria "descansar" por um mês. Os membros da comunidade voltaram para casa e "puseram o assunto na prateleira" para uma data futura. Por fim, depois de seis meses de deliberações e "descansos" intermitentes, as emoções esfriaram e novas soluções começaram a surgir. O grupo encontrou um jeito de aumentar um pouco o cemitério sem interferir no parque infantil. No silêncio, no tempo e no espaço surgiram possibilidades antes não reconhecidas. Todos concordaram com a nova solução. Mesmo no espaço acolhedor da Reunião dos Amigos – um espaço seguro para discordâncias –, Sheeran observa que ninguém se mostrou contrariado com o acordo.

No livro *Roads to Agreement* (Vias para o acordo), de 1951, Stuart Chase identifica várias características do modelo de deliberação quacre, incluindo decisões unânimes e não votação, participação de todos com ideias, ausência de líderes, foco em fatos e o princípio da inexistência de hierarquia.[16] Embora elementos desse modelo de "anarquismo ordenado" possam ser vistos em alguns outros tipos de organização, existem três outras características que Chase identifica como exclusivas dos quacres: silêncio no início de todas as reuniões, uma moratória temporária quando não se consegue chegar a um acordo e a prioridade de aprender a ouvir, incluindo a injunção de nunca participar de uma reunião com a mente já decidida. Essas estruturas fazem parte dos valores formais dos quacres.

Já comentamos como Rob Lippincott, o líder que assumiu cargos sem fins lucrativos, educador e quacre de nascença, definiu o propósito da Reunião de Negócios não como um "debate" em si, mas para fazer o que muitas vezes é chamado de debulha. É um exercício de *discernimento*. Requer o compromisso de evitar defender a própria posição, afirmar o ego e provar que está certo. É um modelo de deliberação em grupo que não trata de determinar *quem está certo*, mas sim *o que é verdade*. "Quem busca a verdade precisa de silêncio", afirmou Gandhi. Um empreendimento compartilhado em busca da verdade requer mecanismos de silêncio e descanso como formas de superar o ruído da distração e da animosidade. Requer um compromisso em comum de ouvir sem julgar.

O método quacre não é o único modelo de tomada de decisões em grupo com base no consenso do silêncio contemplativo. A Confederação Iroquesa – uma nação tribal da América do Norte conhecida como a mais antiga democracia participativa do mundo – desenvolveu uma sociedade diversificada e altamente igualitária com base na deliberação consensual em vários níveis.[17] Muitos estudiosos acreditam que a Grande Lei da Paz, a constituição oral da Confederação Iroquesa – com ênfase em freios e contrapesos e na separação de poderes – foi uma inspiração para a Constituição americana. Mas tal Constituição se concentra no governo da maioria, ao passo que a Grande Lei da Paz se concentra no consenso.

A capacidade de consenso no modelo iroquês está diretamente relacionada à capacidade do silêncio contemplativo compartilhado. Se você participar de uma reunião de tomada de decisões dos iroqueses, provavelmente ouvirá a Preleção de Ação de Graças Haudenosaunee. Trata-se de uma declaração de gratidão às águas, às plantas, aos animais e a todas as forças da natureza. Após cada parte da declaração, há um momento de atenção reverente por parte de todos e uma formulação transcendente que se repete: "Agora nossas mentes são uma só."

Tente imaginar uma instituição como o moderno Senado dos Estados Unidos, a Assembleia Geral da ONU ou um conselho da Fortune 500 buscando um consenso por meio de práticas de união evocadas pelo silêncio contemplativo compartilhado. Imagine os participantes de uma dessas reuniões tentando *unificar todas as mentes*. É uma ideia bastante improvável. E há uma razão para isso. Como Sheeran observou quarenta anos atrás, a prática do consenso é possível em uma reunião quacre porque os participantes têm valores em comum. O modelo dos quacres – e o dos iroqueses – é possível porque, nas palavras de Sheeran, "os participantes estão em comunidade". Fazem parte de um "grupo orgânico cujos bens e objetivos seriam o ponto de referência inicial". Os membros do Senado e da Assembleia Geral da ONU não estão "em comunidade". A maioria dos membros da sociedade ocidental moderna participa do que ele chama de uma cultura "individualizada, atomizada, impossibilitada de ser uma comunidade pela incapacidade de abandonar o ponto de partida focado no indivíduo". Os Estados Unidos são, obviamente, o epítome dessa cultura.

Para trabalhar em direção a uma tomada de decisões baseada no consenso, precisamos aprender a transcender nossas perspectivas hiperindividualistas. Precisamos aprender a sair da rede de modo padrão do cérebro – a "rede do mim". Precisamos ir além do ruído do eu separado.

Por certo não existe uma resposta fácil sobre como fazer essa mudança nos valores e na orientação comunitária. No entanto, práticas de silêncio

– como os mecanismos de "descanso" das reuniões dos quacres ou o ritual unificador da Preleção de Ação de Graças Haudenosaunee – são um ponto de partida. Construir uma sociedade que respeite o silêncio exige mudanças tanto nas regras oficiais quanto nas normas de pequena escala; exige mudanças de cima para baixo e de baixo para cima.

R-E-S-P-E-I-T-O

No Capítulo 5 mencionamos o trabalho pioneiro da psicóloga ambiental Arline Bronzaft nos anos 1970. Foi ela quem estudou os impactos cognitivos da poluição sonora em alunos do ensino fundamental em Manhattan cuja sala de aula ficava ao lado de uma linha de metrô elevada e barulhenta. Desde seu estudo de referência, ela passou quase cinquenta anos pensando em como ajudar as sociedades a reduzir o volume de distração auditiva. Foi conselheira de cinco prefeitos da cidade de Nova York em assuntos de poluição sonora, conselheira técnica do governo federal sobre política nacional e defensora do restabelecimento de um aparato regulatório eficiente, como o Gabinete de Redução e Controle de Ruído.

No fim de 2020, refletindo sobre essas décadas de trabalho, Arline falou sobre um ponto essencial para a gestão do ruído do mundo moderno.

"Uma palavra pode realmente reduzir a intrusão do ruído", disse em uma entrevista. "Respeito."

Essa palavra, respeito, é muito usada nos dias de hoje, mas transmite algo profundo: o reconhecimento da dignidade do outro e o compromisso de preservar a prerrogativa dos outros de encontrarem os próprios significado e bem-estar. A palavra "respeito" vem do latim *respectus,* que significa "considerar". É literalmente "o ato de olhar para trás", como para dar a alguém a consideração mais profunda que lhe é devida.

A simplicidade do argumento de Arline chega à essência do trabalho que temos à frente. Precisamos respeitar o direito de cada um de vivenciar a própria "interioridade", a própria clareza e até o próprio deslumbramento. Esse tipo de respeito profundo se perde nos modos modernos de comunicação. E essa perda contribui para o nível cada vez maior de ruído global e para a capacidade cada vez menor de chegar a um consenso.

Passados cinquenta anos da promulgação da Lei de Controle de Ruído, a natureza do ruído mudou drasticamente. Em face do ataque maciço de ruído informacional, o trabalho da política regulatória tornou-se muito mais complicado. Ainda assim, a questão do respeito levantada por Arline é relevante não só para o ruído auditivo como também para o informacional e mesmo o interior. Existe um trabalho em andamento para imbuir os sistemas sociais, econômicos e tecnológicos do valor do respeito. Pensamos, por exemplo, em como os militantes do Centro para a Tecnologia Humana falam da "substituição de uma tecnologia que cria valor extraindo atenção por uma tecnologia que crie valor promovendo presença".

Apesar de acreditarmos que as estruturas formais de governo têm um papel importante a desempenhar nessas transições – estabelecer regras e estratégias para combater as forças do ruído –, sabemos que o trabalho mais importante é mudar a cultura. É cultivar o respeito em grande escala.

CAPÍTULO 15

UMA CULTURA DO SILÊNCIO DE OURO

"Portas abertas!", anuncia uma voz.

Joyce DiDonato já está no palco, sentada em meditação.

Ou algo parecido.

Ela está imóvel como uma escultura, com um longo vestido cinza metálico. As cortinas de fumaça e a iluminação ornamentada na caverna barroca da grande sala de concertos do Kennedy Center parecem envolvê-la como um véu. Está atentamente focada na própria respiração, mas a situação não é exatamente propícia para uma introspecção profunda.

"Tem muita coisa acontecendo", recorda.

Apesar de Joyce ter se apresentado centenas de vezes nos maiores palcos do mundo e ganhado quase todos os grandes prêmios de ópera, os resquícios do que sentia quando principiante – "o nervosismo, a excitação e a adrenalina" – nunca deixaram totalmente de se manifestar. "O coração bate forte", conta. "As palmas das mãos ficam suadas."

A clareza da voz e a placidez de sua presença no palco parecem sobrenaturais. Mas Joyce explica que está fazendo muito trabalho interior para lidar com o ruído. "Meu objetivo como artista é eliminar as coisas que me inibem para a música chegar desobstruída ao ouvinte. É superar o ruído interior, as dúvidas interiores." É estranho pensar na ousadia de cantar em um palco frente a milhares de pessoas como obra do silêncio. Mas é assim que ela descreve: "Eu preciso encontrar uma espécie de silêncio para realmente dar voz à música, com honestidade e integridade. Preciso me direcionar ao silêncio interior. Exigiu muito tempo de mim – e continua exigindo", acrescenta. "Eu não sabia quanto barulho havia dentro da minha cabeça."

Os espectadores levam 25 ou trinta minutos para entrar em fila na sala de concerto. Enquanto se acomodam nas cadeiras, ficam surpresos ao verem a cortina levantada e a célebre meio-soprano já no palco. "O ruído se intensifica, a energia, a sensação frenética de antecipação começa a aumentar", revela. "Então as luzes diminuem. É como se alguém tivesse baixado a alavanca de volume." Há uma crepitação de alerta no ar.

E o som grave de uma só corda do alaúde.

"O alaúde é um instrumento muito suave. Como não produz um som alto, é um surpreendente chamado à atenção. Nós nos preparamos por cerca de vinte segundos ou mais de silêncio antes que eu finalmente me mexa e a música comece. Joyce conta que se afeiçoou muito a esse começo gradual e não convencional: "Parece muito mais pleno de... consciência."

O concerto que descreve aconteceu em Washington em novembro de 2019. Foi o evento de encerramento de uma turnê mundial de três anos que passou por 44 cidades de 23 países, chamada *In War and Peace: Harmony Through Music* (Na guerra e na paz: Harmonia através da música).[1] Joyce diz que a ideia surgiu como um "relâmpago". Na época, estava pronta para fazer uma turnê muito diferente. "Eu ia promover um disco de árias napolitanas raras", diz. A turnê já estava programada – com todos os preparativos –, mas, quando os trágicos ataques terroristas aconteceram em Paris, "algo dentro de mim ficou muito abalado". Sua voz interior foi retumbante: "Não posso fazer uma gravação para um nicho de quinhentas pessoas que vão achar isso academicamente interessante... *O mundo precisa de outra coisa*." Abalada pela violência na França e pelo rancor da política americana, Joyce queria sondar – por meio da música e da arte – como as pessoas buscam refúgio em tempos de levantes ruidosos.

Durante a turnê ela perguntou a várias pessoas: "Como você encontra a paz em meio ao caos?" Ela publicou as respostas na revista *Playbill* – abrindo um diálogo e evitando que sua turnê fosse apenas mais uma "experiência musical passageira de noventa minutos". A consulta e as respostas do público acenderam uma conversação mais abrangente que se tornou o pano de fundo da turnê.

Joyce reflete sobre a própria resposta à pergunta: como alguém encontra a paz em meio ao caos? Mesmo atribuindo essa missão contemporânea aos concertos, ela interpreta peças musicais centenárias. Diz que sente um vínculo com os que interpretaram as músicas ao longo dos séculos e também com o público que as ouviu ao longo dessas centenas de anos. "É um alinhamento com uma espécie de fio que volta no tempo", explica. Joyce transcende o tempo como o conhecemos – especialmente no âmbito dos silêncios. "O silêncio se origina de e é amplificado por todos os silêncios que vieram antes."

No fim do concerto "a voz termina expressando a melodia com o solo de violino, que depois cede lentamente ao prolongado acorde final da orquestra. De forma imperceptível, a voz apenas se dissipa – parecendo durar para sempre", conta Joyce.

Segue-se o maior dos silêncios.

"São duas mil pessoas na plateia, duas mil experiências acontecendo ao mesmo tempo", continua. "É como se houvesse um acordo tácito coletivo – um *acordo coletivo silencioso* – para não se mover, nem mesmo respirar. O público cria uma atmosfera de eletricidade. Não é um momento de antecipação – como o silêncio no início. E não é nervosismo", acrescenta, analisando as variedades de silêncio que conhece tão bem. "Eles estão *no* silêncio. Confiando totalmente na experiência – banhando-se nela."

O tempo parece "suspenso", diz. "É um silêncio que parece sagrado."

A poucos quarteirões da Casa Branca – no crepúsculo dos anos Trump, em um momento de tanta incerteza e comoção – acontece um culto momentâneo de presença e paz. A apresentação deixa um silêncio arrebatador em seu rastro. Antes de se dissipar, sempre muito lentamente.

Segue-se um aplauso estrondoso. Então, quando os gritos jubilosos de "Bravo!" arrefecem, o público se acomoda mais uma vez em um silêncio coletivo.

É quando Joyce fala para o público. Primeiro ela reconhece o que é palpável: a dor e a turbulência dos tempos atuais. À medida que continua, desenvolve o que parece um crescendo operístico, dizendo: "Nosso mundo não precisa ser assim." Discorre sobre como a vida pode e deve "transbordar de imensas possibilidades, de improvável beleza e de implacável verdade".

Então Joyce para e fica imóvel no palco mais uma vez. Deixa algum espaço para as palavras ressoarem no recinto.

Quando perguntamos sobre o que falou, Joyce pareceu mal se lembrar. Não que não tivesse falado. Não que as palavras não fossem importantes. Era como se as palavras *tivessem falado com ela*. Como se toda a turnê tivesse sido orquestrada para expressar aquelas palavras e aquele silêncio – naquele dia, naquele lugar, para aquele público específico.

Justin se lembra vividamente daquelas palavras. Ele estava lá. À sombra das palavras de Joyce sobre luta e esperança, ele sentiu um dos silêncios mais profundos já vivenciados em uma multidão tão grande. Sentiu o acordo coletivo mencionado por Joyce; ele tinha participado daquele acordo coletivo.

A já falecida juíza Ruth Bader Ginsburg também estava na plateia daquela apresentação. E morreria menos de um ano depois. Foi um período intenso para a Suprema Corte, com muitos casos contenciosos. "Havia grandes decisões na mesa dela", lembra Joyce. "Na manhã seguinte à apresentação, ela me disse como se sentia grata; durante aquelas duas horas ela parou de pensar nos processos judiciais. Houve um espaço em que conseguiu respirar, se restaurar, se reabastecer e obter uma nova perspectiva."

Refletimos com Joyce sobre o peso da responsabilidade da juíza Ruth Ginsburg naquele momento – para com ela e com o país. Refletimos sobre quão raro é encontrar um *recipiente* que permita esse tipo de renovação. Um espaço público, um espaço secular, um espaço de acordo coletivo silencioso.

"Como grande parte da nossa sociedade está concentrada na produção, ganhando a vida, sempre alerta, um passo à frente dos acontecimentos – indo, fazendo –, nosso intelecto nos ilude e nos faz acreditar que esse é o único caminho", diz Joyce. "Mas sempre há uma oportunidade de parar e vivenciar algo verdadeiro." E continua: "Acho que esse é o poder da cultura, da arte, da performance. Nem sempre acontece. Mas, quando *acontece*, é uma chance de sair da própria cabeça e mergulhar no seu cerne."

Na meditação ou na contemplação silenciosa, poucas vezes Joyce vivenciou o tipo de silêncio que chamaria de "arrebatador". "Mas vivenciei várias vezes, *muitas* vezes, quando veio do coletivo [...] A sintonia que surge é gloriosamente amplificada."

O DIA DO SILÊNCIO

Dewa Putu Berata cresceu brincando e fazendo música com amigos sob a sombra de cinco figueiras gigantes em sua aldeia, Pengosekan, perto de Ubud. "Em Bali nós temos *muitas* cerimônias", disse, sorrindo. Trata-se de um eufemismo encantador. Oferendas e rituais são a pedra angular da vida balinesa.

Quando menino, a cerimônia favorita de Dewa era a que acontecia na noite anterior ao Ano-Novo, chamada Desfile de Ngrupuk.[2] Era o caos, pela própria proposta. Os aldeões saem de suas casas para as ruas levando efígies gigantes de monstros e demônios. Tocam tambores e fazem muito barulho para espantar os maus espíritos. A música é "alta e séria", explica Dewa, baixando consideravelmente o tom de voz.

"É mais ou menos assim: *Tatá! Tatá! Dum! Tatá! Dum! Tá Dum!*"

Ele ficava ao lado do pai, um renomado percussionista, que mantinha o ritmo durante horas para exorcizar o mal e preparar os moradores para a purificação que acontece na manhã seguinte no Nyepi – o Dia do Silêncio, o primeiro dia do Ano-Novo e o dia cerimonial mais importante do calendário lunar balinês.[3]

O Nyepi suspende as atividades comuns da vida diária. Durante 24 horas aplicam-se regras muito diferentes: não se pode acender fogo, nem para cozinhar ou iluminar; nem realizar qualquer atividade, o que inclui trabalhar; não se pode sair de casa; e – por último, mas não menos importante – não se pode comer nem participar de entretenimentos. "Você tem que ficar em silêncio, em casa, e pensar", explica Dewa. "Você deixa a natureza ter um dia de pausa e se permite fazer uma pausa de um dia."

Dewa diz que atualmente sua aldeia é muito barulhenta. Com o tráfego de caminhões e motos a diesel e as constantes buzinas, mal se consegue ouvir os passarinhos. Porém, durante o Nyepi, ninguém pode dirigir, o aeroporto internacional é fechado e até os celulares são desligados.

"É silencioso no exterior", diz Dewa. "Mas tem muita coisa na nossa cabeça e no nosso coração."

Nesse dia de purificação, espera-se que as pessoas valorizem tudo que têm em vez de resmungar sobre o que lhes falta. Dewa e sua família se perguntam: "E se eu *não* tivesse um emprego? E se eu *não* tivesse comida? E se eu *não* tivesse uma casa ou *não* pudesse pagar pela eletricidade?" Essas perguntas estimulam a prática da gratidão.

Dewa diz que para "gente normal" como ele, que "não é forte em meditação", não há problema em passar o Nyepi conversando em voz baixa com os familiares – desde que não perturbem os vizinhos. Na família de Dewa, eles usam o tempo para cuidar dos relacionamentos. Falam sobre se estão se comunicando e se dando bem. Reveem e renovam seus compromissos uns com os outros. Imaginam como desejam ser como família. Para Dewa e sua família, essas conversas tranquilas definem o tom do ano que se inicia.

Agora a parte favorita de Dewa no Nyepi é quando ele, a mulher e os filhos levam colchões para o quintal da casa e se reclinam com as cabeças juntas, ouvindo o canto dos pássaros e olhando para a imensidão do céu.

Nós meio que esperávamos que Dewa nos dissesse que o Nyepi é uma tradição em extinção. Mas ele afirma que na verdade é o contrário: as pessoas são mais adeptas do que nunca. Quando era criança, explica Dewa, "o Nyepi não era grande coisa". Na época, o governo pediu aos Pecalang, os guardas tradicionais que mantêm a segurança diária da aldeia, para fazer cumprir as regras do Nyepi. Eles ainda fazem rondas até hoje, mas Dewa diz que quase nunca são necessários. "Acho que as pessoas entendem o que é esse dia. Hoje tudo é tão congestionado, estamos tão estressados, com tanto trabalho, muita atividade... Acho que realmente *precisamos* do Nyepi."

Dewa diz que ele e seus concidadãos são gratos ao ritual.

"Nós dizemos: 'Obrigado, Nyepi. *Obrigado*.'"

RELEMBRANÇA

Nos capítulos anteriores falamos sobre o significado de encontrar silêncio na vida individual, bem como entre amigos, colegas e entes queridos. Imaginamos políticas públicas que respeitem nosso mundo interior e respeitem o que não precisa ser dito.

Mas o que significa viver em uma sociedade que respeita o silêncio?

E se o acordo coletivo na apresentação de Joyce ou o dia anual de reflexão na observância do Nyepi de Dewa não fossem uma ocorrência rara, mas um elemento da vida normal?

Onde podemos encontrar uma cultura que valorize a clareza e o deslumbramento?

Recentemente exploramos essa linha de investigação com Tyson Yunkaporta, autor do livro *Sand Talk: How Indigenous Thinking Can Save the World* (Conversa de areia: Como o pensamento indígena pode salvar o mundo).[4]

A resposta de Tyson foi inequívoca: "Não existe."

"Não há uma cultura indígena no planeta que não esteja infectada pelo mesmo ruído. Ainda há povos que continuam vivendo nos mesmos padrões", prossegue, falando das sabedorias tradicionais e das formas de conexão com a natureza. "Mas esses também estão desmoronando."

"O ruído está por toda parte. Assim como qualquer mãe do planeta tem dioxina no leite materno – mesmo em plena Amazônia, *principalmente* em plena Amazônia –, não existe um lugar perfeito, está tudo poluído. O ruído é tamanho que não se pode ter uma relação não poluída com ninguém. Nossos relacionamentos estão infectados pelo ruído, com mil camadas de abstração entre duas pessoas."

Tyson faz uma pausa e reconhece que parece uma afirmação negativa, depois diz exatamente o contrário do que poderíamos esperar.

"Eu me sinto muito animado por estar vivo neste momento. Tudo isso parece irremediável, mas... *não*. É uma dádiva." E continua: "Nosso trabalho é atualizar os sistemas que nossos descendentes vão habitar. Estou falando de uma *relembrança* de conexão."

E conclui: "Existe uma força destruidora enorme e disfuncional envolvendo o planeta, e nossas reações a isso estão influenciando a incrível cultura regenerativa que está chegando."

○

Na era do ruído auditivo, informacional e interior – com pelo menos um terço dos "ecossistemas auditivos" naturais do mundo já extintos, com cada centímetro quadrado da Terra dotado de alguma forma de conectividade digital, com o bem-estar da sociedade sendo julgado pela quantidade bruta de som e estímulo e pelas coisas que produz e o "sucesso" na vida humana sendo medido pela sua marca pessoal na plataforma digital em voga –, provavelmente Tyson está certo. Há um grau de atenção pura que, hoje, é inatingível.

Mas ele destaca algo importante e maravilhoso que nós *podemos* fazer, mesmo neste mundo de ruído.

"Evocar a memória", diz.

Podemos "evocar a memória" para *preservar* a memória. Mesmo não havendo o silêncio de ouro perfeito neste mundo de ruído, podemos nos conectar com o silêncio ao longo do tempo. Podemos cuidar das raízes e dos ramos restantes na esperança de que voltem a florescer no futuro.

Ao longo deste livro analisamos o significado de "evocar a memória", de maneiras grandes e pequenas. Falamos sobre o significado de despertar uma presença silenciosa e conectada que parece totalmente fora dos tempos ruidosos e isolados em que vivemos. A grande casa de ópera em um centro de poder político global e a pequena aldeia envolta em fumaça de motos entre arrozais são, literal e metaforicamente, um mundo à parte. Mas são dois exemplos do que significa "evocar a memória" do silêncio.

O SINAL

Pedimos a Tyson que falasse sobre o silêncio mais profundo que já havia vivenciado.

Ele responde com uma contestação amigável à premissa da pergunta.

Diz que em sua língua nativa, Wik Mungkan, não existe uma palavra que sequer se aproxime da ideia comum de silêncio.

"Um vácuo é apenas um conceito teórico", explica. A maior parte da "busca pelo silêncio" moderna – a ideia de podermos transcender todos os relacionamentos, vibrações e padrões do mundo – é uma ilusão.

Mas ele diz que *existe* um conceito em sua língua tradicional que tem uma relação direta com a ideia mais profunda do silêncio como presença, como algo mais que a ausência de ruído.

Tyson chama esse conceito de "a capacidade de perceber um sinal".

"Fica subjetivo", adverte Tyson, porque achamos que "o sinal de uma pessoa é o ruído de outra".

Mas ele afirma que existe um sinal verdadeiro que é mais profundo do que todas as histórias e opiniões individuais. "No alicerce, na fundação, está a lei da Terra, a lei que está *na* Terra, as forças e os padrões de criação que proporcionam o crescimento e os limites para o crescimento de todas as coisas. E isso", reforça, "é *o* sinal."

Tyson reflete por alguns instantes e chega ao cerne do que significa perceber o sinal: "Sintonizar o que é *realmente* verdade."

Em nossa conversa, Tyson ressalta que esse verdadeiro sinal não está só na Terra.

Está também dentro de nós.

"As baleias têm um sinal genético que informa quais são suas rotas de migração, os pássaros também têm esses sinais e os biólogos dizem que os humanos não têm essa memória. Mas nós *temos* um sinal que nos diz como nos organizar em grupos."

As palavras de Tyson nos levam de volta à intuição original que nos levou a escrever este livro.

Apesar de todo o ruído do mundo e de toda a interferência em nossa cabeça, existe essa presença – esse sinal verdadeiro – com a qual podemos nos sintonizar.

Quando "evocamos a memória" dessa presença e alinhamos nossa vida a ela, podemos encontrar algo mais do que calma pessoal ou produtividade aprimorada, ou alguma outra forma do que Tyson chama ironicamente de "autoatualização". Podemos encontrar orientação sobre como viver bem uns com os outros. Podemos encontrar orientação sobre como curar nossas culturas e como organizar nossas sociedades. Também podemos encontrar orientação sobre como viver em harmonia com a natureza. Tyson nos lembra: "A lei da Terra vive *lentamente*." Tende a operar ao longo de séculos e milênios, não no ritmo dos ciclos de notícias da televisão e dos "apelos atraentes" das mídias sociais. Não podemos discernir o sinal quando estamos correndo a uma velocidade vertiginosa. Não podemos ouvir quando estamos todos aprisionados em histórias do eu.

EXPANSÃO

Há mil maneiras de descrever o poder do silêncio que Tyson chama de capacidade de "perceber um sinal" ou de "sintonizar o que é verdade". Já mencionamos muitas neste livro.

Por exemplo, em termos neurobiológicos, o poder do silêncio pode ser definido como ir além da rede de modo padrão do cérebro.

Ou representar a imagem em termos religiosos como a essência apofática da realidade – além dos conceitos e além do que pode ser nomeado.

Ou se voltar para o poético, como quando Cyrus Habib fala sobre ser um "sommelier da criação".

Ou se voltar para a sensação da própria experiência direta – como a clareza sensorial de ver a agitação do mar ou sentir a brisa fresca na pele, sem mediação de narrativa ou análise.

Uma das formas mais fortes de definir a essência dinâmica do silêncio é pela palavra "expansão". É o desdobramento do espaço atencional e o alívio das restrições do eu isolado. A palavra "expansão" é a chave para entender por que o silêncio é tão raro no mundo, por que vivemos hoje com o que Tyson chama de "força destruidora disfuncional" do ruído.

Em nossa conversa, o neurocientista Judson Brewer disse que praticamente todas as suas pesquisas acadêmicas – décadas de estudos da interação dos pensamentos e comportamentos com o mecanismo biológico do cérebro – indicam um espectro da experiência humana de *contração* e *expansão*. Nos estados de contração, explicou, estamos imersos em rotular as coisas, fixados no passado e no futuro, presos no ruído da identidade individualizada. Nos estados de expansão, estamos presentes no silêncio interior, onde podemos transcender esses limites rígidos do eu e do outro.

Brewer afirma que nossas sociedades na verdade tendem a *celebrar* os estados contraídos. Ou, como disse Joyce DiDonato, "grande parte da sociedade está concentrada na produção: ganhando a vida, sempre alerta, um passo à frente dos acontecimentos – indo, fazendo". Brewer ressaltou que tendemos a buscar e glorificar emoções de "empolgação". Embora não haja nada de errado em se sentir empolgado, é um estado contraído. "Empolgação não é igual a felicidade", concluiu.

Existe um tipo de alegria mais profunda e sustentável que se baseia em algo além da transitoriedade fugaz. Aristóteles falava de um tipo de felicidade chamado *eudaimonia* – a experiência do florescimento humano baseado na virtude e na verdade.[5] É a bondade que sentimos quando nos expandimos para além dos interesses limitados do eu individualizado. É uma felicidade vasta e penetrante – cheia de clareza e serenidade. Gandhi mencionou essa realização mais expansiva como o alinhamento entre *manasa*, *vāchā* e *kārmana*, as palavras em sânscrito para mente, palavra e ação, respectivamente. Também teria afirmado: "Felicidade é quando o que você pensa, o que você diz e o que você faz estão em harmonia." Sob essa luz, faz sentido que Gandhi, mesmo sendo um dos líderes políticos mais engajados e proeminentes do mundo, passasse tanto tempo em silêncio. Sua noção de bem-estar *exigia* essa prática.

Cada cultura tem sua visão do que constitui uma vida boa. Cada sociedade tem sua resposta para a pergunta sobre o que contribui para o florescimento humano. A intuição que inspirou este livro – sobre o poder do silêncio para nos ajudar a transcender velhos opostos cansados e ir além de uma cultura de ponto e contraponto – é mudar nossa Estrela Polar da contração para a expansão. É substituir a fixação na velocidade, no entretenimento, na competição e no máximo de acúmulo de material mental e bens materiais por uma valorização da presença, da clareza, dos espaços dourados entre e além de todas as palavras e pensamentos.

Discorremos sobre uma ampla gama de ideias para fazer essa mudança – para evocar a memória do silêncio em um mundo de ruído. Começamos com práticas pessoais, como as descritas por Jarvis para encontrar sua *esfera de controle* e sua *esfera de influência*. Em seguida, analisamos maneiras de manter a atenção pura nos locais de trabalho e compartilhar momentos de silêncio com amigos e familiares. Por fim, examinamos oportunidades para cultivar o silêncio no nível da sociedade em geral.

Porém, na verdade, todas essas estratégias se resumem à ideia muito simples que apresentamos nas páginas iniciais deste livro:

Esteja ciente do ruído.

Sintonize-se com o silêncio.

Mergulhe o mais profundamente que puder no silêncio, mesmo que por apenas alguns segundos.

Cultive espaços de silêncio profundo – até de um silêncio arrebatador – de tempos em tempos.

É assim que podemos começar a ouvir o verdadeiro sinal. É a essência da lembrança. É o caminho mais claro para a expansão da nossa consciência – tanto pessoal quanto em comum.

○

Nas páginas iniciais deste livro expressamos nossa impressão de que os problemas mais complexos não serão resolvidos com mais conversas ou pensamentos. Com o devido respeito à voz, ao intelecto e à engrenagem ruidosa do progresso material, pedimos que você considerasse a possibilidade de que as soluções para os desafios pessoais, comunitários e até globais mais sérios pudessem ser encontradas em outro lugar: *neste lugar de expansão, no espaço aberto entre as coisas mentais.*

Não queremos insinuar que as soluções surgirão automaticamente com o silêncio. Ainda precisamos confrontar sistemas sociais opressivos, reduzir radicalmente as emissões de gases do efeito estufa e desenvolver economias equitativas. Todas essas mudanças são necessárias. Só que elas não são, por si sós, suficientes. Também precisamos lidar com a agitação subjacente na consciência humana coletiva. *Para consertar o mundo, precisamos recuperar a capacidade de cultivar o silêncio, de estar em silêncio, de perceber o sinal.* Precisamos encontrar nosso caminho para a humildade, a renovação e o respeito pela vida. Esses são os pré-requisitos para resolver os desafios que enfrentamos.

Não acredite apenas em nossa palavra.

Reserve um momento para retornar à sensação do silêncio mais profundo que você já vivenciou. Volte para onde você estava, com quem estava e o que acontecia ao redor. Lembre-se de como é esse silêncio mais profundo em seu corpo. Talvez esteja ativo, como um estado de fluxo. Talvez esteja passivo, como um estado de repouso.

Não tenha pressa. Respire.

Veja se consegue evocar a sensação da memória.

Agora imagine que seus entes queridos também sintam essa presença. E os seus vizinhos e os colegas de trabalho. Imagine os principais tomadores de decisões políticas e influenciadores culturais do seu país sentindo o mesmo. Imagine todos, ao menos por um momento, sentindo essa ressonância, essa amplitude.

Imagine todos nós parando para valorizar isso tudo.

Como essa experiência poderia mudar a maneira como lidamos com conflitos? Quando estamos nesse silêncio, nos apegamos ao impulso rígido de ganhar uma discussão ou nos expandimos para ouvir e entender?

Como essa presença muda a nossa noção do que constitui o progresso? Continuamos apegados à ideia de uma "vida boa" ser o acúmulo infindável de cada vez mais coisas mentais e materiais? Ou relaxamos, nos abrimos e desaceleramos – desejando nos harmonizar mais com a natureza e uns com os outros?

Como essa presença do silêncio muda a maneira como tomamos

decisões, como assumimos nossa responsabilidade, como passamos o nosso tempo? Como essa presença do silêncio pode mudar o que guardamos no nosso coração?

Imagine se toda a humanidade pudesse absorver esse silêncio de ouro.

O que é possível quando nos lembramos?

O que acontece quando todos nos sintonizamos?

TRINTA E TRÊS MANEIRAS DE BUSCAR O SILÊNCIO

Nas próximas páginas você encontrará rápidos resumos de algumas das principais práticas e estratégias que apresentamos neste livro. São ideias que vão desde pequenas práticas pessoais para encontrar bolsões de silêncio até grandes mudanças na sociedade. Ao lado de cada item incluímos o número da página em que você pode ler uma descrição mais detalhada de cada prática.

PRÁTICAS INDIVIDUAIS PARA O DIA A DIA

Ouça, página 157
Entre em um lugar silencioso. Volte toda a sua atenção para sua audição. Não precisa pensar *no que* está ouvindo – basta ouvir a paisagem sonora ao redor. Se tudo estiver silencioso, tente captar alguma sensação de "som interior", como uma vibração ou zumbido no ouvido. Simplesmente *ouça*, sem rotular ou julgar. Lembre-se de Pitágoras aconselhando seus alunos a "deixar a mente quieta ouvir e absorver o silêncio". Lembre-se de que os pesquisadores da Faculdade de Medicina da Universidade Duke encontraram evidências de que "tentar ouvir em silêncio ativa o córtex", estimulando o desenvolvimento das células cerebrais. Quando você ancora sua consciência em simplesmente ouvir, *como os seus pensamentos e sentimentos mudam?*

Pequenos presentes do silêncio, página 159
A próxima vez que você deparar com uma interrupção imprevista no que está fazendo ou uma interrupção dos sons e estímulos comuns do seu

dia – digamos, o podcast que está curtindo para de transmitir nos fones de ouvido ou você fica um tempo ridiculamente longo na fila do correio –, *veja se consegue encarar essa lacuna como um presente*. Em vez de ficar frustrado, não consegue sentir certo alívio em não precisar preencher o espaço? Quão profundamente você consegue mergulhar em um momento de silêncio imprevisto?

O que você já faz – só que mais profundo, página 161
Ao longo do dia, toda vez que se lembrar, *respire fundo três vezes*. Você já está respirando. Mas, ao respirar essas três vezes, *preste muita atenção*. Você pode usar essas respirações como um "diagnóstico" para sentir onde está o ruído no seu corpo e na sua mente. E pode usá-las como um caminho de volta ao silêncio interior. Você consegue encontrar o silêncio entre a inspiração e a expiração, no "pêndulo" entre uma e outra? Ao fazer essas três respirações, você consegue sintonizar seu corpo e sua mente com esse silêncio? Veja como trinta segundos de respiração consciente podem mudar suas emoções e sua perspectiva.

Silêncio em movimento, página 164
Embora seja compreensível confundir o silêncio com a imobilidade, o silêncio também vive *em movimento*. Ao caminhar, correr, dançar, nadar, fazer ioga ou arremessar uma bola, você consegue despertar *uma atenção mais acurada no seu corpo em movimento*? Tente identificar uma "fusão de ação e consciência" na ausência do burburinho mental. Procure ficar tão imerso no que está fazendo fisicamente a ponto de não ter excesso de atenção para dedicar à ruminação autoconsciente. Em um verdadeiro estado de fluxo físico, a mente fica em silêncio.

Ma *momentânea,* página 166
Aceite a dica do valor cultural japonês de *Ma*. Busque clareza e renovação nos *espaços intersticiais*. Em uma conversa, note como as pausas nas palavras e nas sentenças contribuem para o significado do intercâmbio e da conexão. Ao longo do dia, faça uma pausa nos momentos de transição. Ao abrir uma porta, abrir uma torneira para beber água ou acender a luz, respire de forma consciente e tranquila para marcar a transição. Ao valorizar o silêncio e o espaço em um micromomento, podemos descomprimir o tempo.

Faça uma coisa, página 167
Pense em uma "tarefa" diária que você costuma fazer rapidamente para depois emendar outra coisa. Veja se consegue – como Faith Fuller faz com o preparo simples porém elegante do café – "sair do resultado e entrar no processo". É possível reduzir um mínimo de 10% no ritmo das atividades diárias? Você consegue fruir essas atividades ou mesmo transformá-las em um ritual? Tente transformar uma parte normal da sua rotina diária em uma oportunidade de clareza sensorial. Encontre o silêncio interior pelo simples prazer de *fazer uma coisa*.

Silêncio nas palavras, página 169
Leia um livro com toda a atenção – sem telefone por perto, sem conversas paralelas intermitentes, sem pensar no que vai fazer em seguida. Reserve um tempo para uma "leitura profunda", com a intenção explícita de silenciar sua mente. Há ocasiões especialmente propícias a esse tipo de silêncio, como ler em viagens de avião ou em lugares remotos sem sinal de celular. Um dos melhores temas para se envolver nesse tipo de leitura é a poesia. Deixe um livro de poemas ao lado da cama. Semeie seus sonhos lendo (e relendo) um poema antes de dormir. Note como um bom texto – para citar Susan Sontag – "deixa o silêncio em seu rastro".

Rápidos "vislumbres" da natureza, página 171
Um rio correndo ou um bando de pássaros cantando podem atingir altos decibéis, mas esses sons da natureza não exigem nada da nossa consciência. Eles geram uma sensação de silêncio. Procure se relacionar com a natureza de duas maneiras simples todos os dias para colocar a vida em perspectiva: (1) conecte-se com *algo maior do que você*, como uma árvore grande ou as estrelas no céu noturno; (2) conecte-se com *algo menor do que você*, como uma flor, uma trilha de formigas ou um pardal. Conectar-se à natureza – grande e pequena – nos ajuda a afastar a ilusão ruidosa de que a vida é somente o processamento mental de uma existência centrada no ser humano.

Santuários no espaço e no tempo, página 175
Pense em todas as suas responsabilidades na vida e nos compromissos da sua agenda. Quais são os *bolsões de tempo e espaço que você pode preservar* para

ficar em silêncio? Podem ser alguns momentos sozinho no banheiro (celulares são proibidos) ou aproveitando o intervalo da "soneca" do despertador matinal. Pode ser tarde da noite ou de manhã cedo, quando você tiver um tempo para se alongar, tomar banho, escrever no diário, sair no quintal, deitar-se no chão ou fazer qualquer outra atividade tranquila para relaxar. Abra um espaço na agenda. Mantenha um compromisso consigo mesmo. Honre-o como se fosse encontrar um colega importante ou um amigo querido.

Faça amizade com o ruído, página 177
Às vezes o ruído é inevitável. O poeta irlandês Pádraig Ó Tuama nos aconselha a dizer olá ao que é indesejado porém inevitável na vida. Então encontre maneiras de dizer olá ao ruído. Preste atenção. Observe suas reações ao ruído. *Existe algo de útil que o ruído possa estar sinalizando a você?* Alguma necessidade que tem negligenciado? Algum pedido a ser feito? Algo que precisa decidir se vai aceitar ou recusar?

PRÁTICAS PARA ENCONTRAR UM SILÊNCIO MAIS PROFUNDO

Leve sua lista de tarefas para uma caminhada, página 185
Imprima sua lista de tarefas e vá para o lugar mais remoto da natureza que você possa acessar – como, digamos, um lago em uma floresta ou um mirante na montanha. Ao chegar lá, reserve uma hora ou mais para se concentrar e recalibrar seus sentidos. Quando sentir que seus nervos se acalmaram e você absorveu um pouco do silêncio, pegue sua lista de tarefas e *risque tudo que não for realmente necessário.* Observe como algumas coisas que você pensava serem importantes em seu estado de espírito normal, em casa ou no escritório, podem não ser tão importantes a partir desse ponto de vista. Como diz Gordon Hempton: "As respostas estão no silêncio."

Programe uma quarta-feira sem palavras, página 187
Experimente não falar por um dia. Gandhi fazia um "dia de silêncio" uma vez por semana. Além de meditar e refletir, às vezes ele lia ou até passava algum tempo com outras pessoas. Mas não dizia uma palavra. Se suas

responsabilidades no trabalho ou cuidando dos filhos ou de idosos tornarem impossível um dia sem palavras, reserve apenas algumas horas. A chave para começar é simples: verifique quais pessoas ao seu redor serão mais afetadas. Explique por que um dia de silêncio é importante para você. Explique o seu plano. Se elas tiverem alguma dúvida, faça um acordo sobre as regras básicas – por exemplo, em que circunstâncias colegas ou familiares podem interrompê-lo. Peça um apoio total (eles podem até pedir para se juntar a você). Depois de preparar a si mesmo, o ambiente e aqueles ao seu redor, *preste atenção no que fica diferente quando você não está falando nada*. O que entra em primeiro plano e o que desaparece? Como essas observações podem influenciar sua vida cotidiana?

Flutuando na nuvem do não saber, página 191
Planeje e prepare-se para que possa entrar em silêncio profundo. Como explica *A nuvem do não saber*, é importante esquecer temporariamente todas as circunstâncias desafiadoras da vida para se envolver em uma oração ou contemplação mais profunda. Mas *como* fazer isso? Reserve algumas horas ou um dia inteiro para uma contemplação silenciosa – na natureza ou sozinho em algum lugar tranquilo. Faça o que puder para preparar o cenário para o silêncio interior. Resolva alguns itens realmente importantes da lista de tarefas. Se você sabe que não vai conseguir entrar no espaço do silêncio interior por não ter mandado aquele e-mail, feito aquela ligação, tirado o lixo ou limpado a geladeira, faça tudo isso. Imediatamente antes de entrar em seu período de silêncio, faça o que precisar para preparar seu corpo e sua mente – como se exercitar ou escrever em um diário. Não há necessidade de ser muito ambicioso. Basta ver o que pode fazer para eliminar alguns fatores simples que contribuem para o ruído interior. Assim fica mais fácil "flutuar na nuvem".

Nas profundezas, página 193
Faça você mesmo um retiro silencioso. Não precisa ser longo nem caro ou longe de casa para funcionar. Você pode organizá-lo de forma a "criar o recipiente" de acordo com as circunstâncias. Por exemplo, reorganize os móveis do quarto ou troque de apartamento com um amigo. Monte um novo cenário ou ambiente que provoque uma mudança psicológica. Ainda que um retiro simples criado por você mesmo não se revele tão imersivo

quanto algo longo e remoto, qualquer curto período de silêncio pode mudar sua perspectiva e aumentar sua clareza.

Cachorrinhos fofos lambendo seu rosto, página 197
Considere o que significa identificar e abordar suas fontes mais profundas de ruído interior. Como diz Jon Lubecky, o veterano da Guerra do Iraque que se recuperou de transtorno de estresse pós-traumático: "Quanto mais profundo o trauma, mais alto o ruído interior." Ele acrescenta que, diferentemente do silêncio auditivo, não existe uma "câmara de privação sensorial" para encontrar o silêncio interior. *É você quem tem que fazer o trabalho.* Para Jon, esse trabalho aconteceu pela primeira vez em uma sessão de psicoterapia assistida por MDMA em que se sentiu, em suas palavras, sendo "abraçado pela pessoa que você sabe que mais o ama no mundo e ao mesmo tempo ter cachorrinhos fofos lambendo seu rosto". O poder do tratamento estava em permitir que ele acessasse com segurança uma memória que de outra forma seria muito dolorosa. O trabalho de identificar e abordar o trauma não envolve necessariamente o uso de medicamentos psicodélicos ou enteógenos. Mas a chave é encontrar uma maneira eficiente de desvendar a origem de qualquer ruído interior debilitante.

Brincar profundo, página 200
Traga o deslumbramento da infância para algo que você ama. No livro *Deep Play,* Diane Ackerman escreve sobre "brincar" como "um refúgio da vida comum, um santuário da mente, no qual ficamos isentos de costumes, métodos e decretos da vida". E "brincar profundo" é o que ela chama de forma extática de brincar. É o tipo de experiência que nos leva a um estado de contemplação semelhante à oração. Diane diz que "brincar profundo" se classifica mais pelo humor do que pela atividade, mas algumas atividades podem ser mais instigantes: "A arte, a religião, correr riscos e alguns esportes – em especial os que se dão em ambientes relativamente remotos, silenciosos e flutuantes, como mergulho, paraquedismo, asa-delta, alpinismo." Ao tentar superar o ruído do mundo moderno, considere estas questões: O que o aproxima de uma percepção infantil? Como transportar essa forma de ver para a vida cotidiana?

PRÁTICAS NO DIA A DIA COM COLEGAS DE TRABALHO E COLABORADORES

Faça experimentos, página 215
Considere o que você realmente quer ou precisa em relação ao silêncio em seu local de trabalho. Inicie uma conversa. Imagine um experimento. Em algumas organizações, é "sem e-mail às sextas-feiras" ou "sem reuniões às quartas". Em outras, é eliminar a expectativa de estar disponível em dispositivos eletrônicos nos fins de semana ou depois das cinco da tarde. Em alguns locais de trabalho, uma reformulação do projeto de organização do espaço pode ajudar tipos específicos de trabalhadores a obter o foco de que precisam. *Inicie o experimento. Colha as lições aprendidas. Refine o experimento. Repita.* Certifique-se de que não haverá problemas se o experimento não der certo. Concentre-se em aprender, não em acertar da primeira vez. Com um pouco de criatividade, você pode alterar normas de ruído aparentemente intratáveis.

Ma *no trabalho,* página 217
Consagre o valor de *Ma* – reverência pelos espaços vazios "intersticiais" – na cultura de sua organização. *Comece com atividades em grupo*: por exemplo, crie um tempo para reflexão silenciosa, mesmo durante grandes discussões. Em um brainstorming em grupo, mantenha a opção de "pensar no assunto" até o dia seguinte. Considere novas possibilidades, como relatórios não verbais ou post-its nas paredes para as pessoas lerem em silêncio e votarem anonimamente. Abra espaço para encorajar vozes mais baixas e visões marginalizadas a chegarem ao centro. *Você também pode trazer o valor de* Ma *para a estrutura do dia de trabalho*. Agende um tempo para se preparar – antes de iniciar um novo projeto ou entrar em uma reunião. Programe um intervalo para as transições entre reuniões e eventos; evite agendamentos consecutivos. Meros cinco minutos – ou mesmo cinco respirações – podem fazer diferença. Por fim, lembre-se de reservar um tempo para reflexão e integração, especialmente para projetos importantes e difíceis.

Trabalho profundo em conjunto, página 220
Escolha um parceiro e faça um pacto para apoiarem a atenção pura um do outro. Pode ser um colega de equipe ou, se você for autônomo, outro freelancer que precise de tempo de trabalho focado. Faça um cronograma com

metas específicas, mensuráveis, atingíveis e relevantes em conjunto. Trabalhem em paralelo. Prestem contas um ao outro. Trabalhem juntos para evitar distrações, como faziam os membros da família Curie para conseguir a "concentração perfeita".

Sentado no fogo, página 224
Da próxima vez que você e sua equipe estiverem em conflito, considere pedir delicadamente alguns minutos de silêncio antes de continuarem. Se a discussão estiver acalorada e precisar de mais espaço, considere propor um recesso até o dia seguinte (ou até a semana seguinte). A ideia é criar um espaço adequado para que as pessoas mudem de posições radicalmente opostas. Quanto mais uma equipe se voltar para o silêncio nesses momentos, mais eficaz esse método se tornará e mais duradouras serão as decisões do grupo.

Devagar, não temos muito tempo, página 226
Quando deparar com um problema urgente e importante, vá contra a corrente: *reduza a velocidade.* Em vez de amplificar o som e a intensidade, busque o silêncio. Se possível, faça uma pausa. Ou tire uma soneca. Leia um pouco de poesia. Brinque com o cachorro. Faça arte. Vá até a natureza. Tome um banho. Descanse. Envolva-se em uma atividade (ou em uma não atividade) que o ajude a *sentir e ser expansivo*. Nesse estado expandido, abra-se para novas informações. Permita pensamentos divergentes. Deixe as ideias marinarem durante uma boa noite de sono. Depois faça outra reunião para se concentrar no problema. Observe o resultado.

PRÁTICAS DIÁRIAS COM A FAMÍLIA E OS AMIGOS

Pumpernickel!, página 234
O que você faz quando a paisagem sonora da vida fica muito dissonante e o volume aumenta muito? Rosin Coven, um conjunto musical talentoso e deliciosamente excêntrico, tem um protocolo para isso. Quando o som fica muito congestionado e a musicalidade se perde, alguém grita "*Pumpernickel!*". Uma declaração de "*Pumpernickel!*" é como puxar a corda de um paraquedas. "Significa que precisamos de um processo subtrativo para criar espaço e silêncio", explica Midnight Rose, a vocalista. Em sua vida doméstica ou

entre amigos, encontre uma forma alegre de sinalizar quando for preciso um momento para um silêncio compartilhado.

Lembre-se do dia do Sabbath, página 236
Se você não tiver tempo ou inclinação para organizar um Sabbath tradicional de fim de semana, escolha outro dia da semana para fazer uma *refeição diferente de todas as outras* – em que todos se comprometam a compartilhar o tempo juntos. *Faça disso um ritual*. Estabeleça acordos sobre o uso da tecnologia. Faça algumas coisas que você sempre faz, como falar sobre os pontos altos ou baixos da semana. Receba os convidados, faça um brinde. Deixe as preocupações do dia a dia da semana de trabalho para trás.

Intenção e atenção, página 237
Silêncio com filhos pequenos nem sempre é tão silencioso. Muitas vezes envolve movimento, rabiscos ou brinquedos para montar. Não é um estado de silêncio auditivo, é um estado de presença. Ainda assim, há momentos em que é possível e positivo estar com as crianças em um estado de silêncio mais literal. Quando você faz uma pergunta significativa a uma criança – como "Pelo que você se sente grato?" –, deixe um espaço vazio para reflexão. Deixe as crianças terem tempo suficiente para sintonizar a "voz mansa e delicada" que vive dentro delas.

A beleza do pequeno, página 239
Nem sempre podemos arquitetar um belo momento de silêncio compartilhado. A pungência desses momentos pode se dever, em parte, à espontaneidade. Ainda assim, há uma recomendação que nos ajuda a cultivar essas experiências: manter o silêncio pequeno. Até mesmo diminuto. Quando fizer uma caminhada de uma hora com um amigo ou ente querido, tentem passar cinco minutos em silêncio juntos – talvez sentados em um banco confortável ou contemplando uma bela paisagem. Minimize as preocupações surgidas dos grandes planos de silêncio prolongado. Pense na qualidade, não na quantidade.

Efervescência coletiva, página 241
Quando você vivenciou um estado de fluxo *em grupo*? Foi em um concerto, alguma cerimônia ou um evento esportivo? Da próxima vez que

tiver uma oportunidade, veja quão profundamente você consegue entrar no silêncio interior entre outras pessoas. Esses momentos de transcendência compartilhada são relativamente raros, porém – como revela a experiência de Bob Jesse com a igreja baseada na dança – há elementos em uma reunião que você pode organizar para facilitar o fluxo. A próxima vez que planejar um evento em grupo, pense em fazer um brainstorming sobre algumas regras ou princípios básicos para ajudar os participantes a relaxar, no que o sociólogo francês Émile Durkheim chamou de "efervescência coletiva".

Sintonizando juntos, página 244
O poder do silêncio é ampliado quando compartilhado. Mas o grau de ampliação pode depender do grau de preparação. O psicólogo Ralph Metzner acreditava no poder de "preparar a embarcação" para ficar em silêncio. Em seus círculos medicinais, os participantes se reuniam em oficinas preparatórias para aprendizado, meditação e exercícios durante o dia, para se prepararem juntos para o silêncio compartilhado mais arrebatador à noite. Quando estiver diante de uma oportunidade de estar em silêncio com os outros de maneira cerimonial, o que você pode fazer para se preparar para o encontro?

A presença que cura, página 247
Programe um retiro com um amigo, o parceiro ou a parceira. Mesmo que não fique sem falar durante todo o retiro, você pode predeterminar alguns períodos de silêncio intercalados, com tempo determinado, na comunicação verbal. Talvez você tenha projetos criativos em andamento ou goste de observar pássaros, meditar, ler ou escrever. Se puder, evite usar o celular, mandar e-mails ou fazer qualquer outra coisa capaz de distrair sua presença pura. Como explica Sheila Kappeler-Finn, uma prática simples, como mudar os móveis da casa de lugar, pode criar um ambiente para o sagrado – uma das muitas maneiras de estabelecer um "templo". Em um retiro compartilhado com um parceiro ou amigo, o silêncio pode ser um dos pilares do templo. Quando duas pessoas estão juntas mantendo um compromisso com o silêncio, surge um ambiente raro. "O silêncio altera a sensação do espaço entre duas pessoas", diz Sheila. "Isso aumenta a força de tensão."

MUDANDO POLÍTICAS PÚBLICAS E A CULTURA

Investir em santuários públicos, página 254
Pense em um espaço público especial – como uma reserva florestal, um jardim de rosas, um pequeno parque entre arranha-céus ou uma biblioteca aconchegante – onde você possa descansar os nervos e recuperar a clareza. Muitas vezes, um tempo de silêncio é um luxo exclusivo para quem pode pagar, mas os santuários públicos democratizam o poder do silêncio. Pense no que você pode fazer para aumentar o número desses santuários. Talvez militando por um financiamento no orçamento municipal; talvez imaginando um espaço público propício e trabalhando com outros da comunidade para criá-lo.

Inovar como os amish, página 257
Pense bem sobre o que você valoriza na vida para garantir que qualquer nova tecnologia que adotar sirva realmente para melhorar seu bem-estar e respeitar seus valores. Como parte da filosofia do "minimalismo digital", Cal Newport dá esse conselho para se relacionar com a tecnologia. Sua ideia foi inspirada nos amish, que, ao contrário da crença popular, não são antitecnológicos. Eles simplesmente submetem as novas tecnologias a uma rigorosa análise de custo-benefício antes de adotá-las como comunidade. Como sociedade, precisamos considerar a possibilidade de aplicar esse conceito em larga escala. Por exemplo, assim como a Food and Drug Administration (FDA) dos Estados Unidos avalia e divulga os efeitos colaterais de medicamentos, os governos podem exigir ensaios clínicos e análises independentes de custo-benefício de algumas novas tecnologias que possam ter graves consequências não intencionais para problemas sociais, emocionais e para a saúde cognitiva.

Mensurar o que for importante, página 259
Como medimos o sucesso da sociedade? No século passado, o principal indicador de sucesso coletivo era o "crescimento" – fatores como produção, eficiência e renda. Mas o "crescimento" geralmente se correlaciona com o rugido das máquinas industriais, o número de horas que os gerentes podem manter os funcionários grudados em seus computadores e a eficácia dos algoritmos em nos orientar a comprar produtos e serviços, desviando nossa

atenção do que de fato pretendemos fazer. Para transformar um mundo de ruído, precisamos começar a medir o que é importante – o que inclui a preservação da natureza, oportunidades de descanso e conexão humana e momentos de silêncio. Apresentamos uma variedade de maneiras com as quais os governos podem mudar a medição econômica, mas também podemos começar pelos indivíduos, pelas famílias e pelas organizações, avaliando nossas prioridades em relação ao valor do silêncio.

Consagrar o direito à atenção, página 263
A maioria de nós passa a maior parte das horas de vigília em computadores, celulares, TVs e outras mídias eletrônicas nas quais os anunciantes competem por atenção. No entanto – em comparação com outros recursos valiosos e escassos –, ainda existem poucas diretrizes governamentais para monitorar a manipulação da atenção humana. Considere como você pode militar pela defesa da atenção. Pode ser por meio de ativismo político, exigindo, por exemplo, que os governos "articulem o que está fora dos limites" em termos de algoritmos que buscam chamar a atenção e enviar usuários, inclusive crianças, às "tocas de coelho" das rolagens infinitas de telas. No trabalho, você pode defender seu "direito de se desconectar" de e-mail, laptops, celulares e outras "coleiras eletrônicas" no fim do expediente. Seja criativo para encontrar formas de controlar as exigências sobre a sua atenção e reduzir a carga de ruído.

Deliberar como os quacres, página 269
Quando estiver lidando com uma questão difícil em termos de políticas públicas ou do futuro de sua comunidade, deixe o silêncio ser um aliado. Em uma reunião de negócios dos quacres, quando fica claro que os participantes não estão ouvindo uns aos outros, o secretário normalmente pede um período de silêncio. É uma oportunidade de se centrar, respirar fundo algumas vezes e voltar-se ao propósito maior da reunião. O silêncio não força uma resolução antes de o grupo estar pronto. Simplesmente ajuda as pessoas a sair de suas narrativas, se apresentar e ouvir. O que você pode fazer para usar esse tipo de *discernimento* nas discussões de políticas públicas e no discurso social onde mora?

NOSSOS AGRADECIMENTOS

Vamos começar do começo. Com agradecimentos profundos a Sarah Mitchell por seguir sua intuição e nos apresentar um ao outro. Você disse brincando que nós dois poderíamos ser irmão e irmã. E estava certa.

À primeira pessoa que nos encorajou a escrever sobre este tópico, Katherine Bell, ex-editora da *Harvard Business Review* e agora editora-chefe da *Quartz*, obrigado pelo seu "sim" à ideia de escrever sobre o silêncio para o público interno de uma empresa. E obrigado a Laura Amico, da *Harvard Business Review*, por ter editado tão bem o artigo.

Obrigado a todos que ajudaram a viabilizar a publicação e foram tão generosos em nos dar as primeiras orientações: Leslie Meredith, Simon Warwick-Smith, Felicia Eth, Steve Goldbart, Roman Mars, Rebecca Solnit, Andrea Scher, Charlie Harding e Marilyn Paul. A Marilyn, também nossos mais profundos agradecimentos por ter nos apresentado a Jane von Mehren, que parece uma extensão da nossa parceria como escritores e é a melhor agente que poderíamos ter imaginado.

Obrigado, Jane, por "viabilizar" este projeto desde o início, por seu conhecimento enciclopédico do mundo editorial e por seus conselhos sutis e perspicazes em cada etapa do caminho. Obrigado também à equipe de gerenciamento criativo da Aevitas, principalmente a Erin Files, Arlie Johansen e Chelsey Heller.

A Karen Rinaldi, nossa editora, obrigado por sua maestria em orquestrar este processo e pela liberdade concedida para que evolua e se manifeste. As sincronicidades sempre nos deixam maravilhados. E nossa gratidão à equipe da HarperCollins/Harper Wave, especialmente a

Rebecca Raskin, Kirby Sandmeyer, Penny Makras, Amanda Pritzker, Yelena Nesbit e Milan Božić.

Obrigado a todos que apoiaram a impressão e a arte deste livro: Andy Couturier, Bridget Lyons, Cynthia Kingsbury, Monique Tavian, Rebecca Steinitz, Caryn Throop, Liz Boyd, Katherine Barner, Hanna Park, Jessica Lazar, Somsara Rielly, Dexter Wayne, Lizandra Vidal, Deb Durant e Bob von Elgg.

E para as pessoas extraordinárias cujas histórias e perspicácia preenchem este livro:

A Aaron Maniam, por ajudar a cristalizar a mensagem central deste livro; a Adam Gazzaley e Larry Rosen, por traçarem o curso do ruído; a Aimee Carrillo e Sheena Malhotra, pela orientação sobre as dimensões morais do silêncio; a Arlene Blum, por confiar em "devagar, não temos muito tempo"; a Arne Dietrich, por ajudar a iluminar o silêncio interior dos estados de fluxo; a Bob Jesse, por sua sabedoria e efervescência; a Brigitte van Baren, pela atitude zen na fila de espera; a Carla Detchon, por homenagear uma querida professora; a Cherri Allison, pelo silêncio necessário para servir de coração; a Clint Chisler, por compartilhar o tipo de silêncio que dura no corpo; a Cyrus Habib, por ser um sommelier de criação; a David Jay e Randy Fernando, por defenderem a atenção pura; a Dewa Berata, por nos transmitir a beleza do Nyepi; a Don e Diane St. John, pelo silêncio de cura que mantém o amor fluindo; a Estelle Frankel, por esclarecer as oitavas mais altas da consciência; a Faith Fuller, por seu senso de humor, sua resiliência e humildade; a Gordon Hempton, por preservar a "usina de ideias da alma"; a Grace Boda, por se dispor a entrar no mistério com cada célula de seu ser; a Janet Frood, por demonstrar que as licenças sabáticas não são apenas para acadêmicos; a Jarvis Jay Masters, por mil coisas, mas principalmente pela bondade de seu coração e por mostrar o que significa "perceber e receber"; a Jay Newton-Small, pela arte de simplesmente ouvir; a Joan Blades, pelo poder meditativo de podar flores mortas; a Jon Lubecky, por fazer o trabalho duro e disseminar o amor; a Josh Schrei, por mostrar o que significa tornar-se um diapasão para a vibração primordial; a Joshua Smyth, por nos ensinar que o "silêncio é o que alguém *pensa* que o silêncio é"; a Joyce DiDonato, por ser a diva graciosa que deixa um silêncio arrebatador em seu rastro; a Jud Brewer, por sua brilhante expansividade; a Majid Zahid, por conhecer seu fluxo; a Marilyn Paul, por cuidar do oásis a tempo; a Matt Heafy, por aplicar *Ma* em heavy metal; a Michelle Millben, por trazer o espírito do silêncio aos salões do poder; a Michael Barton, por sua hilaridade e destreza experimental; a Michael Taft, por sua clareza sensorial, pelos sábios conselhos e pelas generosas apresentações; a Midnight Rose e Rosin Coven, por bradarem "*Pumpernickel!*" quando necessário; a Nicole Wong, por imaginar as estruturas legais e regulatórias para uma sociedade que respeite o silêncio; a Pádraig Ó Tuama, por fazer as perguntas estranhas; a Phillip Moffitt, pelo chute compassivo no traseiro; a Pir Shabda Kahn, por seus métodos ardilosos; a Renata Cassis Law, por ajudar a inspirar este livro com sua visão de que "o silêncio pode reconfigurar o sistema nervoso"; a Rob Lippincott, por seu discernimento; a Roshi Joan Halifax, por resumir que o ego "desmorona como folhas secas ou rocha erodida"; a Rupa Marya, por seu corajoso desaprendizado e sua maneira exemplar de ouvir; a Sheila Kappeler-Finn, pela democratização dos retiros; a Skylar Bixby, por cultivar a habilidade de não fazer nada; a Stephen DeBerry, pelas três respirações; a Susan Griffin-Black, por sua regra de ouro; ao congressista Tim Ryan, por levar o silêncio aonde ele é mais necessário; a Tyson Yunkaporta, por lembrar o que significa ouvir o verdadeiro sinal; a Yuri Morikawa, por seus ensinamentos sobre *Ma*; a Zach Taylor, por capacitar os menores de nós a ouvir a "voz mansa e delicada"; e a Zana Ikels, por reafirmar a necessidade de um guia para quem não medita ir além do ruído.

E a todos os que ajudaram a moldar e desenvolver os pensamentos deste livro:

Alan Byrum, Amira De La Garza, Anke Thiele, Anna Goldstein, Anne L. Fifield, Antona Briley, Barbara McBane, Brendan Bashin Sullivan, Carlen Rader, Casey Emmerling, Cathy Coleman, Cécile Randoing François, Charlotte Toothman, Chris Radcliff, Chuck Roppel, Claude Whitmyer, Dallas Taylor, Dave Huffman, David Alvord, David Presti, Deborah Fleig, Diane Mintz, Dominique Lando, Duke Klauck, Erin Selover, Heidi Kasevich, Helen Austwick Zaltzman, Jamy e Peter Faust, tenente-coronel Jannell MacAulay, Jessica Abbott Williams, Jill Hackett, Laura Tohe, Laurie Nelson Randlett, Leah Lamb, Leslie Sharpe, Linda Chang, Lisa Fischer, Lizandra Vidal, Lori A. Shook, Made Putrayasa, Mae Mars, Maggie Silverman, Michael A. Gardner, Rebecca Levenson, Regina Camargo, Rick Doblin, Rick Kot, Sam Greenspan, Sean Feit Oakes, Shaun Farley, Shauna Janz, Sheldon

Norberg, Shelley Reid, Shoshana Berger, Silence Genti, Sridhar Kota, Stephen Badger, Stephanie Ramos, Susanne Parker, Tanis Day, Tim Gallati, Tim Salz, Todd e Susan Alexander, USef Barnes, Valerie Creane, Vanessa Lowe, Wes Look e Zesho Susan O'Connell.

De Justin:
 À nossa comunidade de amigos em Santa Fé, que cultivam e cuidam de um jardim cheio de risos e vida, e mesmo assim plenos de reverência pela presença silenciosa. Mesmo sem espaço para nomear cada um, *sou grato a todos vocês*. Agradecimentos especiais aos queridos amigos que tornaram possível escrever um livro sobre atenção pura com três pequeninos engatinhando e correndo pela casa: Brandon e Abi Lundberg, Shawn Parell e Russell Brott, Josh Schrei e Cigall Eacott e Rafaela Cassis, entre muitos outros. Aos queridos amigos que – com conversas específicas ou opiniões sobre os rascunhos manuscritos – deram forma a este livro, no todo ou em parte: Solar e Renata Law, Maria Motsinger, John Baxter, Josh Schrei, Shawn Parell, Gary e Tama Lombardo, Elmano Carvalho, Jeffrey Bronfman, Tai e Satara Bixby, Pete Jackson, Julie Kove, Matt Bieber e Daniel Tucker. Àquele que me guia ao silêncio interior mais profundo: José Gabriel da Costa.
 A alguns dos queridos amigos com quem incubei as ideias deste livro ao longo de muitos anos: Ben Beachy, Wes Look, Neil Padukone, Zach Hindin, Evan Faber, Keane Bhatt, Mike Darner, Michael Shank, Mathias Alencastro, David John Hall, Lorin Fries, Jaime Louky, Laine Middaugh, Lauren Lyons, Sangeeta Tripathi, Jove Oliver, Paul Jensen e Carolyn Barnwell, Kim Samuel, Bettina Warburg, Travis Sheehan, Nathaniel Talbot e Annie Jesperson, Mark Weisbrot, Ben-Zion Ptashnik, Dan Hervig, Erik Sperling, Sebastian Ehreiser, Stephen Badger, Javier Gonzales, Hansen Clarke e Mena Mark Hanna. Aos meus amigos mais antigos, que incluem Kristin Lewter, Josh Weiss, Rajiv Bahl, Kyle Foreman e, por fim, Rob Eriov, de quem sinto falta todos os dias da minha vida e que me ensinou muito sobre a mensagem deste livro.
 Aos três professores que mais moldaram meu pensamento no início da minha educação formal e na conclusão dela: Susan Altenburg, Leon Fuerth e Richard Parker.
 Aos meus queridos mãe e pai, Susan e Steven, que proporcionaram um ambiente de amor incondicional que tornou possível tanta bondade na

minha vida. A meu irmão, Jeremy, que sempre me diz a verdade com amor e carinho, depois pega o violão para cantar uma linda e corajosa música de Dylan. Aos meus sogros, Tom e Caryn – que eu conto entre meus amigos mais próximos vivos.

À minha companheira, Meredy, minha amada parceira ao navegar e aprender neste mundo, a dançar e a evoluir ao longo da vida. Obrigado pela sua paciência. Obrigado por suas sacações. Obrigado por tornar este livro possível. Obrigado por encher minha vida de significado e alegria.

Ao meu filho, Jai, que acordando às cinco da manhã me deixou concluir os textos essenciais e cujos abraços agora me sustentam com energia ao longo do dia. À minha filha Saraya, cujo sorriso radiante e misterioso abre meu coração como uma flor. À minha filha Tierra, que, aos 5 anos, me ensina tanto quanto eu ensino a ela – inclusive por que e como ficar em silêncio perto de casas de fadas na floresta.

De Leigh:

Ao meu Círculo de Mulheres, que continua sem um nome – mas vocês sabem exatamente quem são e quanto devo a cada uma de suas almas. Este livro não *existiria* sem vocês; aos círculos de Ralph Metzner – os do passado e os que continuam até hoje em sua memória; à infinita sabedoria do meu círculo de Tolos Ascendentes e à grande recompensa do meu círculo da Colheita Profunda; aos braços abertos do círculo de Abertura da Ametista; à minha família infinitamente divertida do Memorial Day; e a todos os meus companheiros conspiradores cósmicos – *que continuemos a manter a orla viva.*

A minhas comunidades de dança – nas quais encontro meu silêncio cotidiano e minha alegria – El Cerrito Dance Fitness e Rhythm & Motion. Obrigada por torcerem por mim e comemorarem cada marco ao longo do caminho. Eu adoro vocês.

Obrigada por todos os cuidados físicos, emocionais e espirituais fornecidos pelos meus entres queridos mais próximos – especialmente Sheila Kappeler-Finn, Eilish Nagle, Anne L. Fifield, Grace Boda, Dominique Lando, Carla Detchon, Mayra Rivas, Rachel Berinsky, John Nelson, Fran Kersh, Kristina Forester-Thorp, Nuria Latifa Bowart, Sui-mi Cheung, Julie Brown e Paul Catasus. Obrigada a Andy Couturier por sua genialidade em ensinar escritores e a Carrie "Rose" Katz por nossas conversas semanais para agitar os caldeirões da criatividade.

A meu pai, Richard L. Marecek – agradeço por ter me dado a vida. *Que você esteja livre de todo sofrimento.*

A minha mãe, Rickie C. Marecek – agradeço por ter me dado a vida. Obrigada também por demonstrar bondade e amor – não só com palavras, mas também com o exemplo. *Você não está longe de ser um milagre.* E a "minha Betty", Betty Herbst, obrigada por se juntar à nossa família, por nos amar e por trazer tantas risadas. Obrigada também à minha vibrante e calorosa sogra, Nina Aoni, por suas encorajadoras mensagens de texto tarde da noite.

Ao meu irmão, Roman Mars – você me fez pensar muito e suavizou meu coração desde a infância. Obrigada por se juntar a mim aqui e por sempre acreditar na minha bondade inerente. Você torna *tudo* melhor.

A minha filha apaixonada e radiante, Ava Zahara: obrigada por nos escolher como pais. Obrigada pela ideia de uma "quarta-feira sem palavras" em meio às geleiras e por estar comigo nesse dia glorioso. Obrigada também por todos os abraços no chão da cozinha. Nosso silêncio compartilhado *alimenta a minha alma*.

E, por fim, ao meu marido deliciosamente rebelde e aventureiro, Michael Ziegler: obrigada por me ensinar tanto sobre o silêncio e por ser meu maior fã. Obrigada por compartilhar comigo seu panorâmico mundo interior e exterior. Eu não poderia desejar um parceiro mais perfeito; cada linha deste livro é *para* você e *por causa* de você. *Eu sou sua.*

E uma nota final de nós dois:
Escrever um livro sobre o silêncio pode parecer uma tarefa solitária e tristonha. Mas foi tudo menos isso. Somos gratos um ao outro por manter todo o processo harmonioso, criativo, dinâmico e absurdamente divertido.

NOTAS

CAPÍTULO 1: UM CONVITE

1 Thomas Carlyle, "Circumspective", em *Sartor Resartus: The Life and Opinions of Herr Teufelsdröckh in Three Books*, org. Mark Engel (Berkeley: University of California Press, 2000), p. 198.

2 Albert Arazi, Joseph Sadan e David J. Wasserstein, orgs., *Compilation and Creation in Adab and Luġa: Studies in Memory of Naphtali Kinberg (1948-1997)* (Winona Lake, Ind.: Eisenbrauns, 1999).

3 Justin Talbot Zorn e Leigh Marz, "The Busier You Are, the More You Need Quiet Time", *Harvard Business Review*, 17 de março de 2017, hbr.org/2017/03/the-busier-you-are-the-more-you-need-quiet-time.

4 Kimberly Schaufenbuel, "Why Google, Target, and General Mills Are Investing in Mindfulness", *Harvard Business Review*, 28 de dezembro de 2015, hbr.org/2015/12/why-google-target-and-general-mills-are-investing-in-mindfulness. Ver também Marianne Garvey, "Meditation Rooms Are the Hottest New Work Perk", *MarketWatch*, 26 de outubro de 2018, www.marketwatch.com/story/meditation-rooms-are-the-hottest-new-work-perk-2018-10-26; "Why GE Is Adding Mindfulnessto the Mix", GE, 19 de setembro de 2016, www.ge.com/news/reports/ge-putting-mindfulness-digital-industrial-business; Bryan Schatz, "Vets Are Using Transcendental Meditation to Treat PTSD – with the Pentagon's Support", *Mother Jones*, 22 de julho de 2017, www.motherjones.com/politics/2017/07/vets-are-using-transcendental-meditation-to-treat-ptsd-with-the-pentagons-support.

5 Dishay Jiandani et al., "Predictors of Early Attrition and Successful Weight Loss in Patients Attending an ObesityManagement Program", *BMC Obesity* 3, nº 1 (2016), doi:10.1186/s40608-016-0098-0.

CAPÍTULO 2: O ALTAR DO RUÍDO

1. Frank Bruni, "A Politician Takes a Sledgehammer to His Own Ego", *The New York Times*, 11 de abril de 2020, www.nytimes.com/2020/04/11/opinion/sunday/cyrus-habib-jesuit.html.

2. Emily Ann Thompson, "Noise and Modern Culture, 1900-1933", em *The Soundscape of Modernity: Architectural Acoustics and the Culture of Listening in America, 1900-1933* (Cambridge, Mass.: MIT Press, 2004), p. 115.

3. Para uma visão de amplo escopo das pesquisas demonstrando o aumento do ruído auditivo no mundo moderno, ver John Stewart, *Why Noise Matters: A Worldwide Perspective on the Problems, Policies, and Solutions*, com Arline L. Bronzaft et al. (Abingdon, Ing.: Routledge, 2011).

4. Bianca Bosker, "Why Everything Is Getting Louder", *The Atlantic*, novembro de 2019, www.theatlantic.com/magazine/archive/2019/11/the-end-of-silence/598366.

5. "Email Statistics Report, 2015-2019", Radicati Group, acessado em 4 de setembro de 2021, www.radicati.com/wp/wp-content/uploads/2015/02/Email-Statistics-Report-2015-2019-Executive-Summary.pdf.

6. Daniel J. Levitin, "Hit the Reset Button in Your Brain", *The New York Times*, 9 de agosto de 2014, www.nytimes.com/2014/08/10/opinion/sunday/hit-the-reset-button-in-your-brain.html.

7. Guy Raz, "What Makes a Life Worth Living?", NPR, 17 de abril de 2015, www.npr.org/transcripts/399806632.

8. Hal R. Varian, "The Information Economy: How Much Will Two Bits Be Worth in the Digital Marketplace?", UC Berkeley School of Information, setembro de 1995, people.ischool.berkeley.edu/~hal/pages/sciam.html.

9. Judson Brewer, *Desconstruindo a ansiedade: Um guia para superar os maus hábitos que geram agitação, preocupação e medo* (Rio de Janeiro: Sextante, 2021).

10. Ethan Kross, "Quando falar com nós mesmos é um tiro que sai pela culatra", em *A voz na nossa cabeça* (Rio de Janeiro: Sextante, 2022).

11. Adam Gazzaley e Larry D. Rosen, "Interference", em *The Distracted Mind: Ancient Brains in a High-Tech World* (Cambridge, Mass.: MIT Press, 2016), p. 5-12.

12. Jocelyn K. Glei, org., *Manage Your Day-to-Day: Build Your Routine, Find Your Focus, and Sharpen Your Creative Mind* (Seattle: Amazon, 2013).

13. Bosker, "Why Everything Is Getting Louder", *The Atlantic*, 2019.

14 Ben Beachy e Justin Zorn, "Counting What Counts: GDP Redefined", *Kennedy School Review*, 1º de abril de 2012, ksr.hkspublications.org/2012/04/01counting-what-counts-gdp-redefined.

15 Robert F. Kennedy, "Remarks at the University of Kansas, 18 de março de 1968", John F. Kennedy Presidential Library and Museum, www.jfklibrary.org/learn/about-jfk/the-kennedy-family/robert-f-kennedy/robert-f-kennedy-speeches/remarks-at-the-university-of-kansas-march-18-1968.

16 James Fallows, "Linda Stone on Maintaining Focus in a Maddeningly Distractive World", *The Atlantic*, 23 de maio de 2013, www.theatlantic.com/national/archive/2013/05/linda-stone-on-maintaining-focus-in-a-maddeningly-distractive-world/276201.

17 Mike Brown, "70% of Millennials Report Anxiety from Not Having Their Cell Phone", LendEDU, 28 de maio de 2020, lendedu.com/blogmillennials-anxiety-not-having-cell-phone.

CAPÍTULO 3: SILÊNCIO É PRESENÇA

1 Tam Hunt, "The Hippies Were Right: It's All About Vibrations, Man!", *Scientific American*, 5 de dezembro de 2018, blogs.scientificamerican.com/observations/the-hippies-were-right-its-all-about-vibrations-man.

2 Alguns especialistas acreditam agora que os sons mais agudos provavelmente seriam *tinnitus*, um zumbido no ouvido.

3 Carl McColman, "Barbara A. Holmes: Silence as Unspeakable Joy (Episode 26)", *Encountering Silence*, 24 de maio de 2018, encounteringsilence.com/barbara-a-holmes-silence-as-unspeakable-joy-episode-26.

4 Jennifer E. Stellar et al., "Awe and Humility", *Journal of Personality and Social Psychology* 114, nº 2 (2017): p. 258-69, doi:10.1037/pspi0000109.

5 Citado em Robert Sardello, *Silence: The Mystery of Wholeness* (Berkeley, Calif.: North Atlantic Books, 2008).

6 Para mais informações sobre distúrbios perinatais e de ansiedade, acesse "Postpartum Support International – PSI", Postpartum Support International (PSI), acessado em 5 de setembro de 2021, www.postpartum.net.

CAPÍTULO 4: AS DIMENSÕES MORAIS DO SILÊNCIO

1. Carl McColman, "Barbara A. Holmes: Silence as Unspeakable Joy (Episódio 26)", *Encountering Silence*, 24 de maio de 2018, encounteringsilence.com/barbara-a-holmes-silence-as-unspeakable-joy-episode-26.

2. M. K. Gandhi, *Pathway to God* (Nova Délhi: Prabhat Prakashan, 1971).

3. Sheena Malhotra e Aimee Carrillo Rowe, orgs., *Silence, Feminism, Power: Reflections at the Edges of Sound* (Nova York: Palgrave Macmillan, 2013).

4. Jenny Odell, *Resista: Não faça nada – A batalha pela economia da atenção* (Cotia, SP: Latitude, 2020).

5. George Prochnik, "Listening for the Unknown", em *In Pursuit of Silence: Listening for Meaning in a World of Noise* (Nova York: Anchor Books, 2011), p. 43.

6. Rachel L. Swarns, "Catholic Order Pledges $100 Million to Atone for Slave Labor and Sales", *The New York Times*, 15 de março de 2021, www.nytimes.com/2021/03/15/us/jesuits-georgetown-reparations-slavery.html.

7. David Whyte, *Consolations: The Solace, Nourishment, and Underlying Meaning of Everyday Words* (Langley, Wash.: Many Rivers Press, 2014).

CAPÍTULO 5: FLORENCE NIGHTINGALE FICARIA IRRITADA

1. L. Bernardi, C. Porta e P. Sleight, "Cardiovascular, Cerebrovascular, and Respiratory Changes Induced by Different Types of Music in Musicians and Non-musicians: The Importance of Silence", *Heart* 92, nº 4 (abril, 2006): p. 445-52, doi:10.1136/hrt.2005.064600.

2. Para um relato detalhado sobre a visão de Florence Nightingale sobre a importância do silêncio para a saúde humana, ver Hillel Schwartz, *Making Noise: From Babel to the Big Bang & Beyond* (Nova York: Zone Books, 2011).

3. Elizabeth Fee e Mary E. Garofalo, "Florence Nightingale and the Crimean War", *American Journal of Public Health* 100, nº 9 (setembro, 2010): p. 1.591, doi:10.2105/AJPH.2009.188607.

4. Florence Nightingale, "Notes on Nursing", A Celebration of Women Writers, acessado em 6 de setembro de 2021, digital.library.upenn.edu/women/nightingale/nursing/nursing.html.

5. Rosalind M. Rolland et al., "Evidence That Ship Noise Increases Stress in Right Whales", *Proceedings of the Royal Society B: Biological Sciences* 279, nº 1.737 (2012): p. 2.363-68, doi:10.1098/rspb.2011.2429.

6 "How the Ear Works", Johns Hopkins Medicine, acessado em 6 de setembro de 2021, www.hopkinsmedicine.org/health/conditionsand-diseases/how--the-ear-works.

7 Stephen W. Porges e Gregory F. Lewis, "The Polyvagal Hypothesis: Common Mechanisms Mediating Autonomic Regulation, Vocalizations, and Listening", *Handbook of Behavioral Neuroscience* 19 (2010): p. 255-64, doi:10.1016/B978-0-12-374593-4.00025-5.

8 Thomas Munzel et al., "Environmental Noise and the Cardiovascular System", *Journal of the American College of Cardiology* 71, nº 6 (fevereiro, 2018): p. 688-97, doi:10.1016/j.jacc.2017.12.015; Maria Klatte, Kirstin Bergstrom e Thomas Lachmann, "Does Noise Affect Learning? A Short Review on Noise Effects on Cognitive Performance in Children", *Frontiers in Psychology* 4 (2013): p. 578, doi:10.3389/fpsyg.2013.00578; Ester Orban et al., "Residential Road Traffic Noise and High Depressive Symptoms After Five Years of Follow-Up: Results from the Heinz Nixdorf Recall Study", *Environmental Health Perspectives* 124, nº 5 (2016): p. 578-85, doi:10.1289/ehp.1409400; Soo Jeong Kim et al., "Exposure-Response Relationship Between Aircraft Noise and Sleep Quality: A Community-Based Cross-Sectional Study", *Osong Public Health and Research Perspectives* 5, nº 2 (abril, 2014): p. 108-14, doi:10.1016/j.phrp.2014.03.004.

9 "New Evidence from WHO on Health Effects of Traffic-Related Noise in Europe", World Health Organization, 30 de março de 2011, www.euro.who.int/en/media-centre/Sections/press-releases/2011/03/new-evidence-from-who-on-health-effects-of-traffic-related-noise-in-europe. Ver também World Health Organization Regional Office for Europe, "Burden of Disease from Environmental Noise", org. Frank Theakston, Joint Research Centre (2011), p. 1-126, www.euro.who.int/__data/assets/pdf_file/0008/136466/e94888.pdf.

10 Alex Gray, "These Are the Cities with the Worst Noise Pollution", Fórum Econômico Mundial, 27 de março de 2017, www.weforum.org/agenda/2017/03/these-are-the-cities-with-the-worst-noise-pollution.

11 Bianca Bosker, "Why Everything Is Getting Louder", *The Atlantic*, novembro de 2019, www.theatlantic.com/magazine/archive/2019/11/the-end-of-silence/598366.

12 Matthew Walker, *Por que dormimos: A nova ciência do sono e do sonho* (Rio de Janeiro: Intrínseca, 2018).

13 Julie L. Darbyshire e J. Duncan Young, "An Investigation of Sound Levels on Intensive Care Units with Reference to the WHO Guidelines", Critical Care 17, nº 5 (2013): p. 187, doi:10.1186/cc12870.

14 Ilene J. Busch-Vishniac et al., "Noise Levels in Johns Hopkins Hospital", *Journal of the Acoustical Society of America* 118, nº 6 (2005): p. 3.629-45, doi:10.1121/1.2118327.

15 Sue Sendelbach e Marjorie Funk, "Alarm Fatigue: A Patient Safety Concern", *AACN Advanced Critical Care* 24, nº 4 (outubro, 2013): p. 378-86, doi:10.1097/NCI.0b013e3182a903f9.

16 Patricia Robin McCartney, "Clinical Alarm Management", *MCN: The American Journal of Maternal/ Child Nursing* 37, nº 3 (maio, 2012): p. 202, doi:10.1097/nmc.0b013e31824c5b4a.

17 Adam Gazzaley e Larry D. Rosen, *The Distracted Mind: Ancient Brains in a High-Tech World* (Cambridge, Mass.: MIT Press, 2017).

18 Ari Goldman, "Student Scores Rise After Nearby Subway Is Quieted", *The New York Times*, 26 de abril de 1982.

19 Maartje Boer et al., "Attention Deficit Hyperactivity Disorder-Symptoms, Social Media Use Intensity, and Social Media Use Problems in Adolescents: Investigating Directionality", *Child Development* 91, nº 4 (julho, 2020): p. 853-65, doi:10.1111/cdev.13334.

20 Hunt Allcott et al., "The Welfare Effects of Social Media", *American Economic Review* 110, nº 3 (março, 2020): p. 629-76, doi:10.1257/aer.20190658.

21 Ethan Kross, em *A voz na sua cabeça* (Rio de Janeiro: Sextante, 2022).

22 Imke Kirste et al., "Is Silence Golden? Effects of Auditory Stimuli and Their Absence on Adult Hippocampal Neurogenesis", *Brain Structure and Function* 220, nº 2 (2013): p. 1.221-28, doi:10.1007/s00429-013-0679-3.

CAPÍTULO 6: O BOTÃO "MUTE" DA MENTE

1 Mihaly Csikszentmihalyi, *Flow: A psicologia do alto desempenho e da felicidade* (Rio de Janeiro: Objetiva, 2020).

2 Shane J. Lopez e C. R. Snyder, orgs., *Handbook of Positive Psychology* (Oxford: Oxford University Press, 2011).

3 *Encyclopaedia Britannica*, s.v. "Physiology", acessado em 6 de setembro de 2021, www.britannica.com/science/information-theory/Physiology.

4 Csikszentmihalyi, *Flow*.

5 Mark R. Leary, *The Curse of the Self: Self-Awareness, Egotism, and the Quality of Human Life* (Oxford: Oxford University Press, 2007).

6   Arne Dietrich, "Functional Neuroanatomy of Altered States of Consciousness: The Transient Hypofrontality Hypothesis", *Consciousness and Cognition* 12, nº 2 (junho, 2003): p. 231-56, doi:10.1016/s1053-8100(02)00046-6.

7   Rene Weber et al., "Theorizing Flow and Media Enjoyment as Cognitive Synchronization of Attentional and Reward Networks", *Communication Theory* 19, nº 4 (outubro, 2009): p. 397-422, doi:10.1111/j.14682885.2009.01352.x.

8   Michael Pollan, "The Neuroscience: Your Brain on Psychedelics", em *Como mudar sua mente: O que a nova ciência das substâncias psicodélicas pode nos ensinar sobre consciência, morte, vícios, depressão e transcendência* (Rio de Janeiro: Intrínseca, 2018).

9   Michael W. Taft, "Effortlessness in Meditation, with Jud Brewer", *Deconstructing Yourself*, 7 de junho de 2020, deconstructingyourself.com/effortlessness-in-meditation-with-jud-brewer.html.

10 Kathryn J. Devaney et al., "Attention and Default Mode Network Assessments of Meditation Experience During Active Cognition and Rest", *Brain Sciences* 11, nº 5 (2021): p. 566, doi:10.3390/brainsci11050566.

11 Judson A. Brewer et al., "Meditation Experience Is Associated with Differences in Default Mode Network Activity and Connectivity", *Proceedings of the National Academy of Sciences of the United States of America* 108, nº 50 (2011): p. 20.254-59, doi:10.1073/pnas.1112029108.

12 Piers Worth e Matthew D. Smith, "Clearing the Pathways to Self-Transcendence", *Frontiers in Psychology*, 30 de abril de 2021, doi:10.3389/fpsyg.2021.648381.

13 David Bryce Yaden et al., "The Varieties of Self-Transcendent Experience", *Review of General Psychology* 21, nº 2 (2017): p. 143-60, doi:10.1037/gpr0000102.

14 Dacher Keltner e Jonathan Haidt: "Approaching Awe, a Moral, Spiritual, and Aesthetic Emotion", *Cognition and Emotion* 17, nº 2 (março, 2003): p. 297-314, doi:10.1080/02699930302297.

15 Anat Biletzki e Anat Matar, "Ludwig Wittgenstein", em *Stanford Encyclopedia of Philosophy*, 8 de novembro de 2002, plato.stanford.edu/entries/wittgenstein.

16 Fatima Malik e Raman Marwaha, "Cognitive Development", StatPearls, 31 de julho de 2021, www.ncbi.nlm.nih.gov/books/NBK537095.

17 "Rethinking Adult Development", American Psychological Association, 9 de junho de 2020, www.apa.org /pubs/highlights/spotlight/issue-186.

18 Summer Allen, "The Science of Awe", Greater Good Science Center, setembro de 2018, ggsc.berkeley.edu/images /uploads/GGSC-JTF_ White_Paper-Awe_FINAL.pdf.

19 William James, "Lectures XVI and XVII: Mysticism", em *The Varieties of Religious Experience: A Study in Human Nature*, org. Martin E. Marty (Nova York: Penguin Classics, 1982), p. 287.

20 Pollan, "Neuroscience", 301.

21 Robin L. Carhart-Harris et al., "Neural Correlates of the Psychedelic State as Determined by fMRI Studies with Psilocybin", *Proceedings of the National Academy of Sciences of the United States of America* 109, nº 6 (2012): p. 2.138-43, doi:10.1073/pnas.1119598109.

22 "How LSD Can Make Us Lose Our Sense of Self", ScienceDaily, 13 de abril de 2016, www.sciencedaily.com/releases/2016/04/160413135656.htm.

CAPÍTULO 7: POR QUE O SILÊNCIO ASSUSTA?

1 Manly P. Hall, "The Life and Philosophy of Pythagoras", em *The Secret Teachings of All Ages* (Nova York: Jeremy P. Tarcher/Penguin, 2003).

2 Timothy D. Wilson et al., "Just Think: The Challenges of the Disengaged Mind", *Science* 345, nº 6.192 (2014): p. 75-77, doi:10.1126/science.1250830.

3 Max Picard, *The World of Silence* (Wichita, Kans.: Eighth Day Press, 2002).

4 Robert Sardello, *Silence: The Mystery of Wholeness* (Berkeley, Calif.: North Atlantic Books, 2008).

5 Joan Halifax, *Presente no morrer: Cultivando compaixão e destemor na presença* (Rio de Janeiro: Gryphus, 2018).

6 Joan Halifax, *The Fruitful Darkness: A Journey Through Buddhist Practice and Tribal Wisdom* (Nova York: Grove Press, 2004).

7 Estelle Frankel, *The Wisdom of Not Knowing: Discovering a Life of Wonder by Embracing Uncertainty* (Boulder, Colo.: Shambhala, 2017).

8 Pablo Neruda, *Extravagaria*, trad. Alastair Reid (Nova York: Farrar, Straus and Giroux, 2001).

9 David Bryce Yaden et al., "The Varieties of Self-Transcendent Experience", *Review of General Psychology* 21, nº 2 (2017): p. 143-60, doi:10.1037/gpr0000102.

10 Wisdom 2.0, 23 de março de 2019, www.youtube.com/watch?v=l8NaW-q-xSbM&t=1243s.

CAPÍTULO 8: LÓTUS E LÍRIOS

1 Red Pine, trad., *The Lankavatara Sutra: A Zen Text* (Berkeley, Calif.: Counterpoint, 2013).

2 Thích Nhất Hạnh, *Old Path White Clouds: The Life Story of the Buddha* (Londres: Rider, 1992).

3 Aldous Huxley, *A filosofia perene: Uma interpretação dos grandes místicos do Oriente e do Ocidente* (São Paulo: Biblioteca Azul, 2020).

4 Monge desconhecido, *A nuvem do não saber*, 4ª ed. (Petrópolis, RJ: Vozes, 2013).

5 Harvey D. Egan, "Christian Apophatic and Kataphatic Mysticisms", *Theological Studies* 39, nº 3 (1978): p. 399-426, doi:10.1177/004056397803900301.

CAPÍTULO 9: GUIA DE CAMPO PARA ENCONTRAR O SILÊNCIO

1 David Sheff, *O budista no corredor da morte: A inspiradora história real do homem que encontrou a luz no lugar mais sombrio* (Rio de Janero: Sextante, 2022).

2 Jarvis Jay Masters, *Finding Freedom: How Death Row Broke and Opened My Heart* (Boulder, Colo.: Shambhala, 2020).

3 Timothy Williams e Rebecca Griesbach, "San Quentin Prison Was Free of the Virus. One Decision Fueled an Outbreak", *The New York Times*, 30 de junho de 2020, www.nytimes.com/2020/06/30/us/san-quentin-prison-coronavirus.html.

4 Muitos especialistas em liderança, inclusive o guru das empresas Stephen R. Covey, usam variantes do modelo esfera de controle para treinamento de líderes para assumir cargos para os quais são capacitados e deixar os outros de lado. Esses modelos popularizaram um conceito que os psicólogos demoraram muito para levar a sério: o senso de poder pessoal.

CAPÍTULO 10: O SUBSTITUTO SAUDÁVEL DA PAUSA PARA UM CIGARRO

1 Hannah Delaney, Andrew MacGregor e Amanda Amos, "'Tell Them You Smoke, You'll Get More Breaks': A Qualitative Study of Occupational and

Social Contexts of Young Adult Smoking in Scotland", *BMJ Open* 8, nº 12 (2018), doi:10.1136/bmjopen-2018-023951.

2. Ajahn Amaro, "The Sound of Silence", *Lion's Roar*, 9 de novembro de 2012, www.lionsroar.com/the-sound-of-silence.

3. Pema Chödrön, *Quando tudo se desfaz: Orientação para tempos difíceis* (Rio de Janeiro: Gryphus, 2012).

4. Aaron Maniam, "Standing Still", em *Morning at Memory's Border* (Singapura: Firstfruits, 2005).

5. Nicholas Carr, *A geração superficial: O que a internet está fazendo com os nossos cérebros* (Rio de Janeiro: Agir, 2011).

6. Shane J. Lopez e C. R. Snyder, orgs., *Handbook of Positive Psychology* (Oxford: Oxford University Press, 2011).

7. M. Basil Pennington, *Lectio Divina: Renewing the Ancient Practice of Praying the Scriptures* (Chestnut Ridge, N.Y.: Crossroad, 1998).

8. Marilyn Nelson, "Communal Pondering in a Noisy World", *On Being*, Public Radio Exchange, 23 de fevereiro de 2017.

9. Ezra Klein, "Pulitzer Prize-Winning Poet Tracy K. Smith on the Purpose and Power of Poetry", *Vox Conversations* (audioblog), 27 de fevereiro de 2020, www.vox.com/podcasts/2020/2/27/21154139/tracy-k-smith-poet-laureate-the-ezra-klein-show-wade-in-the-water.

10. Susan Sontag, *Styles of Radical Will* (Nova York: Farrar, Straus e Giroux, 1969), p. 23.

11. Gillian Flaccus, "Bird-Watching Soars amid COVID-19 as Americans Head Outdoors", Associated Press, 2 de maio de 2020, apnews.com/article/us-news-ap-top-news-ca-state-wire-or-state-wire-virus-outbreak-94a1ea5938943d8a70fe794e9f629b13.

12. Roger S. Ulrich, "View Through a Window May Influence Recovery from Surgery", *Science* 224, nº 4.647 (1984): 420-241, doi:10.1126/science.6143402.

13. Mark S. Taylor et al., "Research Note: Urban Street Tree Density and Antidepressant Prescription Rates – a Cross-SectionalStudy in London, UK", *Landscape and Urban Planning* 136 (abril, 2015): 174-179, doi:10.1016/j.landurbplan.2014.12.005; Marco Helbich et al., "More Green Space Is Related to Less Antidepressant Prescription Rates in the Netherlands: A Bayesian Geoadditive Quantile Regression Approach", *Environmental Research* 166 (2018): p. 290-97, doi:10.1016/j.envres.2018.06.010.

14 Evan Fleischer, "Doctors in Scotland Can Now Prescribe Nature", Fórum Econômico Mundial, 15 de outubro de 2018, www.weforum.org/agenda/2018/10/doctors-in-scotland-can-now-prescribe-nature.

15 Jeanette Marantos, "Why Plant Sales Are Soaring, Even at Nurseries Closed due to Coronavirus", *Los Angeles Times*, 30 de maio de 2020, www.latimes.com/lifestyle/story /2020-05-30/why-plant-sales-are-soaring-even-at-nurseries-closed-due-to-coronavirus.

16 James Oschman, Gaetan Chevalier e Richard Brown, "The Effects of Grounding (Earthing) on Inflammation, the Immune Response, Wound Healing, and Prevention and Treatment of Chronic Inflammatory and Autoimmune Diseases", *Journal of Inflammation Research*, 24 de março de 2015, p. 83-96, doi:10.2147/jir.s69656.

17 Pádraig Ó Tuama, *In the Shelter: Finding a Home in the World* (Londres: Hodder & Stoughton, 2015).

CAPÍTULO 11: O SILÊNCIO ARREBATADOR

1 Huston Smith, "Encountering God", em *The Way Things Are: Conversations with Huston Smith on the Spiritual Life*, org. Phil Cousineau (Berkeley, Calif.: University of California Press, 2003), p. 95-102.

2 "What Is One Square Inch?", One Square Inch: A Sanctuary for Silence at Olympic National Park, acessado em 6 de setembro de 2021, onesquareinch.org/about.

3 "Tatshenshini-Alsek Provincial Park", BC Parks, acessado em 6 de setembro de 2021, bcparks.ca/explore /parkpgs/tatshens.

4 Barry Lopez, "The Invitation", *Granta*, 18 de novembro de 2015, granta.com/invitation.

5 Monge desconhecido, *A nuvem do não saber*, 4ª ed. (Petrópolis, RJ: Vozes, 2013).

6 Katherine May, *Wintering: The Power of Rest and Retreat in Difficult Times* (Nova York: Riverhead Books, 2020).

7 "MDMA-Assisted Therapy Study Protocols", MAPS: Multidisciplinary Association for Psychedelic Studies, acessado em 6 de setembro de 2021, maps.org/research/mdma.

8 Diane Ackerman, *Deep Play* (Nova York: Vintage Books, 2000).

9 "The Peachoid", Discover: South Carolina, acessado em 6 de setembro de 2021, discoversouthcarolina.com/products/340.

CAPÍTULO 12: TRABALHANDO O SILÊNCIO

1 George Prochnik, *In Pursuit of Silence: Listening for Meaning in a World of Noise* (Nova York: Anchor Books, 2011).

2 Rupa Marya e Raj Patel, *Inflamed: Deep Medicine and the Anatomy of Injustice* (Nova York: Farrar, Straus and Giroux, 2021).

3 Ève Curie, *Madame Curie: A Biography* (Boston: Da Capo Press, 2001).

4 Cal Newport, *Trabalho focado: Como ter sucesso em um mundo distraído* (Rio de Janeiro: Alta Books, 2018).

5 Pádraig Ó Tuama, *Sorry for Your Troubles* (Norwich, Ing.: Canterbury Press, 2013).

6 "The Six Classes Approach to Reducing Chemical Harm", SixClasses, 18 de junho de 2019, www.sixclasses.org.

CAPÍTULO 13: VIVENDO EM SILÊNCIO

1 Marilyn Paul, *An Oasis in Time: How a Day of Rest Can Your Life* (Emmaus, Pa.: Rodale, 2017).

2 *Entheogen: Awakening the Divine Within*, dirigido por Rod Mann, Nikos Katsaounis e Kevin Kohley (Critical Mass Productions, 2007).

3 "Find the Passion Again: All About Love Bundle", A Research-Based Approach to Relationships, acessado em 6 de setembro de 2021, www.gottman.com.

CAPÍTULO 14: *MA* VAI A WASHINGTON

1 Environmental Protection Agency, *Summary of the Noise Control Act*, 31 de julho de 2020, www.epa.gov/laws-regulations/summary-noise-control-act.

2 Administrative Conference of the United States, *Implementation of the Noise Control Act*, 19 de junho de 1992, www.acus.gov/recommendation/implementation-noise-control-act.

3 "A Voice to End the Government's Silence on Noise", International Noise Awareness Day, acessado em 6 de setembro de 2021, noiseawareness.org/infocenter/government-noise-bronzaft.

4   George Prochnik, *In Pursuit of Silence: Listening for Meaning in a World of Noise* (Nova York: Doubleday, 2010).

5   Singapura, Ministério de Relações Exteriores, *Sustainable Development Goals: Towards a Sustainable and Resilient Singapore* (2018), sustainabledevelopment.un.org/content/documents/19439Singapores_Voluntary_National_Review_Report_v2.pdf.

6   Singapura, Ministério das Comunicações e da Informação e HistorySG, *"Garden City" Vision Is Introduced*, acessado em 6 de setembro de 2021, eresources.nlb.gov.sg/history/events/a7fac49f-9c96-4030-8709-ce160c58d15c.

7   Vicky Gan, "The Link Between Green Space and Well-Being Isn't as Simple as We Thought", *Bloomberg City Lab*, 14 de agosto de 2015, www.bloomberg.com/news/articles/2015-08-14/singapore-study-finds-no-significant-relationship-between-access-to-green-space-and-well-being.

8   Florence Williams, *The Nature Fix: Why Nature Makes Us Happier, Healthier, and More Creative* (Nova York: W. W. Norton, 2018).

9   Kevin Kelly, *What Technology Wants* (Londres: Penguin Books, 2010).

10 Cal Newport, *Digital Minimalism: On Living Better with Less Technology* (Nova York: Portfolio, 2019).

11 U.S. Congress, CRS Report, The Office of Technology Assessment: History, Authorities, Issues, and Options, 14 de abril de 2020, www.everycrsreport.com/reports/R46327.html.

12 Justin Talbot Zorn e Sridhar Kota, "Universities Must Help Educate Woefully Uninformed Lawmakers", *Wired*, 11 de janeiro de 2017, www.wired.com/2017/01/universities-must-help-educate-woefully-uninformedlawmakers/?utm_source=WIR_REG_GATE.

13 John Maynard Keynes, *Economic Possibilities for Our Grandchildren* (Seattle, Wash.: Entropy Conservationists, 1987).

14 Justin Talbot Zorn e Ben Beachy, "A Better Way to Measure GDP", *Harvard Business Review*, 3 de fevereiro de 2021, hbr.org/2021/02/a-better-way-to-measure-gdp.

15 Michael J. Sheeran, *Beyond Majority Rule: Voteless Decisions in the Religious Society of Friends* (Filadélfia: Philadelphia Yearly Meeting of the Religious Society of Friends, 1983).

16 Stuart Chase e Marian Tyler Chase, *Roads to Agreement: Successful Methods in the Science of Human Relations* (Londres: Phoenix House, 1952).

17 Editores da Encyclopaedia Britannica, "Iroquois Confederacy: American Indian Confederation", *Encyclopaedia Britannica* (Chicago: Encyclopaedia Britannica, 2020).

CAPÍTULO 15: UMA CULTURA DO SILÊNCIO DE OURO

1 Francisco Salazar, "Teatro Digital to Stream Joyce DiDonato's 'In War and Peace'", *OperaWire*, 6 de novembro de 2019, operawire.com/teatro-digital-to-stream-joyce-didonatos-in-war-and-peace.

2 NOW Bali Editorial Team, "The Ogoh-Ogoh Monsters of Bali's Ngrupuk Parade", *NOW! Bali*, 10 de março de 2021, www.nowbali.co.id/ngrupuk-monster-parade.

3 "Balinese New Year-NYEPI-Bali.com: A Day for Self-Reflection", The Celebration for a New Beginning: The Biggest Annual Event on the Island, acessado em 6 de setembro de 2021, bali.com/bali-travel-guide/culture-religion-traditions/nyepi-balinese-new-year.

4 Tyson Yunkaporta, *Sand Talk: How Indigenous Thinking Can Save the World* (Nova York: HarperOne, 2021).

5 "Virtue Ethics", *Stanford Encyclopedia of Philosophy*, 18 de julho de 2003, plato.stanford.edu/entries/ethics-virtue.

CONHEÇA ALGUNS DESTAQUES DE NOSSO CATÁLOGO

- Augusto Cury: Você é insubstituível (2,8 milhões de livros vendidos), Nunca desista de seus sonhos (2,7 milhões de livros vendidos) e O médico da emoção
- Dale Carnegie: Como fazer amigos e influenciar pessoas (16 milhões de livros vendidos) e Como evitar preocupações e começar a viver
- Brené Brown: A coragem de ser imperfeito – Como aceitar a própria vulnerabilidade e vencer a vergonha (600 mil livros vendidos)
- T. Harv Eker: Os segredos da mente milionária (2 milhões de livros vendidos)
- Gustavo Cerbasi: Casais inteligentes enriquecem juntos (1,2 milhão de livros vendidos) e Como organizar sua vida financeira
- Greg McKeown: Essencialismo – A disciplinada busca por menos (400 mil livros vendidos) e Sem esforço – Torne mais fácil o que é mais importante
- Haemin Sunim: As coisas que você só vê quando desacelera (450 mil livros vendidos) e Amor pelas coisas imperfeitas
- Ana Claudia Quintana Arantes: A morte é um dia que vale a pena viver (400 mil livros vendidos) e Pra vida toda valer a pena viver
- Ichiro Kishimi e Fumitake Koga: A coragem de não agradar – Como se libertar da opinião dos outros (200 mil livros vendidos)
- Simon Sinek: Comece pelo porquê (200 mil livros vendidos) e O jogo infinito
- Robert B. Cialdini: As armas da persuasão (350 mil livros vendidos)
- Eckhart Tolle: O poder do agora (1,2 milhão de livros vendidos)
- Edith Eva Eger: A bailarina de Auschwitz (600 mil livros vendidos)
- Cristina Núñez Pereira e Rafael R. Valcárcel: Emocionário – Um guia lúdico para lidar com as emoções (800 mil livros vendidos)
- Nizan Guanaes e Arthur Guerra: Você aguenta ser feliz? – Como cuidar da saúde mental e física para ter qualidade de vida
- Suhas Kshirsagar: Mude seus horários, mude sua vida – Como usar o relógio biológico para perder peso, reduzir o estresse e ter mais saúde e energia

sextante.com.br